Natasha A. Kelly

Afrokultur

»der raum zwischen gestern und morgen«

Für Zaphena

Natasha A. Kelly

AFROKULTUR

»der raum zwischen gestern und morgen«

UNRAST

Bibliografische Information der Deutschen Bibliothek
Die Deutsche Bibliothek verzeichnet diese Publikation in der Deutschen Nationalbibliografie; detaillierte bibliografische Daten sind im Internet über http://dnb.ddb.de abrufbar.

Natasha A. Kelly: Afrokultur
3., überarbeitete Auflage, Mai 2021
ISBN 978-3-89771-221-8

www.unrast-verlag.de – kontakt@unrast-verlag.de
Mitglied in der assoziation Linker Verlage (aLiVe)

Umschlag: UNRAST-Verlag, Münster
unter Verwendung eines Bildes von Professor John Jennings.
Dept of Art and Visual Studies. University at Buffalo SUNY
Satz: Andreas Hollender
Druck: Multiprint, Kostinbrod

Inhalt

meine heimat

ist heute

der raum zwischen

gestern und morgen

die stille

vor und hinter

den worten

das leben

zwischen den stühlen

May Ayim, auskunft, 1997

1. Einleitung

Ein afrikanisches Sprichwort sagt, dass Wissen wie ein Garten ist: wenn es nicht gepflegt wird, dann kann es nicht geerntet werden. Der Bedeutung nach, sollte Wissen nicht als gegeben angenommen, sondern immer hinterfragt werden: Wer hat welches Wissen, wann, in welchem sozialen, politischen und/oder kulturellen Kontext produziert? Wer hat welches Wissen wann und wie reproduziert? Warum wissen wir das, was wir wissen und nichts anderes? Wie und wann kann Nichtwissen in Wissen überführt oder falsches Wissen korrigiert werden?

Zahlreiche wissenschaftliche Untersuchungen von deutschen Schulbüchern belegen, inwieweit gängige Unterrichtsmaterialien koloniale Afrikabilder re_produzieren[1] und rassistisches Gedankengut in die Gegenwart transportieren (vgl. Hamann 2010, Marmer/Sow 2013). Sie bestätigen die Überpräsenz rassistischer Konstruktionen Afrikas und gleichsam die Unterpräsenz von Wissen über oder eine Auseinandersetzung mit dem Reichtum von afrikanischen Gesellschaften und den dort lebenden Menschen. Vor allem aber Wissen, welches selbstbestimmt aus Schwarzer[2] Perspektive re_produziert wird, findet in deutschen schulischen wie akademischen Kontexten nur sehr selten Beachtung. Die Tatsache, dass afrikanisch-deutsche Geschichte(n)[3] bis ins 12. Jahrhundert zurückreicht/-reichen, wird

1 Der Unterstrich in ›re_produzieren‹ bringt im Anschluss an Hayn (2011) die Un_Eindeutigkeit zum Ausdruck, dass jede Wissensproduktion immer im Austausch mit weiteren Wissensproduktionen entsteht und dass in der Verwobenheit von Produzieren und Reproduzieren und ihrer Gleichzeitigkeit auch Lücken zu finden sind. Der Unterstrich macht an dieser Stelle deutlich, dass Produktion und Reproduktion nie identisch sind und dass es immer zu Verschiebungen in den Aushandlungsprozessen von Wissen kommt (vgl. Hayn 2011: 139).

2 ›Schwarz‹ ist ein Ausdruck der selbst gewählten sozialpolitischen Positionierung von Personen und Personengruppen, die ihren Ursprung in Afrika haben und durch Rassismus diskriminiert sind. Schwarz wird stets mit einem großen »S« geschrieben, auch in der adjektivistischen Verwendung, um die biologisierende Vorstellung von (Haut-)Farbe zu brechen und die soziale Realität, die aufgrund dieser rassistischen Vorstellung hergestellt wird, zum Ausdruck zu bringen.

3 Da Identitätsangebote aus Kommunikationsprozessen resultieren, in der Geschichten an Geschichten anschließen, werden Geschichte(n) in der hier vorgelegten Arbeit im Sinne von S. J. Schmidt als Übergänge beschrieben, deren Kontinuität im Denken und Kommunizieren (kontrafaktisch) unterbrochen werden, was schriftsprachlich mit einer Klammer dargestellt wird (vgl. Schmidt 2003: 50).

gänzlich ausgeblendet (vgl. Lorde 2008, Oguntoye et al. 1991). Stattdessen beginnt eine verkürzte Geschichtenerzählung erst mit der Kolonialisierung des afrikanischen Kontinents.

Dass es schon lange vor den eurozentrischen Wissenschaften und Wissensvermittlungsformen Geschichte(n) in und über Afrika gab, mit denen Schwarze Menschen selbst ihre sozialen Realitäten erklärten, wird nicht als gegeben angenommen (vgl. Arndt 2001: 34 ff.). Ebenso wenig gehören symbolische Bildre_produktionen, mit denen Regeln für das tägliche Leben in afrikanischen Gemeinden ausgehandelt und Emotionen zum Ausdruck gebracht werden, zu den Erkenntniswelten europäischer Gelehrter (vgl. Goertz 2003: 310 ff.). Mit Blick auf die institutionalisierte Schriftsprachlichkeit des Westens, die in deutschen Schulen als Grundkompetenz gelehrt und gelernt wird, werden vielmehr afrikanische Stadt- und Dorfgemeinschaften nach eurozentrischer Vorstellung als schriftlose Gesellschaften verhandelt, die ausschließlich in Oralität entscheiden würden, was gut ist und was böse, was schön oder hässlich, richtig oder falsch. Dementsprechend herrscht in Europa die weitverbreitete Ansicht, dass afrikanisches Wissen ausschließlich in verbalen Kommunikationsprozessen ausgehandelt wird, weshalb es eurozentrischen Wissensformationen untergeordnet wird.

Wissensvermittler:innen[4], wie beispielsweise die *griots* aus Westafrika, die in der Erzählform des *story-telling* das reglementieren, was als Wissen angenommen oder als Nichtwissen abgelehnt wird, werden den europäischen Schriftgelehrten nicht gleichgestellt (vgl. Kamara 2007: 61 ff.). Dennoch entscheiden sie als Behüter:innen der Vergangenheit, Wärter:innen der Gegenwart und Beschützer:innen der Zukunft, aus welcher Perspektive Geschichte(n) erzählt wird/werden und damit einhergehend aus welcher sozialen Positionierung Wissen re_produziert wird. Gleichsam legen sie in ihren spezifischen Kontexten fest, inwieweit sie sich als Wissensre_produzent:innen un-/kritisch verorten. Und obwohl dieses Wissen nur marginal in den Mainstream der eurozentrischen Wissensgesellschaft gelangt, so gehören afrikanische Legenden und Erzählungen, Deutungen

4 Aufgrund des binären eurozentrischen Ordnungsschemas wird ausgeblendet, dass Zweigeschlechtlichkeit über die Kategorisierung Mann/Frau nicht auf natürliche Gegebenheiten beruht, sondern ebenso wie die Kategorie ›Rasse‹ durch soziale und historische Normsetzungen entstanden ist. Um diese geschlechtliche Ordnung zu entgrenzen, wird der Doppelpunkt eingesetzt, sodass ein Ort der Geschlechtlichkeit eröffnet wird, an dem neue Körpersubjektivitäten verortet werden können..

und Dichtungen zu einem globalen Schwarzen Wissensarchiv, das noch heute Gültigkeit besitzt (vgl. Eggers 2005: 18 ff.) – auch in Deutschland.

Während der Versklavung beispielsweise wurden Schwarze Kommunikationsformen hervorgebracht, die tief in den Kulturen und Traditionen des afrikanischen Geschichtenerzählens verwurzelt sind. Mittels spezifischer Kommunikationsmuster entstand ein spezifisch Schwarzes Wissenssystem, das nicht nur das Über_Leben innerhalb des Sklaven- und Kolonialsystems sicherte, sondern zudem die Bildung von Schwarzen Communitys weltweit ermöglichte. Demgemäß wurden zum einen selbstbestimmte Deutungsmuster in *spirituals* und *blues* ausgehandelt und zum anderen eigene Interpretationen des *weißen*[5] Herrschaftswissens angefertigt (vgl. hooks 1994: 204 ff., Eggers 2005: 18 ff.), sodass afrikanische und europäische Diktionen synkretisiert und Geschichte(n) aus Schwarzer Perspektive erzählt werden konnte(n). Bereits der Schwarze US-amerikanische[6] Philosoph, Soziologe und Vertreter der Bürger:innenrechtsbewegung W. E. B. Du Bois verweist *in The Souls of Black Folk* (1903/2003) auf die Bedeutung von v. a. Musik, die er als spezifische Kommunikationsform der Schwarzen Kultur verhandelt (vgl. Du Bois 2003: 177 ff.) und legt damit die ideologischen Rahmenbedingungen für das Konzept ›Afrodeutsch‹. So ist es kein Zufall, dass Schwarze Wissensre_produzent:innen der Gegenwart, wie die Schwarze deutsche Poetin, Aktivistin und Wissenschaftlerin May Ayim in ihrem Gedichtband *blues in schwarz weiss* (1995/2005), nicht nur die überlieferte Ausdrucksform des Blues wählen, um dem gelebten Kolonialrassismus in Deutschland Ausdruck zu verleihen (vgl. Ayim 2005: 82 f.). May Ayim setzt ebenso verschiedene Adinkra Zeichen der Aschanti ein, wie das Sankofa Symbol[7], womit sie ihr Lesepublikum der Bedeutung entsprechend einlädt, ihr afrikanisches Erbe zu erkennen, in die Gegenwart zu holen und als Quelle für die Deutung der Zukunft zu verstehen (vgl. Ayim 2005: 129, Goertz 2003: 306 f.).

---

5 Der Begriff ›*Weiß*‹ wird im Schriftbild kursiv gesetzt, um die privilegierte Position von *Weißen* in Bezug auf Rassismus zu benennen und sichtbar zu machen (vgl. Arndt 2005, Eggers 2005, Nduka-Agwu/Hornscheidt 2010).

6 Die Dezentrierung der Vereinigten Staaten von dem Begriff ›Amerika‹ verweist auf die Geschichte der USA als Kolonialmacht und unterstreicht den gegenwärtigen Prozess der Transnationalisierung und Globalisierung der Kulturen (vgl. Roth 2011: 430 ff.).

7 Zur Erklärung des Sankofa-Symbols siehe Kapitel 2.3.

Für May Ayim, deren persönliche Adoptionsakten zerstört wurden, bedeutete die Suche nach ihrer Vergangenheit das Finden einer globalen Identität, die in der afrikanischen Diaspora verortet werden kann. Ihre zahlreichen Essays, Gedichte und Vorträge zeugen von einer Konnektivität zwischen ihrem Lebensmittelpunkt in Deutschland und ihren familiären Wurzeln in Ghana (vgl. Ayim 1997). In einem »garten« (Ayim 1995: 40), der den sichtbaren Platz zwischen zwei Welten symbolisiert, sucht die Poetin sich selbst zwischen schriftlichen und mündlichen Überlieferungen der eurozentrischen und afrozentrischen Diskurse zu verorten. In einem vermeintlichen Zwischenraum – einem Raum zwischen gestern und morgen – re_produziert May Ayim Wissen, das auf W. E. B. Du Bois' soziologischen Vorstellungen von *racial identity* zurückgeführt werden kann. Vorstellungen, die nicht zuletzt durch seinen zweijährigen Studienaufenthalt in Deutschland geformt wurden. W. E. B. Du Bois, der von 1892–1894 (während der Blütezeit des deutschen Kolonialismus) an der Humboldt Universität zu Berlin (damals Friedrich-Wilhelms-Universität) studierte, erlebte Deutschland als »culture in search of a nation« (Du Bois 1940/2007: 136), was nicht nur Deutschlands soziale Struktur zu Ende des 19. Jahrhunderts beschreibt, sondern gleichsam Du Bois‘ gelebte Marginalizierung als Schwarzer Mann in den Vereinigten Staaten von Amerika reflektiert (vgl. Adams 2005: 211, Berman 2005: xi).

Während der Zeit der Bürger:innenrechtsbewegungen profitieren Schwarze US-amerikanische Aktivist:innen und Wissenschaftler:innen wie Audre Lorde u. a. von den gesellschaftlichen Veränderungen, die auf der Grundlage von W. E. B. Du Bois' Wissensformationen in den Vereinigten Staaten institutionalisiert wurden. Die Schwarze Feministin, Lesbe, Mutter und Kriegerin (wie Audre Lorde sich selbst bezeichnete) generierte beispielsweise als Folge des *racial turns* im Kontext der aufsteigenden US-amerikanischen Frauenbewegung das Konzept des *global feminism* mit dem Ziel, nicht nur innerhalb der USA, sondern weltweit sozialen, politischen und kulturellen Wandel auch in der bis dato vermeintlich homogenen *weißen* Frauenbewegung zu bewirken (vgl. Lorde 2008: 175). Durch eine Gastprofessur an der Freien Universität in Berlin verweilte auch sie – viele Jahrzehnte nach W. E. B. Du Bois – in Deutschland und nahm Einfluss auf die hiesigen sozialpolitischen Entwicklungen.

Während ihres Aufenthalts stellte sie fest, dass es weder Forschungen zur Geschichte Schwarzer Menschen noch eine Schwarze Community in Deutschland gab. Dies veranlasste sie, mehrere Schreibworkshops durchzuführen, die vor allem ihre Schwarzen Student:innen dazu inspirierten, Wissen zu hinterfragen und ihre Geschichte(n) aus einer selbstbestimmten Perspektive aufzuschreiben. In zweijähriger Arbeit wurden autobiografische Texte von Schwarzen deutschen Frauen verschiedener Generationen, Gruppendiskussionen und Poesie zusammengestellt und mit der Diplomarbeit von May Ayim mit dem Titel *Afro-Deutsche. Ihre Kultur- und Sozialisationsgeschichte auf dem Hintergrund gesellschaftlicher Veränderung* (1986) verbunden, womit die Vielfalt von Afrodeutschen und die lange Geschichte der Afrikaner:innen in Deutschland erstmals aus Schwarzer Perspektive thematisiert wurde. Das Standardwerk *Farbe bekennen. Afro-deutsche Frauen auf den Spuren ihrer Geschichte* (1986) (kurz: *Farbe bekennen*) entstand und lieferte einen der ersten deutschsprachigen Beiträge zur Kritik Schwarzer Frauen* am deutschen Kolonialismus. Indem Audre Lorde Schwarze Frauen* in Deutschland dazu anregte, hinter den Schleier der kolonialen Vergangenheit zu blicken (oder um es mit den Worten von Du Bois zu sagen: »Leaving, then, the world of the white man, I have stepped within the veil, raising it that you may view faintly its deeper recesses (...)« (Du Bois 1903/2003: 3)) waren sie in der Lage, eine aktive Rolle in der Dekonstruktion von binären Oppositionen und Hierarchien einzunehmen.

Durch die Publikation von *Farbe bekennen* wurde – wenn auch mit Verzögerung – ein postkolonialer Diskurs in der deutschen Wissenschaft und Politik weitläufig eröffnet und gleichzeitig neue Formen der Wissensre_produktion eingeführt, die in der heranwachsenden Wissensgesellschaft einer neuen Wissensordnung bedürfen. So erschienen nach der Publikation von *Farbe bekennen* pädagogische, psychologische, literatur- und kulturwissenschaftliche sowie historische und politische Arbeiten von Schwarzen Autor:innen in deutscher und englischer Sprache, die eine Dis_Kontinuität in der Schwarzen Wissensre_produktion in und aus Deutschland belegen und in der öffentlichen Diskussion den Zusammenhang zwischen der Geschichte des Kolonialismus und der Konstruktion von Identität und Zugehörigkeit im deutschen Kontext schrittweise aufzeigten. Gut ein Jahrhundert nach W.E.B. Du Bois Aufenthalt in und seinen Analysen über Deutschland wurde durch *Farbe bekennen* Deutschland als eine Nation beschreibbar, die ihre Kultur (wieder-)entdeckt und mit Afrika in Beziehung bringt.

In eben dieser Überlieferung ist auch die vorliegende Arbeit zu verstehen. Mit *Afrokultur. ›der raum zwischen gestern und morgen.‹*[8] reihe ich mich als Schwarze Frau in Deutschland in die Tradition jener Schwarzen Autor:innen und Schwarzen Wissenschaftler:innen ein, die bemüht sind bzw. waren, den Hinterlassenschaften ihres geistig kulturellen Erbes in der afrodeutschen Gegenwart Bedeutung beizumessen. Aus postkolonialer Beobachtungsperspektive, was als Intervention in die bestehende vermeintlich ›objektive‹ Ordnung des deutschen Wissen(schafts)systems zu verstehen ist, wird der Versuch unternommen, vergangene und gegenwärtige Formen kolonialrassistischer Gewalt zu überwinden, die als »dualistic framework« (Mama 1995: 14) des deutschen Kulturprogramms[9] fungieren. Da bestimmte kulturelle Muster Möglichkeiten der Hegemonie und Dominanz eröffnen, andere jedoch nicht, wird untersucht, inwieweit kulturelle Muster mit Ohn_Machtbeziehungen innerhalb von Wissenskulturen verbunden sind, aber auch, inwieweit diese Räume alltägliche Handlungsfähigkeit markieren – oder nicht. Auf dieser Grundlage werden Wissensre_produktionen und -findungen in ihren jeweils spezifischen historischen und politischen Kontexten auf globaler Ebene bzw. in der Verwobenheit von bestimmten Räumen *(entangeled histories)* gedeutet (vgl. Conrad/Randeria 2002: 17). Die Analyse von postkolonialen Geschichten und Diskursen kann somit etwas über gesellschaftlich relevante Prozesse und Handlungen in der Vergangenheit, Gegenwart und Zukunft Deutschlands aussagen und gleichzeitig neue Kommunikationsperspektiven und -prozesse in der deutschen Kommunikationswissenschaft und darüber hinaus zulassen. Darüber hinaus verfolgt die vorliegende Arbeit das Ziel, neue Prägungen der Wissensformation aufzuzeigen und den akademischen Kanon an Schwarzer Wissensre_produktionen im deutschen Kontext fortzuführen und anschlussfähig zu machen.

8 Zitiert aus May Ayim (1997): auskunft. In: May Ayim: nachtgesang, 15

9 Das Kulturkonzept geht auf den *weißen* Medien- und Sprachphilosophen Siefried J. Schmidt zurück, der in *Kognitive Autonomie und soziale Orientierung* (1994) moderate Formen der kulturalistischen Diskursbegründung in die deutsche Kommunikationswissenschaft einführt und Kultur als ein innerhalb der Gesellschaft akzeptiertes und für alle Gesellschaftsmitglieder verbindliches Programm der Anwendung von Unterscheidungen samt ihrer affektiven und normativen Konnotationen konzipiert (vgl. Schmidt 1994: 202 ff.).

2. Schwarze Wissensre_produktionen in Deutschland

Um dem Aufruf zur Dekolonialisierung von Wissen und der Infragestellung epistemologischer und ontologischer Machtverhältnisse Folge zu leisten (vgl. Grosfoguel 2008: 1ff.), wird in der vorliegenden Arbeit Postkolonialismus als Beobachtungsinstanz in die traditionsbewusste Disziplin der Kommunikationswissenschaft eingeschrieben, sodass eine (weitere) Schwarze Perspektive auf das institutionalisierte und strukturalisierte Gesellschafts-phänomen des Rassismus verstetigt werden kann. Auf diese Weise ist es möglich aufzuzeigen, inwieweit die europäische Wissenschaft auf einer eurozentrischen Weltanschauung beruht, wonach Afrika als Gegenkonstrukt zu Europa verhandelt und afrikanischen Wissensformationen eine wissenschaftliche Gültigkeit abgesprochen bekommen (vgl. Kilomba 2008: 26ff.). Es wird deutlich, inwieweit bereits die Wissenschaftlichkeit des Westens diskursiv hergestellt wurde, um Europa und als *weiß* homogenisierte europäische Personen als Subjekte zu konstituieren, während außereuropäische Positionen einer epistemischen Gewalt *(epistemic violence)* ausgesetzt sind (ebd.) und folglich Schwarze Wissensre_produzent:innen und Schwarze Wissensre_produktionen im eurozentrischen Wissenschaftssystem durch aktive Konstruktionsprozesse ent_wahrgenommen[10] werden.

10 Durch Norm(al)vorstellungen wird versucht, eine Eindeutigkeit der Wahrnehmung herzustellen und als ›objektiv‹ und/oder ›neutral‹ zu verhandeln. Aus dieser vermeintlichen Normposition wird gleichzeitig das nicht wahrgenommen, was jenseits der Norm liegt, es wird ›weggedacht‹. Diese aktive Nichthandlung wird als Entwahrnehmung bezeichnet. Da mit jeder Wahrnehmung eine Entwahrnehmung einhergeht, wird die Gleichzeitigkeit von Wahrnehmung und Entwahrnehmung mit einem Unterstrich schriftsprachllich dargestellt. Es gilt jedoch zu beachten, dass Ent_Wahrnehmungen nicht mit ›non-verbaler‹ oder ›averbaler‹ Kommunikationen zu verwechseln sind, die weder über Lautsprache noch Gebärdensprache oder Schriftsprache ›nichtsprachlich‹ erfolgen. Vielmehr sind Ent_Wahrnehmungen dadurch gekennzeichnet, dass sie als gezielte Formen des Nichthandelns (Nichtsprechen, Nichtsehen oder Nichtdenken) gewertet werden (vgl. Nduka-Agwu/Hornscheidt 2012: 38ff.). Durch das Präfix ›ent-‹ wird die Wortbedeutung so verändert, dass eine vermeintliche Passivität ausgeklammert wird und der »Schleier der eigenen Wahrnehmung« (Sow 2008: 42), den Du Bois als »the veil« (Du Bois 1903/2003: 3) metaphorisierte, beobachtbar wird.

»Die koloniale Diskursanalyse als wichtiger Teil postkolonialer Theorie repräsentiert einen neuen Weg Kolonialgeschichte zu lesen, werden hier doch sowohl kulturelle als auch ökonomische Prozesse als sich bedingende Formationen des Kolonialismus betrachtet. Eines der Ziele solcher Analysen ist deswegen, über die Untersuchung der Überschneidungen von Ideen und Institutionen – etwa Wissen und Macht im Sinne Foucaults – den Blickwinkel kolonialer Studien zu erweitern« (Castro Valera/Dhawan 2005: 24).

Die vorliegende Arbeit ist daher um eine Re_Historisierung des Kolonialismus im deutschen Kontext auf der Grundlage von Schwarzen Wissensre_produzent:innen und Schwarzen Wissensre_produktionsprozessen bemüht und verfolgt das Ziel, Kolonialismus als andauernden Machteffekt des Rassismus sichtbar wie auch den Prozess der Rassifizierung erfahrbar zu machen. Denn wenngleich die Existenz von biologischen ›Menschen-Rassen‹ wissenschaftlich widerlegt wurde, wirken unberührt vom *racial turn* in den Vereinigten Staaten und dem Bestreben der Schwarzen *global community* biologische ›Rassenideologien‹ bis in die gesamtdeutsche Gegenwart fort (vgl. Arndt 2011: 185 ff.). In *Schwarze Deutsche. Der Diskurs um »Rasse« und nationale Identität 1890–1933* (2001) zeigt die Schwarze deutsche Historikerin Fatima El-Tayeb bereits, wie der Verlauf und die Ergebnisse der Auseinandersetzung um die sogenannten ›Mischehenverbote‹ im Deutschen Kaiserreich dazu führten, dass sich der Begriff ›Schwarze Deutsche‹ bis in die Gegenwart hinein für einen großen Teil der Öffentlichkeit als Oxymoron darstellt. Obgleich seit dem 15. Jahrhundert Schwarze Menschen im deutschsprachigen Raum leben, die, laut El-Tayeb, interessant genug waren, um zum »Studienobjekt« (ebd. 16) der ersten deutschen ›Rassenforscher:innen‹ zu werden – beispielsweise Sömmerling, der Leichen Afrodeutscher für seine Anatomiestudien schändete –, seien Schwarze nie zu einem akzeptierten oder auch nur wahrgenommenen Teil der deutschen Bevölkerung erwachsen. Ziel dieser ersten deutschen ›Rassenforscher:innen‹, so El-Tayeb weiter, war es, die Umwelttheorie zu widerlegen, welches die Existenz eines angeborenen ›Rassencharakters‹ bestritt. Indem Körper vermessen und kategorisiert wurden, entstand ein Katalog physischer Merkmale, auf dessen Grundlage die Menschheit hierarchisiert wurde. Dabei stellten *weiße* Wissenschaftler:innen den Menschen in seiner höchsten Ausprägung dar, während Schwarze ihn in seiner vermeintlich primitivsten Form verkörperten (vgl. Martin 1993: 46 ff., El-Tayeb 2001: 16 ff.).

Der Begriff ›Rasse‹ geht nach dieser Verstehens- und Lesart mit der Kategorisierung und Hierarchisierung von Menschen einher, an deren Spitze *weiße* Menschen gestellt werden. Damit werden Versklavung und Kolonialisierung von Schwarzen Menschen seit jeher gerechtfertigt, was schließlich im Nationalsozialismus zum propagierten ›Rassenkampf‹ führte (Moore 2008: xi f.). Vor diesem Hintergrund wird in der Gegenwart die Forderung laut, den Begriff ›Rasse‹ ersatzlos aus dem Grundgesetz zu streichen. Gründe hierfür mögen darin liegen, dass die Existenz von ›menschlichen Rassen‹ widerlegt wurde und zudem nachweisbar ist, dass (Haut-)Farbe kein biologisches ›Rassenmerkmal‹ ist (vgl. Kelly 2008: 66). Die Nichtverwendung des ›Rassebegriffs‹ führt jedoch lediglich dazu, dass die Bedeutungsgeschichte des Wortes nicht in historische Kontinuität zum Kolonialismus gebracht wird (vgl. Arndt 2011: 187) und folglich der Rassismus und seine soziale Dimension als Alltagsrassismus ent_wahrgenommen werden. Aus diesem Grund wird nachfolgend weniger für die Nichtverwendung des Begriffs ›Rasse‹ plädiert, sondern vielmehr für seine Re_Konzeptualisierung als soziale (und nicht als biologische) Kategorie, sodass zum einen keine Gesetzeslücke entsteht und zum anderen nicht ausschließlich politische und wirtschaftliche Fragen, sondern auch Alltagserfahrungen analysiert werden können.

> »The main task facing racial theory today, in fact, is no longer to problematize a seemingly ›natural‹ or ›common sense‹ concept of race – although that effort has not been entirely completed by any means. Rather our central work is to focus attention on the *continuing significance and changing meaning of race*. It is to argue against the recent discovery of the illusory nature of race; against the supposed contemporary transcendence of race; against the widely reported death of the concept of race; and against the replacement of the category of race by other, supposedly more objective categories like ethnicity, nationality, or class« (Omi/Winant 2005: 3).

Wie der *weiße* Sozialpädagoge Rudolf Leiprecht veranschaulicht, werden in aktuellen Politdebatten anstatt ›Rassenvermischungen‹ ›Kulturvermischungen‹ als Diskriminierungen verhandelt und der Kulturbegriff als »Sprachversteck für ›Rasse‹« (Leiprecht 2001: 170) rassifiziert. So werde beispielsweise auf ›fremde Kulturen‹ verwiesen, die mit der ›deutschen Kultur‹, die es zu schützen gilt, unvereinbar seien. Die Tatsache, dass hegemonial rassistische Bedeutungsmuster festlegen, welche Gruppen jeweils als

›fremd‹ konstruiert und demnach sozial hergestellt werden, da Menschen an ihrer Re_Produktion beteiligt sind, wird m.E. ebenso ent_wahrgenommen. Der Grund hierfür, so Leiprecht weiter, liegt in einer Tabuisierung des Wortes ›Rasse‹, was er als Folge des Nationalsozialismus bewertet (vgl. Leiprecht 2001: 170 ff.). Gleichsam werden der Rassismus und damit auch der Kolonialismus entnannt und aus den aktuellen politischen Diskursen herausgeschrieben. Die Konsequenz dieser Entwicklung ist, dass Schwarze Menschen, die aufgrund von Rassismus als ›Rasse‹ konstruiert sind, erneut in die Un_Sichtbarkeit geraten und ent_wahrgenommen werden, wenngleich sie rassistischen Diskriminierungen aufgrund ihrer vermeintlichen ›Rassenzugehörigkeit‹ ausgesetzt bleiben. Die bloße Nichtverwendung des Begriffs ›Rasse‹ lässt demnach die Vorstellung von biologischen Menschenrassen nicht verschwinden. Vielmehr muss im Sinne des *weißen* Medienphilosophen Siegfried J. Schmidt Kultur als Programm definiert und entsprechend angeglichen werden, sodass kulturelle Phänomene (wieder-)erkannt und positiv bewertet werden können (vgl. Schmidt 2003: 38 ff.).

Mit der Benennung meiner sozialen Positionierung, was als Ausdruck meines politischen Handelns bewertet werden kann, bin ich als Schwarze Frau, die ihren Lebensmittelpunkt in Deutschland verortet, in der Lage, die hierarchischen Strukturen des Kulturprogramms, die meine individuellen Diskriminierungserfahrungen bedingen, aufzuzeigen. Darüber hinaus kann ich aus dieser Diskursposition heraus eine antirassistische Verortung vornehmen, sodass gegen ungleiche Machtstrukturen antirassistischer Widerstand geleistet werden kann. Folglich bleiben die rassistischen Strukturen der Gesellschaft nicht ›invisible‹ oder erscheinen ›farblos‹, sondern es wird wahrnehmbar, inwieweit Regeln, Gesetze, Werte und Normen aus einer vermeintlichen ›Farblosigkeit‹ heraus bestimmt werden. Da (Haut-)Farbe keine ›reale‹ Farbe ist, sondern eine soziale Konstruktion, die das Denken und Handeln in Form von Erinnerungen und Erfahrungen fortwährend bestimmt, wird mit dieser Selbstbenennung meine soziale Realität wahrnehmbar. Indem ich mich also als Schwarze Frau positioniere, bewirke ich zum einen, dass meine Schwarze(n) Geschichte(n) erfahrbar wird/werden und zum anderen, dass die gesellschaftliche Norm sichtbar wird, nämlich als *weiß*. Denn wenn es Schwarze Deutsche gibt, dann muss es auch *weiße* Deutsche geben und eine Geschichte von *weißen* Menschen in Deutschland. Oder wird deutsche Geschichte oder Geschichte in Deutschland automatisch als eine *Weiße* gedacht? Was haben Schwarze Deutsche mit *weißen* Deutschen zu tun? Was ist ihre Beziehungsgeschichte? Wie und wann wird/wurden Schwarze deutsche Geschichte(n) geschrieben? Durch diese und andere Fragen wird die hegemoniale Funktion von rassifizierenden Markierungspraxen, die sonst unsichtbar erscheinen, durch den benannten ›Blickwechsel‹ beobachtbar, so auch im deutschsprachigen Raum. Denn mit Postkolonialismus als Beobachtungsinstanz kann der (Forschungs-)Blick in der deutschen Kommunikationswissenschaft nicht auf die Gruppe der Marginalisierten gerichtet werden, sondern von ihr ausgehen, sodass Identität nicht als verbindungsloses Einzelphänomen konstruiert wird (vgl. Lutz 2010: 115 ff.), sondern als Prozess der Re_Signifizierung gedeutet werden kann, der keineswegs ausschließlich von linearen Entwicklungsgeschichte(n) geprägt ist.

2.1 W. E. B. Du Bois als »ideology broker«

Obgleich der heutige postkoloniale Diskurs sich, wie oben erwähnt, nur mit Verzögerung in Deutschland etabliert, ist es bereits der renommierte Panafrikanist W. E. B. Du Bois, der erste postkoloniale Gedanken für den hiesigen Kontext in seinen Arbeiten inkludiert. So behandelt er Themen rund um den Kolonialismus und das koloniale Problem von seiner Dissertation *The Surppression of the African Slave Trade to the United States of America, 1638–1870* (1895) bis hin zu seinen letzten journalistischen Werken in *The National Guardian* (vgl. Rabaka 2003a: 8) immer mit Blick auf Hegel, Marx und/oder andere *weiße,* männliche, (nicht-)deutsche Philosophen. Folglich bieten seine Arbeiten gegenwärtig post- und dekolonialen Theoretiker:innen in Deutschland einen konzeptuellen Zugang zum antikolonialen Diskurs, der es erlaubt, auch die fundamentalen Eigenschaften des deutschen Kolonialismus zu analysieren (vgl. Rabaka 2006: 2).

Die grundsätzlichen Funktionen seiner Zeit reduziert Du Bois nicht ausschließlich auf die direkte Herrschaft oder wirtschaftliche Ausbeutung der Kolonialmächte, sondern berücksichtigt in seinem Konzept des »cognitive mapping«[11] das Ineinandergreifen von Kolonialismus und Kapitalismus und lehnt es zeitgleich ab, ökonomische Ausbeutung von rassifzierter und vergeschlechtlichter Diskriminierung zu trennen (ebd.), wie er in seinem Monumentalwerk *Darkwater: Voices from within the Veil* (1920) verhandelt. In signifikanter Weise verschiebt er eurozentrische und/oder monozentri-

11 Zitiert nach Rabaka 2003a: 9

sche Metaerzählungen durch die konsequente Akzentuierung auf die Lebenswelten und gelebten Erfahrungen afrikanischer Menschen und nimmt darüber hinaus an einer (pro-)feministischen Politik teil, indem er nicht nur Schwarze Männer, sondern vor allem Schwarzen Frauen*, die in einem feministischen Kontext zur Befreiung der Schwarzen weltweit beitgetragen haben, in seinen Essays *Woman Sufferage* (1915) und *The Damnation of Woman* (1920) u.a. in den Mittelpunkt stellt (vgl. Rabaka 2003a: 9).

Du Bois betont zudem die Konstituierung des Kolonialismus, nicht nur nach topografischen Aspekten, sondern schließt die Besonderheiten der präexistenten und präkolonialen Kulturen Afrikas in den Diskurs mit ein (vgl. Du Bois 1915/2007: 21 ff.), indem er die Realität des Kolonialismus als eine gewalttätige Überlagerung von europäischer Geschichtlichkeit auf afrikanische Historizität wahrnimmt, und widerlegt damit zeitgleich Hegels Vorstellung, dass Schwarze Menschen keine geschichtlichen Wesen seien, was Hegel als Beweis für ihre vermeintliche Unterlegenheit anführt (vgl. Wright 2004: 67). Indem Du Bois afrikanische Geschichte(n) und Geschichtlichkeit in die Debatte einführt, ist er in der Lage, Kritik an seiner gelebten Schwarzen Gegenwart durchzuführen und zu gewährleisten. Auf diese Weise ermöglicht er es, das Schwarze Individuum nicht ausschließlich in einer nationalen, sondern innerhalb der Weltgeschichte zu lokalisieren. Diese Sicht bestimmt die Grundstruktur seiner Arbeiten (vgl. Rabaka 2006: 732 ff.). Denn im Gegensatz zu den rassifizierten Annahmen der meisten Sozialwissenschaftler:innen seiner Zeit erkennt Du Bois, dass Rassismus nicht natürlich ist, sondern als neobiologisch und historisch verstanden werden muss, weshalb er das US-amerikanische ›Rassenproblem‹ in seinem kritisch historischen Kontext verortet, um das soziale Leben der Schwarzen Community verstehbar und erfahrbar zu machen. Der Schwarze britische Soziologe Stuart Hall beschreibt dies wie folgt:

> »Race is a phenomenon which one only begins to understand when one sees it working within the different institutions, processes, and practices of whole societies, in their full complexity; societies in which race becomes a determining aspect of the social structure, of the way in which its relations work, and the way in which institutions are linked and connected with one another« (Hall 1981: 60).

Wie unten weiter ausgeführt wird, ist es bereits der *weiße* Gesellschaftstheoretiker Marx, der durch die Entnennung von ›Rasse‹ als sozialkonstruierte Kategorie eine Leerstelle aufweist, die Du Bois nutzt, um die soziale Realität der Schwarzen in den Vereinigten Staaten zu re_konstruieren. Wenngleich beide Theoretiker unterschiedliche Gesellschaftsstrukturen analysieren und im Zuge dessen das jeweilige Proletariat verschieden definieren, gelingt es Du Bois in *Black Reconstruction in America 1860–1880* (1935) auf der Grundlage des Marx'schen Materialismus den Konflikt zwischen ›Rasse‹ und Klasse aufzuzeigen, der nur gelöst werden könne, wenn die Schwarzen, ebenso wie die *weiße* Arbeiterklasse, aus ihrem Elend befreit würden. Mit dieser Grundhaltung ist Du Bois in der Lage, Korrelationen zwischen historischen Momenten und mit ›Rassen‹ verbundenen Praktiken nachzuweisen, die diachronisch sind und ihre Form mit jedem neuen Moment verändern. Nur indem diese Momente erfasst würden, könne der Begriff ›Rasse‹ depersonalisiert werden, sodass faktisch und kritisch verstanden werde, was es bedeute, Schwarz oder *weiß* zu sein (vgl. Wilson 2002: 281).

Folglich wird ›Rasse‹ das Schlüsselelement von Du Bois' Analysen. Er befasst sich sein Leben lang mit deren Bedeutungskonstruktion und entschlüsselt sie schließlich mit seiner Autobiografie *Dusk of Dawn. An Essay toward an Autobiography of a Race Concept* (1940). Du Bois setzt mit seinen »concept of race« (Du Bois 1940: 97) den globalen Prozess der Subjektivierung Schwarzer Menschen aus Schwarzer Perspektive in Gang und bringt die Vorstellung einer sozialkonstruierten Schwarzen Gesellschaftsposition hervor. Auf diese Weise kann der Schwarze Philosoph auf das sogenannte ›N-Problem‹ verweisen, das er als Produkt des *weißen* Logos versteht, das seiner Meinung nach von *weißen* US-Amerikaner:innen – auch denjenigen, die Sympathie für Schwarze hegen – hergestellt worden ist. Darüber hinaus stellt er eine Verbindung zur hegelianischen Philosophie her. Denn Hegels Weltanschauung bereitet neben den theoretischen Ansätzen von Marx den notwendigen Nährboden für Du Bois, um den Zusammenhang von Bewusstsein und Geschichtlichkeit herzustellen, woraufhin Du Bois die als universal geltenden, unmarkierten eurozentrisch cis männlichen Annahmen Hegels modifizieren und auf seine eigenen Erfahrungen anwenden kann (vgl. Wright 2004: 73).

Dennoch soll nicht außer Acht gelassen werden, dass es die Vereinigten Staaten von Amerika sind, in denen Du Bois den Begriff ›Afrika‹ konzeptualisiert, um den ganzen Kontinent zu bezeichnen. Noch ehe der Begriff auf dem Kontinent selbst eine Bedeutung erhält, werden die versklavten Menschen, die nur vereinzelt ihre Herkunft kennen und zudem kein Wort für den gesamten Kontinent haben, in den Vereinigten Staaten als

Afrikaner:innen bezeichnet.[12] Im Gegensatz dazu findet Wissen, welches in afrikanischen Ländern re_produziert wird, selten Eingang in den westlichen Wissenschaftsdiskurs, da es aufgrund der europäischen Tradition der Schriftsprachlichkeit nicht wahrgenommen bzw. ent_wahrgenommen wird. Vielmehr gelangen Schwarze Schriften meist in den europäischen Sprachen der kolonialen Machthaber:innen, als Über_Setzungen[13] auf den europäischen Markt, um die Bedürfnisse der *weißen* europäischen Leser:innenschaft zu bedienen (vgl. Ripken 2001: 329 ff.).

Bis in die fünfziger Jahre hinein lehren zudem *weiße* europäische Interessenvertreter:innen die Geschichte(n) der jeweiligen Kolonialmächte an afrikanischen Hochschulen, sodass rassifiziertes Kolonialwissen alsbald gesellschaftliche Verbreitung auf dem gesamten afrikanischen Kontinent findet. Die Institutionalisierung einer von Europa unabhängigen afrikanischen Geschichte sowie die Anerkennung der präkolonialen Kulturen der diversen afrikanischen Völker, Regionen und Königreiche erfolgen erst im Zuge der weltweiten politischen Dekolonialisierung. In den jüngeren Debatten über Afrozentrismus und Eurozentrismus wird folgerichtig die Frage gestellt, wie denn eine ›neue‹ afrikanische Geschichte aussehen könne, wenn sie mit den Mustern der *weißen* europäischen Historiografie konzeptualisiert und seit dem 18. Jahrhundert in Europa durch *weiße* Wissenschaftler:innen entwickelt und standardisiert werde (vgl. Arndt 2001: 46 ff.). Diese Argumentationslinie soll jedoch in der vorliegenden Arbeit nicht weiter ausdifferenziert werden, da sie genügend Raum für eine eigenständige Forschung bietet – auch im deutschsprachigen Raum. Vielmehr wird der Fokus darauf gelegt, dass Europa danach strebt, absolut und ontologisch zu werden (vgl. Gordon 2005: 1), weshalb eine Rationalisierung des *weißen*, europäischen Denkens auf allen Ebenen des gesellschaftlichen Lebens theoretisiert und systematisiert wird, während eine vermeintliche Unvollkommenheit zur sozialen Ausgrenzung der Schwarzen und zur Ablehnung von Schwarzen

12 W.E.B. Du Bois beschreibt diesen Umstand in seiner Rede anlässlich seiner Ehrenpromotion am 28. Oktober 1958 an der Wirtschaftswissenschaftlichen Fakultät der Humboldt-Universität zu Berlin, veröffentlicht in der XIV. Black International Cinema Berlin Anthology 1998–1999.

13 Der Unterstrich in ›Über_Setzungen‹ symbolisiert die Lücke, die zwischen zwei Texten in ungleichen Sprachen besteht, um zum einen die kulturellen Unterschiede sichtbar zu machen und zum anderen den Ort zu verräumlichen, an dem *weiße* Über_Setzer:innen das kolonialisierte Objekt kreierten und diskursiv festschrieben (vgl. Niranjana 1992: 2).

Wissensre_produktionen führt. W. E. B. Du Bois beschreibt das Wissen um dieses Phänomen als »double conciousness« (Du Bois 1903: 9), in der Schwarze das Bewusstsein darüber erlangen, von außen ausschließlich durch den *weißen* Blick gesehen und damit ent_visualisiert zu werden, wie nachfolgend aufgezeigt wird, während sie gleichzeitig im Innern erkennen, dass sie als Un_Menschen kategorisiert sind und daher keinen subjektiven (Wissens-)Standpunkt einnehmen können bzw. dürfen:

> »It is a peculiar sensation, this double-consciousness, this sense of always looking at one's self through the eyes of others, of measuring one's soul by the tape of the world that looks on in amused contempt and pity. One ever feels his two-ness, – an American, a Negro; two souls, two thoughts, two unreconciled strivings; two warring ideals in one dark body, whose dogged strength alone keeps it from being torn asunder« (Du Bois 1903/2003: 9).

Bereits Franz Fanon zeigt, dass Du Bois' Konzept von double-conciousness nicht nur auf die Situation der Schwarzen US-Amerikaner:innen angewandt werden kann, sondern dass es ebenso die Lebensbedingungen der durch Europa Kolonialisierten bestimmt, was deutlich werden lässt, wie eng Rassismus in den USA und Kolonialismus auf dem afrikanischen Kontinent und in Europa durch die sozialprivilegierte Postion von *weißen* Menschen miteinander verbunden sind (vgl. Black 2007: 393 ff.). Nach Fanon besäßen die Schwarzen zwei Referenzrahmen, in denen sie sich verorten müssten – eine vermeintliche Objektivität auf der einen Seite, die zur Ent_Wahrnehmung der eigenen Subjektposition führt, und die Verortung in der »zone of non-being« (Fanon 1986: 10) auf der anderen Seite, die den Abjektstatus[14] der Schwarzen hervorbringt (vgl. Wright 2004: 76). Doch es sind v.a. die *weißen* Blicke, die sowohl Du Bois als auch Fanon als ursächlich für das (Selbst-)Bewusstsein der Schwarzen benennen, da dieses durch das Sehen und Gesehenwerden hergestellt wird. Dieses Zusammenspiel von Sehen

14 Die Vorstellung der Abjektivierung geht auf die jüdische US-amerikanische Philosophin und Philologin Judith Butler zurück, deren Arbeiten Themen um Feminismus, Macht und Subjektivierungen umfassen. In *Bodies That Matter: On the Discursive Limits of Sex* (1993), dessen deutschsprachige Publikation 1995 unter dem Titel *Körper von Gewicht: Die diskursiven Grenzen des Geschlechts* erschien, fordert die feministische Kritikerin gewohnte Denkstrukturen um die Kategorien Körper und Identität heraus und beschreibt mit dem Begriff ›Abjekt‹ die ent_wahrgenommenen Zonen des gesellschaftlichen Lebens, die von jenen Personen dicht besiedelt sind, die keinen Subjektstatus inne haben (vgl. Butler 1995: 22 ff.).

und Denken bzw. Ent_Visualisieren und Ent_konzeptualisieren (wie später ausgeführt wird) wird in der vorliegenden Arbeit als Schwarze Erfahrung verhandelt, welche zu einer kollektiven Erfahrungsgeschichte der Schwarzen Communitys weltweit erwachsen ist. Denn, wie eingangs erwähnt, es ist bereits Du Bois der Hegels Abhängigkeit von rassifizierenden Stereotypen und damit einhergehend seine Objektivierung der vermeintlich Anderen entlarvt, da Schwarze in der Vorstellungs- und Darstellungswelt des *weißen*, luminalen Subjekts entweder ungemein sichtbar oder unsichtbar gemacht werden. Durch den *weißen* Blick *(white gaze)* wird ein visuelles Feld eröffnet, dessen Grenzen im Sinne von Du Bois in der *color line* liegen und auf dem rassische Identitäten eingeschrieben werden.

Als Manifestation der color line verwendet Du Bois die Metapher des Schleiers (*the veil),* der den Schwarzen eine zweite Sicht *(second sight)* auf die Um_Welt aufnötigt, was sowohl ihre Selbstbeobachtung als auch ihre Fremdbeobachtung beeinträchtigt (vgl. Du Bois 1903/2003: 9). Denn aufgrund des Schleiers, der sichtbar zwischen beiden Gruppen hängt, werden Schwarze von der *weißen* Mehrheitsgesellschaft ent_wahrgenommen. Aufgrund dessen versäumen sie es, sich jenseits von *weißen*, rassischen Zuschreibungen selbst authentisch wahrzunehmen. Gleichzeitig werden Schwarze Menschen durch das Tragen dieses Schleiers aus der Um_Welt der *weißen* Menschen ausgeschlossen. Der Schleier markiert daher für Du Bois eine soziale Struktur, die über Jahrhunderte herausgebildet wurde – auch in Deutschland. Seine Operationalisierung erfolgt zeitgleich auf der Mikro-ebene Schwarzer Identität und auf der Makroebene der Gesamtgesellschaft, weshalb er rassische Identität als soziale Praxis illustriert (vgl. Rabaka 2006: 740). Diese Praxis wiederum bestimmt den Alltag von Schwarzen jenseits der biologisierten Vorstellung von ›Rasse‹ und holt rassistische Praktiken der *weißen* Mehrheitsgesellschaft aus der Un_Sichtbarkeit. Indem Du Bois benennt, was als unsichtbar konstruiert und konstituiert wird, analysiert er die Um_Welt von der Position jener, die pathologisiert werden und dadurch als nichtmenschlich gelten. Dieser methodologische Ansatz ermöglicht ihm, viele Perspektiven in Betracht zu nehmen, v.a. die Perspektiven und Meinungen derer, deren Existenz infrage gestellt und als insignifikant re_produziert werden. Es geht ihm dabei weniger darum, den Schleier zu ›lüften‹. Vielmehr sucht er nach einem Weg, den Schleier zu transformieren und damit auch die Struktur zu verändern, sodass die Schwarze Sicht auf die Um_Welt verstetigt werden kann. Du Bois verweist bereits in seinen frühen Aufzeichnungen auf diesen notwendigen Blickwechsel hin:

> »Much has been written of the [B]lack man in America, but most of this has been from the point of view of the whites, so that we know of the effect of Negro slavery on the whites, the strife among the whites for and against abolition, and the consequent problem of the Negro so far as the white population is concerned« (Du Bois 1897/2007: 137).

Durch den Schleier werden die Bedeutungen des Schwarzseins verfälscht, sodass ein ontologischer, kolonialer Unterscheid re_produziert werden kann, der *weiße* Subjektivität formt und immer wieder als Norm verstetigt. Erst mit seiner sozialen Positionierung und Selbstbenennung als »American Negro« (Du Bois 1897/2007: 6) nimmt Du Bois schließlich einen Schwarzen Subjektstatus im philosophischen Diskurs ein und lokalisiert dadurch einen ideologischen Ort, der eingebettet ins gesellschaftliche Geschehen eine an Raum gebundene Zeitlichkeit bestimmt und aus Schwarzer Perspektive thematisiert. Durch diese Herangehensweise ist er in der Lage, intellektuelle und soziale Barrieren zu durchbrechen und kulturelle und politische Grenzen zu überqueren und schreibt sich in Folge dessen als erster Schwarzer Wissensre_produzent in das *weiße* US-amerikanische Wissenschaftssystem des ausgehenden 19. Jahrhunderts ein. Gleichzeitig demonstriert Du Bois mit seiner Selbstpositionierung eine philosophische Konnektivität zwischen Schwarzen und *weißen* Gesellschaftstheorien und wird von der *weißen* Bildungselite als erstes Schwarzes cis männliches Subjekt in das dortige *weiße* Wissenssystem eingelesen. Dennoch ist Du Bois Zeit seines Lebens damit beschäftigt, nationale und diasporische Elemente in seinen Schriften zu kombinieren, sodass die Konstruktion einer afrikanischen Diaspora als transnationales Ideal oszilliert werden kann (vgl. Oppel 2008: 101 f.). Auf diese Weise ist es ihm möglich, in historischen Kämpfen detailiert zwischen *weißen*, kolonialen Fantasien und afrikanischen Wirklichkeiten zu unterscheiden.

> »This chapter [The Negro in the United States, Kapitel XI, The Conversation of Races], however, is dealing with the matter more from the point of view of the Negro group itself, and seeking to show what slavery meant to them, how they reacted against it, what they did to secure their freedom, and what they are doing with their partial freedom to-day« (Du Bois 1897/2007: 137).

Durch seine soziale Positionierung generiert Du Bois neue Einsichten von *Weißen* und verhilft Schwarzen zur differenzierten Selbstreflexion (vgl. Rabaka 2006: 732ff.). Folglich ist Du Bois fähig, einen politischen Metadiskurs aus Schwarzer Perspektive zu re_produzieren, durch den er die bestehende Ordnung, ihre Bildungseinrichtungen und ideologische Hegemonie herausfordert. Durch seine kritische Sozialtheorie ist er in der Lage, Themen um Rassismus, Sexismus und Kolonialismus zu adressieren, die er als ineinandergreifende Unterdrückungssysteme begreift. In *The Souls of Black Folk* (1903) thematisiert er »the power of academic knowledge« (Du Bois 1903/2003: xx), was seines Erachtens zur Transformation der hegemonial geprägten Gesellschaft in eine multikulturelle Gesellschaftsform führen wird, und über_setzt seine wissenschaftlich theoretischen Betrachtungen in eine progressive soziale Praxis.

Im Laufe seines Lebens wandeln sich jedoch die Gesellschaftsstrukturen in den USA und in der Welt drastisch, weshalb viele seiner philosophischen und ideologischen Veränderungen, Modifikationen und Variationen als Reaktionen auf diese sozialen Wandlungen gewertet werden können. So z.B. die Funktionen des Schleiers, die sich im Laufe seiner akademischen Karriere stets wandeln und politisch flexible bleiben. Denn ebenso wie sich die Gesellschaft verändert, so müssen sich auch soziale Theorien und Modelle herausbilden, die nicht einfach neue Realitäten ›abbilden‹, sondern gleichsam emanzipatorischen Einfluss auf eben diese Realitäten nehmen. Dementsprechend kündigt Du Bois' Ideologie nicht nur den Posthumanismus, den Poststrukturalismus und die Postmoderne an, sondern sie trägt, wie eingangs erwähnt, auch zum postkolonialen Diskurs bei, indem sie auf eine zwischenzeitliche Periode verweist, die Du Bois als »semicolonialism« (1945) charakterisiert. Er verweist auf die ideologische Dimension des Kolonialismus, die nicht ausschließlich am Besitz von Kolonien festgemacht werden kann, sondern zudem die systematische Einflussnahme des Regimes beschreibt (vgl. Du Bois 1903/2003, Rabaka 2003a, 2006). Demnach nimmt Du Bois nicht nur Teil am, sondern leistet mit seinem Konzept des ›semicolonialism‹ einen entscheidenden Beitrag zum gegenwärtigen postkolonialen Diskurs. Die Bedeutung dieses Metadiskurses zeigt nicht nur die Multidimensionalität von Du Bois' Schaffen, sondern zudem die Konstruiertheit von Ideologien, die demzufolge kontingent und veränderbar sind, weshalb Du Bois nachfolgend als *ideology broker* verhandelt wird. In dieser Rolle erzielt er diskursiven ›Profit‹ dadurch, dass er seine Diskursposition ausbaut und gleichsam die vermeintlich natürliche Ordnung der Dinge herausfordert, die durch die Zustimmung der Massen als Voraus_Setzung[15] für die Hegemonie unhinterfragt bleibt (vgl. Blommaert 1999: 425 ff.). Auf diese Weise erfüllt Du Bois eine diskursive ›Gate-Keeping-Funktion‹, da er nicht nur eine wichtige Position im Entscheidungsfindungsprozess einnimmt, sondern zudem die Zugangsmöglichkeiten zum Diskurs, z.B. durch sprachliche Bewertungsstrategien, Autoritätsverweise und der Betonung seiner eigenen Expertise, reguliert (vgl. Warnke/Spitzmüller 2011: 180).

> »The history of the development of the race concept in the world and particularly in America, was naturally reflected in the education offered me. In the elementary and high school it came only in the matter of geography when the races of the world were pictured: Indians, Negroes and Chinese, by their most uncivilized and bizarre representatives; the whites by some kindly and distinguished-looking philanthropist« (Du Bois 1940: 97).

Zudem bekennt sich Du Bois, wie eingangs skizziert, zum Marxismus, mit dem er sich systematisch und kritisch auseinandersetzt, und zählt zu den Vertreter:innen des kontroversen *Black Marxism* (vgl. Rabaka 2006: 742). Bereits 1926 bereist er die Sowjetunion und zeigt sich positiv beeindruckt von der bolschewistischen Revolution, was sich offen in seinen Schriften zeigt und schließlich 1934 zu seinem Rücktritt als Herausgeber von *The Crisis*[16] führt.

Du Bois' Interdisziplinarität fordert die traditionelle Monodisziplinarität seiner Zeitgenoss:innen heraus. Mit seinen multimethodologischen Ansätzen gestaltet er die Grundlagen der Fachrichtungen der *Africana Studies* und der *Black Studies,* die im Laufe des 20. und 21. Jahrhunderts an US-amerikanischen Universitäten institutionalisiert werden (vgl. Rabaka

15 Da eine Voraussetzung die Bedingung für eine Setzung ist und jede Setzung wiederum die Bedingung für eine Voraussetzung, ermöglicht das eine erst die Existenz des anderen (vgl. Schmidt 2003: 27 ff.), was mit dem Unterstrich schriftsprachlich zum Ausdruck gebracht wird. Diese unkonventionelle Schreibweise erlaubt mir aus meiner postkolonialen Forschungsperspektive, traditionelle Vorstellungen von Sprache über schriftliche Kommunikationsformen aufzubrechen, sodass im Sinne der vorliegenden Arbeit über gängige Sprachnormen, Sprachformen und Sprachhandlungen nachgedacht werden kann.

16 *The Crisis* ist die offizielle Zeitschrift der NAACP (*National Association for the Advancement of Colored People*), die erstmals 1910 von W. E. B. Du Bois herausgegeben wurde. Ziel war es, den Rassismus aufzuzeigen und öffentlich Einfluss auf die Institutionalisierung von Schwarzem Wissen in den Vereinigten Staaten zu nehmen.

2006: 736 ff.). Auf diese Weise wird bereits in den sechziger und siebziger Jahren und fortwährend Afrokultur als Teilkultur der US-amerikanischen Gesellschaft konstituiert und ein Schwarzes Wissensarchiv errichtet, das in der afrodeutschen Gegenwart von großer Bedeutung ist. Zudem bettet Du Bois eine Bandbreite an wissenschaftlichen Theorien sowie *grassroots*-Praktiken in einen sozialtheoretischen Rahmen ein (vgl. Rabaka 2006: 745 f.), der die Grundlage für die gegenwärtige *Critical Race Theory* liefert, die es sich zur Aufgabe macht, Rassismus, Sexismus und Kolonialismus sowie deren Intersektionalitäten zu theoretisieren.

> »The deep historical and cultural dimension in Du Bois's thought suggests that he took seriously the role of a critical social theorist as someone who is concerned with crises in human life and who is committed to constantly (re)conceptualizing what is essential to human liberation and creating a new social world« (Rabaka 2006: 744).

Du Bois' geschichts- und kulturzentrierte Konzeptualisierungen und Theoretisierungen demaskieren die zentralen gesellschaftspolitischen Probleme des Rassismus, sodass dessen soziohistorisches Wesen als soziales Erbe des Versklavungssystems und des Kolonialismus wahrnehmbar wird, wenngleich, wie später gezigt wird, Schwarze Menschen im *weißen* Mainstream als kulturlose und geschichtslose Objekte ent_äußert werden. Es ist ihm bewusst, dass »race prejudice was the cause and not the result of theories of race inferiority« (Du Bois 1940: 129). Vielmehr versteht Du Bois Rassismus als einen von vielen Unterdrückungsmechanismen, die nicht nur eine Bedrohung für »[t]he Souls of Black Folk« (Du Bois 1903: Titel) seien, sondern für die gesamte Menschheit (vgl. Rabaka 2003: 400). Viele der ersten wissenschaftlichen Theorien zu Rassismus werden von ihm entwickelt. In seiner ersten Denkschrift *The Conversation of Races* (1897/2007) räumt Du Bois schon gegen Ende des 19. Jahrhunderts ein, dass (Haut-)Farbe eine rassistische Kategorisierung ist, die durch *weiße* Entsehstrategien herausgebildet wird, sodass Unterschiede markiert und sichtbar werden können:

> »At all times, however, they have divided human beings into races, which, while they perhaps transcend scientific definition, nevertheless, are clearly defined to the eye of the [white] Historian and [white] Sociologist« (Du Bois 1897/2007: 8).

Im Verlauf seiner weiteren Publikationen distanziert er sich komplett von einer biologischen und anthropologischen Konzeptualisierung von ›Rasse‹

und entfaltet eine soziohistorische Idee, welche eng an das Leitmotiv der deutschen Romantik und den deutschen Nationalismus geknüpft ist. Die Tatsache, dass Du Bois beispielsweise zwischen 1892 und 1894 in Berlin studiert, ist entscheidend für die Entstehung und Entwicklung seines ›Rassenverständnisses‹, da die Kategorie ›Rasse‹ für ihn Fragen der Kultur und der Kulturgeschichte aufwirft, die ihm Antworten zu den gegebenen sozialpolitischen Problemen liefern:

> »When the matter of race became a question of comparative culture, I was in revolt. I began to see that the cultural equipment attributed to any people depended largely on who estimated it; and conviction came later in a rush as I realized what in my education had been suppressed concerning Asiatic and African culture« (Du Bois 1940: 99).

Durch seinen Aufenthalt in Deutschland und seine Begeisterung für Bismarcks politisches Konzept der Nationenbildung und seine Vision von Einheit sind Du Bois' Leben und Gesamtwerke stark geprägt. Der Schwarze Wissenschaftler trägt nicht nur seinen Bart wie Bismarck, sondern auch sein politisches Bewusstsein wird durch seine Begeisterung für den deutschen Nationalismus geformt (vgl. Bechhaus-Gerst 2005: 231 ff.). Seine Kritik am Versailler Vertrag stimmt mit den Stimmen der antikolonialen Bewegung in Deutschland überein, was später seinen kritischen Blick auf die sogenannten »*Jim-Crow*-Gesetze« in den Vereinigten Staaten nachhaltig bestimmt. Bei der Re_Konstruktion des US-amerikanischen Kulturprogramms enthüllt der Advokat eine Doppeldeutigkeit von Schwarzer und deutscher Identität und skizziert ein dialektisches Identitätsangebot, sodass Europa (und damit einhergehend auch Deutschland) und Afrika erstmals als Konvergenz verhandelt werden können. Inwieweit schon zu diesem Zeitpunkt von afrodeutscher Identität gesprochen werden kann, sei dahingestellt. Vielmehr glaubt Du Bois durch das damalige deutsche Kulturverständnis eine Humanität der *weißen* Menschen erkannt zu haben, die ihm bis dato verwehrt geblieben war, und beschreibt das, was er später hierzulande erleben wird, als bedauerliche Entwicklung, die, wenn auch nicht unwiderruflich, zu Deutschlands (Selbst-)Zerstörung führen wird. Die Komplexität seiner Überlegungen zeigt, dass er Deutschlands Paradoxien und Ambivalenzen erfasst, die beispielsweise mit der sogenannten ›Rassenpolitik‹ der Nationalsozialist:innen legitimiert wird; eine Politik, die Du Bois aus politischer Überzeugung ablehnt (vgl. Oppel 2008: 105 ff.).

Und in ebendieser ›Rassenpolitik‹ finden die kolonialrassistischen Vorstellungen auch für die in Deutschland lebenden Schwarzen Menschen ihren tödlichen Höhepunkt. Dennoch weigert sich die *weiße* deutsche Mehrheitsgesellschaft bis in die gesamtdeutsche Gegenwart, der Schwarzen Opfer des Nationalsozialismus und der rassistischen Gewalt in Nachkriegsdeutschland zu gedenken[17], ebenso wie sie es versäumt, die Schwarzen Soldaten, die ihr Leben im Kampf um die Befreiung Deutschlands gelassen haben, zu ehren. Im konsensualen Schweigen der *weißen* deutschen Mehrheitsgesellschaft wird in Bezug auf Schwarze Geschichte in Deutschland eine kognitive Kolonialität fortgeführt; die Errichtung eines Mahnmals für die ermordeten und geschändeten Schwarzen steht noch immer aus.

Zudem hat die deutsche Forschungs- und Politlandschaft es weitgehend versäumt, im Sinne von Du Bois den Begriff ›Rasse‹ zu resignifizieren. Denn während das angloamerikanische Konzept ›race‹ im »racial formation process« (Omi/Winant 2005: 3) als biologische Kategorie dekonstruiert und als soziohistorische Kategorie rekonstruiert wird, behält die deutsche Verwendung von ›Rasse‹ eine biologisierte Zuschreibung bei und wird auf diese Weise im deutschen Grundgesetz (Art. 3, Abs. 3) als biologische Kategorie konstituiert. So werden mit der Einführung des Rechtsprinzips des *ius sanguinis* im heute noch geltenden Staatsangehörigkeitsgesetz aus dem Jahr 1913 rassistische Machtverhältnisse manifestiert (vgl. El-Tayeb 2004: 125 ff.) und die *weiße* Hegemonie durch Ent_Nennung legitimiert (vgl. Arndt 2011: 185 ff.). Demnach geht die Ent_Wahrnehmung von ›Rasse‹ als soziale Konstruktion mit der Invisibilisierung von *Weiß*sein als gesellschaftlicher Norm einher. Die Folge davon ist, dass *Weiß*sein mit Deutschsein kongruiert (vgl. Barskanmaz 2008: 299), während Schwarzsein mit Deutschsein in Konkurrenz steht (vgl. El-Tayeb 2001: 121). Eine Re_Signifizierung der deutschen Vorstellung von ›Rasse‹ und damit einhergehend der langersehnte racial turn bleiben innerhalb der *weißen* deutschen Mehrheitsgesellschaft aus, weshalb eine Über_Setzung von ›Rasse‹ mit ›race‹ aufgrund der abweichenden Bedeutungsgeschichten m.E. nicht

17 Die Schwarze Literaturwissenschaftlerin Marion Kraft würdigt in *Kinder Der Befreiung. Transatlantische Erfahrungen und Perspektiven Schwarzer Deutscher der Nachkriegsgeneration* 70 Jahre nach Ende des Zweiten Weltkriegs den Beitrag, den afro-US-amerikanische Soldaten zur Befreiung Deutschlands vom Fachismus geleistet haben, und vereint Stimmen Schwarzer Deutscher der Nachkriegsgeneration (vgl. Kraft 2015).

möglich ist. Dennoch sind zahlreiche postkoloniale Theoretiker:innen bemüht, das Konzept zu dekonstruieren:

> »In einer doppelten Denkbewegung führt der ›racial turn‹ damit weg von ›Rasse‹ als biologischem Konstrukt und hin zu *Rasse* als sozialer Position und kritischer Analyse- und Wissenskategorie. Der so gewendete Begriff von *Rasse* zeigt sich befähigt, biologistische Konstruktionen und darauf aufbauende binäre Oppositionen (einschließlich ihrer Auswirkung auf gesellschaftliche Prozesse und Hegemonien) zu identifizieren und in Frage zu stellen sowie das diesbezüglich transportierte Wissen mit Hilfe postkolonialer Theorieansätze zu dekonstruieren und kritisch zu ergänzen« (Arndt 2011: 186).

Um diese Denkbewegung sichtbar zu machen, werden in vielen postkolonialen Schriften linguistische Mittel eingesetzt, wie z.B. die Kursivschreibung des Wortes oder, wie in der vorliegenden Arbeit, das Setzen in Anführungszeichen. Zudem wird mit der Über_Setzung des angloamerikanischen Begriffs ›racialisation‹ der Konstruktionscharakter der Kategorie ›Rasse‹ als Rassifizierung markiert. Dies erlaubt, Rassismus als Prozess zu verstehen, der über die Kategorie ›Rasse‹ konstruiert und konstituiert wird (vgl. Arndt 2011: 185 ff.). Diese Strategien unterstreichen die Bedeutsamkeit der Linguistik im Zuge des *postcolonial turn*, der nicht statisch, sondern prozesshaft über *linguistic turns* abläuft. Denn aufgrund der Langlebigkeit des Rassismus markiert diese Kategorie gegenwärtig eine soziale Realität, die auch in Deutschland über die Jahrhunderte hinweg gewachsen ist und als Grundmoment im Identitätsbildungsprozess der Schwarzen Menschen verstetigt werden kann. Daher besteht die Notwendigkeit, die Bedeutung der historischen Bedingtheit der gesellschaftlichen Ordnung und Kontingenz aus Schwarzer Perspektive darzustellen.

> »We cannot reverse history; we are subject to the same natural laws as other races and if the Negro is ever to be a factor in the world's history – if among the gaily colored banners that deck the broad ramparts of civilisation is to hang one uncompromising [B]lack, then it must be placed there by [B]lack hands, fashioned by [B]lack heads and hallowed by the travail of 200,000,000 [B]lack hearts beating in one glad song of jubilee« (Du Bois 1897/2007:11).

Doch wie kann Du Bois' Idee der Schwarzen Subjektivität über nationale wie kulturelle Grenzen hinweggetragen und an ihrem (neuen) Bestimmungsort in Deutschland eingeschrieben werden? Wie können Schwarze

Wissenstraditionen vermittelt und ungehindert fortgeführt werden? Und wie können symbolische Erzählungen, wie nationale Diskurse, aus Schwarzer Perspektive analysiert werden? Mit der Übertragung und Anpassung des ›culture broker-Modells‹ wird in den folgenden Kapitelabschnitten diesen und weiteren Fragen nachgegangen.

2.2 Audre Lorde als »culture broker«

Das Konzept des *culture broker* (oder Kulturvermittler:in) wird von der *weißen* Kulturanthropologin Mary Ann Jezewski in ihrem Aufsatz *Evolution of a Grounded Theory: Conflict Resolution Through Culture Brokering* (1995) entwickelt, um eine Person zu beschreiben, die den Grenzübergang einer weiteren Person in eine andere Kultur ermöglicht. Dabei umfassen die Aufgaben der Kulturvermittler:in mehr als eine reine Dolmetscher:innentätigkeit, wenngleich fremdsprachliche Über_Setzungen eine tragende Rolle in Vermittlungsprozessen spielen. Vielmehr sind die auf die Kulturvermittler:in zutreffenden Charakteristika, wie das Intervenieren in bestehende gesellschaftliche Machtstrukturen und das Aufzeigen von widerständigen Innovationsmöglichkeiten u.a., von Bedeutung. Denn es handelt sich bei der kulturellen Vermittlung nicht um einen oktroyierten Monolog über Kulturen, sondern um einen Dialog mit und zwischen verschiedenen Kulturen – auch über nationale Grenzen hinweg – mit dem Ziel, gesellschaftliche Veränderung herbeizuführen (vgl. Threin 2005: 9).

> »Brokers do much more than trade in culture. They define its meaning, they establish its significance in the overall order of things, they endow it with particular kinds of power« (Peace 1998: 274).

Die *weiße* Literaturwissenschaftlerin Sandra-Jessica Threin zeigt in ihrer Dissertation *Literarische Kulturbroker: Frauen als Vermittler zwischen den Kulturen* (2005) für den US-amerikanischen Kontext, wie Autor:innen in die Rolle der literarischen Kulturvermittler:innen schlüpfen und mit ihren Literaturproduktionen vermittelnd auf soziopolitische Prozesse einwirken. Dabei ist Du Bois' Konzept des double-conciousness die Voraus_Setzung, auf der diese Überlegungen basieren (vgl. Threin 2005: 15). Denn mit diesem Konzept weist Du Bois nicht nur auf die Dynamik der ›Rassenunterdrückung‹, sondern auch auf die Existenz einer Schwarzen Diaspora hin, die einen politischen Gegendiskurs zur Moderne hervorbringt (vgl. Wright 2004: 70 ff.). So entfalten Schwarze im Laufe ihrer Entwicklung von Versklavten zu Menschen und Bürger:innen der Vereinigten Staaten nicht nur ein soziales, sondern auch eine politische Identität, die stets von Transnationalität und Transkulturalität getragen ist. Infolge dessen beginnen Poesis und Poetik in neue Formen nebeneinander zu existieren. Aber v.a. in und durch Musik artikulieren Schwarze das, was Du Bois als »the articulate message of the slave to the world« (Du Bois 1903/2003: 179) beschreibt (vgl. Du Bois 1903/2003: 177 ff., Gilroy 1993: 48 ff.).

Kritiker:innen wie der indischbritische Schriftsteller Salman Rushdie haben verstärkt darauf hingewiesen, dass eine Positionierung zwischen Kulturen Menschen besondere Blickwinkel verleiht, was einen positiven Zugang für literarische Wissensre_produktionen darstellt. Ihre Sozialisation werde (i. d. R.) von beiden Seiten geprägt, sodass ihnen diversifizierte Sichtweisen zustünden, die Menschen aus nur einem kulturellen Kontext (meist) nicht zuteil werden (vgl. Rushdie 1991: 17). Laut Threin vermitteln culture broker demzufolge zwischen verschiedenen Kulturen, indem sie durch ihre kritischen Perspektiven inmitten verschiedener kultureller Einflüsse Brücken bauen und Transferleistungen ermöglichen (vgl. Threin 2005: 17). Aufgrund ihrer spezifischen Lebenssituationen und Erfahrungen vermitteln sie politische Fakten und historische Ereignisse, weshalb ihr kulturelles Einfühlungsvermögen aufgrund ihrer Transkulturalität kein Hindernis darstellt, sondern als »kulturelles Kapital« (Threin 2005: 23) positiv gewertet werden kann. Dies zeigt sich beispielsweise in der Fähigkeit der Autor:innen, sich sprachlich wie auch thematisch in die Denk- und Verhaltensweisen der Kulturen zu versetzen, in denen sie aufgewachsen sind (vgl. Threin 2005: 22 f.). Sie verfügen über eine »Insider-Outsider-Dichotomie« (Threin 2005: 23), da sie gleichzeitig den Einblick eines Insiders und die kritische Distanz eines Outsiders besitzen (vgl. Wright 2004: 190). In der Rolle der literarischen Kulturvermittlerin sind, laut Threin, v.a. weibliche Autorinnen in der Lage, mit den gleichen Kräften wie globale Unternehmen, starre nationale Grenzen zu unterschreiten und in Zwischenräumen zu agieren und zu vermitteln (vgl. Threin 2005: 10). Diese Zwischenräume beschreibt der indische postkoloniale Theoretiker Homi K. Bhabha als »third space« (1999: Titel), in der vom *weißen* Mainstream abweichende Strukturen und Positionen berücksichtigt werden könnten. Laut Bhabha ist dieser dritte Raum ein hybrider, ambivalenter Ort, dem eine verändernde Rolle zugeschrieben wird, da er die Annahmen eines homogenen Kulturverständnisses aufbreche (vgl. Bhabha 1999: 211).

Durch ihre Verortung in einem third space, der bislang un_sichtbar zu sein schien, haben Autor:innen die Möglichkeit, als literarische Kulturvermittler:innen in das Gesellschaftsgeschehen einzugreifen (vgl. Threin 2005: 26) und sich als Teilkultur zu positionieren, deren Wissensre_produktionen programmierbar werden. So beschreibt die US-amerikanische Aktivistin Audre Lorde Menschen, die sich in diesen Räumen verorten, als »hyphanted people« (Lorde 2012: 78), die eine ›Bindestrichidentität‹ annehmen, sodass die Konstruktion eines postkolonialen Subjekts erfolgt. Die Funktion des Bindestrichs sei es, vermeintlich binäre Oppositionen miteinander zu verbinden, die mit dem eurozentrischen Weltbild korrespondieren und Ent_Wahrnehmungen als Realitätskonstruktionen manifestieren.

Und ebenso wie die soziale Realität der Schwarzen US-Amerikaner:innen sowohl das US-Amerikanische als auch das Afrikanische umfasst, so kann auch, wie Lorde aufzeigt, das Deutsche und das Afrikanische, US-Afro-Amerikanische oder Afro-Karibische in einem ›neu‹ zu konstituierenden Zwischenraum als ›Afrodeutsch‹ verstetigt werden (vgl. Adams 2005: 209 ff.), um eine kolloktive Identität – ein ›Wir‹ – erstreiten zu können (vgl. Piesche 2012: 8 f.). Dennoch wird in der vorliegenden Arbeit auf den Bindestrich in Afrodeutsch verzichtet, da zum einen das Konzept der Hybridität die Vorstellung einer vermeintlich ›reinen Rasse‹ re_produziert und zum anderen, um die Eigenständigkeit der selbstgewählten Identitätsbeschreibung zu unterstreichen. Über die Analyse von ausgewählten Texten, auf die sich der theoretische Entwurf des culture brokers stützt und über die eine Analyse der thematischen wie auch thematisch relevanten sprachlichen Eigenheiten durchgeführt wird, werden Schwarze Wissensre_produktionen durch ihre sprachliche Gestaltung selbst zum Spiegel einer transkulturell konstituierten Identität (vgl. Threin 2005: 7). Denn im Gegensatz zu den anthropologischen Kulturvermittler:innen führt Lorde als literarische Vermittlerin keine empirischen Studien der zu vermittelnden Kultur durch, da sie selbst Teil dieser Kultur ist, mit der sie dieselbe Geschichte(n) teilt. Vielmehr leistet Lorde mit ihren literarischen Wissensre_produktionen und in akademischen Wissensre_produktionsprozessen einen Beitrag zur postkolonialen Perspektivumkehr innerhalb der deutschen Gesellschaft, sodass eine Re_Konstruktion der Gesellschaftsstruktur initiiert wird. Darüber hinaus zeigt ihre Biografie, wie die von Du

Bois, eine erzählende Aufarbeitung und Strukturierung der Vergangenheit, welche die paradigmatischen Lebensbedingungen der Schwarzen in der Auseinandersetzung mit der hegemonialen Gesellschaftskultur der Vereinigten Staaten widerspiegelt und eine exemplarische Funktion für diasporische Lebensgestaltungen aufweist (vgl. Eggers 2012: 89 f.).

Audrey Geraldine Lorde wird als Tochter karibischer Eltern am 18. Februar 1934 in New York City geboren. Als junges Mädchen entscheidet sie sich gegen den Willen ihrer Mutter, das Ypsilon am Ende ihres Vornamens wegzulassen, da es ihr nicht gefällt, wie es unter die Schreiblinie hinabhängt, und weil sie die Symmetrie zweier Es in ihrem Vor- und Nachnamen bevorzugt (vgl. Lorde 1982: 32). Diese frühe sprachliche Intervention zeigt die identitätsprägende Bedeutung der Selbstbenennung und Selbstdefinition für die Wissenschaftlerin und Aktivistin, Strategien, die sie in ihren späteren Schriften weiterentwickeln wird und die ihr weiteres Leben fortan bestimmen werden. In ihrem Aufsatz *Self-definition And My Poetry* (2008) bestätigt Lorde die Notwendigkeit der Selbstdefinition im Identitätsbildungsprozess, die es ihr erlaubt, im Einklang mit den vielen Facetten ihres Daseins zu leben, im Gegensatz zu den misslichen Fremdbenennungen durch ihre Um_Welt, die sie zu ihrem Nachteil charakterisieren und Teile ihrer Identität verleugnen (vgl. Lorde 2008: 156 f.). Denn durch diese Form der Exklusion werden die sozialen und politischen Bedingungen, die eine Selbstdefinition verunmöglichen, verschwiegen, weshalb Lorde stets bemüht ist, das Schweigen zu brechen, um Tabuthemen, wie Brustkrebs, ihre Homosexualität oder die Eigenheiten der weiblichen Wechseljahre in die breite Öffentlichkeit zu tragen. In ihrem Aufsatz, *The Transformation of Silence into Language and Action* (1984/2007) schreibt Lorde später:

> »I was going to die, if not sooner then later, whether or not I had ever spoken myself. My silences had not protected me. Your silence will not protect you. But for every real word spoken, for every attempt I had ever made to speak those truths for which I am still seeking, I had made contact with other women while we examined the words to fit a world in which we all believed, bridging our differences« (Lorde 1984/2007: 41).

Demnach stehen das Sprechen und Schreiben aus ihrer Schwarzen feministischen Positionierung im Widerspruch zu den visuellen Metaphern der *weißen* eurozentrischen Wissenschaftler:innen und Philosoph:innen, die Wissen mit Sehen gleichsetzen oder Wahrheit mit Licht, um ihrer Sinneswelt Ausdruck zu verleihen. Vielmehr sind für Lorde Sprechen und Schweigen epistemologische Werkzeuge, die zur Akt der Selbstoffenbarung und den damit verbundenen Möglichkeiten der Selbstprüfung und Transformation der eigenen Identität führen. Auf diese Weise erhebt Lorde Anspruch auf ihr Erbe als Schwarze Frau* und verschiebt das Paradigma des *weißen* Patriarchats, welches seine Opfer zum Schweigen bringt, um Macht zu kommunizieren und Kontrolle zu erhalten (vgl. Lorde 1984/2007: 40 ff.). Während das Sprechen jedoch auch ein Risiko darstellt, da es ihr eine gewisse Sichtbarkeit und damit einhergehend Anfechtbarkeit verleiht, repräsentiert Sprache gleichermaßen für die Schwarze Dichterin die Möglichkeit, Differenzen zu überwinden und die eigene Identität herauszubilden. Ihre zahlreichen Gedichtbände und Essays spiegeln wichtige Momente in ihrer Suche nach einer eigenen Identität wider, so z.B. die Publikation *The Black Unicorn* (1978), in der sie ihre spirituelle Verbundenheit zu Afrika beschreibt oder ihre Mythobiografie *Zami* (1982), in der sie ihre karibische Identität annimmt (vgl. De Veaux 2004: 335), indem sie Mythen und Geschichten in ihre Erzählweise kombiniert, um die Unterschiede der sozialen Gruppen, denen sie angehört, einen selbstbestimmten Ausdruck zu verleihen. Durch Verweise auf die westafrikanische doppelgeschlechtliche Trickster-Gottheit, Verwandlungs- und Sprachkünstlerin Afrekete, die als Schlüsselfigur der afrikanischen Diaspora auch in Deutschland gilt, ist Lorde in der Lage, eine mystische Erscheinung wiederzubeleben, die in der westlichen Welt als Symbol der zerstörten Vielfalt des afrikanischen Bedeutungs- und Glaubenssystems wirkt (vgl. Gates 2014: 3 ff.).

> »Indeed, this trickster topos not only seems to have survived the bumpy passage to the New World, but it appears even today in Nigeria, Benin, Brazil, Cuba, Haiti and the United States. (...) Its particular configurations in Western [B]lack cultures seperated by vast distances of space and time, and isolated by the linguitic barriers of the Germanic and Romance languages, testify to the fragmented unity of these [B]lack cultures in the Western Hemisphere« (Gates 2014: 4 f.).

Auf diese Weise stellt Lorde Spiritualität und Politik in einen Zusammenhang. Eine Kombination, die die Besonderheit ihres Schreibens ausmacht (vgl. Schultz 1994: 164). Schließlich nimmt Lorde gegen Ende ihres Lebens in einer afrikanischen Taufzeremonie in St. Croix den Namen *Gamba Adisa* an, was so viel heißt wie »she who makes her meaning known« (vgl.

Schultz 1994: 170) und bringt mit dieser selbst gewählten Benennung ihre identitätsstiftende Lebensaufgabe zum Ausdruck.

Die Autorin und Poetin, die als Schwarze Frau* in einer ›rassisch gemischten‹ Übergangszone von Harlem aufwächst, schätzt als stark kurzsichtiges Mädchen schon im jungen Alter die Poesie und betont stets die besondere Art und Weise, wie sie aufgrund ihrer Kurzsichtigkeit ihre Um_Welt zu beobachten pflegt. Für sie sind Nähe, aber vor allem Distanz von wichtiger Bedeutung in ihrem Leben und ihren Werken, was dazu führt, dass sie in *The Marvelous Arithmetics of Distance* (1993/1997) beschreibt, inwieweit Unterschiede sich in Abhängigkeit zur sozialen Position verschieben können. Die Schlusszeile des einleitenden Gedichts *Smelling the Wind* bildet das Grundthema des Bandes: »No reckoning allowed/ save the marvelous arithmetics/of dictance« (Lorde 1997: 423). Dabei verhandelt Lorde die Arithmetik als die pragmatische Verschiebung und Beschreibung der Gegenwart, im Gegensatz zur Mathematik, die eine höhere Ordnung der Dinge sei. Auf diese Weise würden die Grenzen zwischen der inneren und äußeren Um_Welt durchbrochen, sodass theoretische Gegenwartsdiskurse re_konzeptualisiert und die Stimmen der vermeintlich ›Anderen‹ von einem selbstbestimmten Ort gehört werden könnten, ohne durch die Ent_Wahrnehmung der *weißen* Hegemonie übertönt zu werden. Demnach findet, laut Lorde, Ent_Wahrnehmung nicht im Innern statt, sondern ist stets in Abhängigkeit zur Beobachtbarkeit vom vollzogenen Perspektivwechsel zu verhandeln.[18]

Für Lorde ist die Poesie ein Heilmittel, um die Wunden des rassistischen Separatismus und ihre gelebte emotionale Isolation zu lindern. Im Glauben daran, dass es ihre moralische Verantwortung sei, die Anliegen von Frauen* anzusprechen, schreibt Lorde für jene Frauen, die keine eigne Stimme haben oder deren Stimmen zum Schweigen gebracht werden. Poesie ist demnach die Art, wie Lorde dazu beiträgt, Worte dorthin zu bringen, wo noch keine existieren (vgl. Lorde 1984/2007: 37). In der deutschen Fassung ihrer mythobiografischen Aufzeichnung *Zami. Eine Mythobiographie* (1982) beschreibt Lorde sich selbst als »eine Reflektion der heimlichen Dichtungen [ihrer] Mutter« (Lorde 1982: 42), da sie bereits im frühen Kindesalter die Redensart ihrer Mutter aufgreift und als Medium einsetzt, um mit anderen Menschen zu kommunizieren. Wenn sie gefragt werden würde, wie sie sich

18 Lorde bescheibt diese Gegebenheit in *Audre Lorde. Die Berliner Jahre 1984–1992*, ein Film von Dagmar Schultz (2012).

fühlt, antwortet sie mit einem Gedicht. Als die ihr bekannten Gedichte nicht mehr ausreichen, um ihre Gefühle zum Ausdruck zu bringen, beginnt Lorde im Alter von zwölf Jahren ihre ersten eigenen Verse zu schreiben (vgl. Lorde 2008: 160) und nennt später die Poesie »a vital necessity of our existence« (Lorde 1984/2007: 37). Doch viele Dinge bleiben auch unausgesprochen, so z.B. ihre erdrückenden Kindheitserfahrungen mit Rassismus, die ihre Eltern als privates Leid behandeln, vor dem sie ihre Tochter durch Schweigen zu schützen glauben (vgl. Lorde 1982: 85). Ihr erstes Gedicht veröffentlicht Lorde im Alter von fünfzehn Jahren in dem US-amerikanischen Jugendmagazin *Seventeen,* nachdem eine Publikation in ihrer Schüler:innenzeitung, deren Mitherausgeberin sie war, abgelehnt wird. Ihr erstes Gedichtband *The First Cities* erscheint schließlich 1968.[19]

Für Lorde haben Worte eine bedeutungstragende Macht, die sie sehr früh zu respektieren lernt. Doch diese Macht (*power*) ist für Lorde keine statische hierarchische Position, von wo aus Politik gemacht wird (vgl. Schultz 1994: 165), sondern äußert sich durch Selbstidentifikation, was zur Ermächtigung *(empowerment)* des Individuums führt. In einem Interview im *Denver Quarterly* im Frühjahr 1981 beschreibt sie Pronomina, Nomina und Verben als die Bürger:innen unterschiedlicher Länder, die zusammenkämen, um eine neue Welt zu kreieren.[20] Poesie ist damit nicht nur die Architektur ihres Lebens, sondern legt auch den Grundstein für ihren politischen Aktionismus, da sie diese Ausdrucksform als die Möglichkeit versteht, ihre eigenen Erfahrungen und Gefühle entgegen dem sterilen Wortspiel der *weißen* europäischen Philosoph:innen zu offenbaren, die sie als »mythical norm« (Lorde 2008: 203) etikettiert. Daraus wächst ihr sozialpolitisches Selbstverständnis, *Weiß*sein stets im Verhältnis mit anderen phänotypischen Merkmalen, z.B. Geschlecht und sexuelle Orientierung, wahrzunehmen, um auf diese Weise die Sprecher:innenposition nicht als ›objektiv‹ zu neutralisieren, sondern um den jeweiligen Subjektstatus verstetigen zu können. Demzufolge rückt die Subjektkonstitution als Grundmoment einer veränderbaren Positionierung in den Fokus (vgl.

19 Es folgen weitere Gedichtbände: *Cables to Rage* (1970), *From A Land Where Other People Live* (1973), *New York Head Shop and Museum* (1974), *Coal* (1976), *Between Our Selves* (1976), *The Black Unicorn* (1978) *Chosen Poems: Old and New* (1982) und *Our Dead Behind Us* (1986), die alle in der Sammlung *The Collected Poems of Audre Lorde* (1997) zu finden sind.

20 Audre Lorde im Interview mit Karla M. Hammond, *Denver Quarterly,* 16.1 (1981): 10–27.

Butler 1995: 121 ff.), weshalb Lorde sich in ihren Texten gegen die Gesetzmäßigkeit der vermeintlichen ›Objektivität‹ durchsetzt und das binäre System – Subjekt/Objekt, wir/die Anderen – herausfordert, indem sie die semantische Distanz zwischen ihrer eigenen Identität als Schwarze lesbische Frau und der *weißen*, cis männlichen, heterosexuellen Norm überwindet (vgl. Lorde 2008: 201 ff.). Auf diese Weise ist Lorde in der Lage, das traditionelle Kulturverständnis der *weißen* Mehrheitsgesellschaft zu untergraben, indem sie in ihren literarischen Werken ihre persönliche Sichtweise und Interpretation von Kultur und interkulturellen Beziehungen vermittelt. Durch ihre Dichtkunst findet sie einen Weg, ihre Schwarze Erkenntniswelt zu entdecken und mit ihrem afrikanischen Erbe in Interaktion zu treten, sodass ihre Gedichte zu emotionalen Brücken werden, mit denen Lorde ihrem Lesepublikum eine Tür in ihre Schwarze Erfahrungswelt öffnet (vgl. Schultz 1994: 164 f.). Indem sie ihre Literatur als Medium einsetzt, kann sie entgegen den patriarchalen Modellen der westlichen Welt alternative Lebensentwürfe anordnen, sodass eine neue Definition von Kultur über gesellschaftliche Entwicklungen herausgebildet werden kann (vgl. Threin 2005: 17 f.).

> »This land will not always be foreign./How many of its women ache to bear their stories/robust and screaming like the earth erupting grain/or thrash in padded chains mute as bottles/hands fluttering traces of resistance/on the backs of once lovers/half the truth/knocking in the brain like an angry steampipe/how many/long to work or split open/so bodies venting into silence/can plan the next move?« (Lorde 1997: 90).

Lorde schreibt primär für Frauen*, denen aus Angst die eigenen Worte fehlen, um eben dieses Gefühl der Angst zu artikulieren (vgl. Lorde 2008: 161). Sie glaubt, dass Frauen* zur Angst erzogen werden, und weiß aus eigener Erfahrung, dass Ängste am stärksten sind, wenn sie unausgesprochen bleiben. Folglich sei es notwendig zu lernen, mit der eigenen Angst umzugehen, was bedeutete, durch sie hindurchzugehen (vgl. Lorde 1984/1994: 18). Auf diese Weise unternimmt Lorde mit jedem Gedicht aufs Neue den Versuch, ihre gelebten Gefühle mit anderen zu teilen und versteht die Dichtung als Lehr- und Lernstrategie. Gedichte seien nicht rational und intellektuell, dennoch sei sie davon überzeugt, dass mit jedem Gedicht und damit einhergehend mit jedem Gefühl eine neue Lehre verbunden sei (vgl. Lorde 2008: 182). Kunst um der Kunst willen existiert demnach für Lorde nicht (vgl. Lorde 2008: 164), sondern sie ist stets intentional und dient nicht nur dazu, ihr persönliches Leben zu verändern, sondern auch dazu, um gesellschaftliche Veränderungen zu bewirken (vgl. Lorde 2008: 164).

> »And when I speak of change I do not mean a simple switch of positions or a temporary lessening of reasons, nor the ability to smile or feel good. I am speaking of a basic and radical alteration in those assumptions underlining our lives« (Lorde 1984/2007: 127).

Mit dieser Haltung demonstriert Lorde, dass jeglicher sozialer Wandel nur auf der strukturellen Ebene vollzogen werden kann. Denn die Rassismuserfahrungen, die ihr Leben prägen, sind – entgegnen den Vorstellungen ihrer Eltern – keinem Individuum geschuldet, sondern ein gesamtgesellschaftliches Phänomen, das sich z.B. im Bildungswesen, im Gesundheits- und Versorgungssystem oder auf dem Wohnungsmarkt zeigt. So verbindet sie einer ihrer ersten Rassismuserfahrungen mit dem Selbstmord des ehemaligen jüdischen Vermieters, der sich im Keller des Hauses erhängt haben soll, weil er aufgrund der wirtschaftlichen Lage seine Wohnung an ihre Schwarze Familie zu vermieten gezwungen gewesen wäre (vgl. Lorde 1982: 73 f.). Indem Lorde diese und vergleichbare Erlebnisse in Worte fasst, ist sie in der Lage, das Schreiben wie auch das Sprechen als aktive (Handlungs-) Strategien im Kampf gegen strukturellem und institutionellem Rassismus einzusetzen. Auf diese Weise ist Lorde in ihrer Rolle als literarische Kulturvermittlerin fähig, bestehende Hierarchien aufzubrechen, indem sie durch ihr Schreiben ihren Subjektstatus behauptet und eine Verbindung zu ihrer Leser:innenschaft aufbaut (vgl. Threin 2005: 30 f.).

Im Zuge ihrer Emanzipation re_konstruiert Lorde im Vergleich zu Du Bois allerdings keinen Gegendiskurs, sondern sucht neue Definitionsmöglichkeiten, die die Moderne untergraben und ihrer Schwarzen feministischen und lesbischen Sichtweise eine eigene Stimme verleihen. Auf diese Weise nimmt sie von den hegemonialen Zentren Besitz und verschiebt die Silhouetten von Zentrum und Peripherie (ebd.). Demnach ermöglichen und ermutigen Lordes transparente Sätze, Verse und Phrasen nicht nur, ihre eigene persönliche Position sichtbar zu machen, sondern außerdem die starren Gesellschaftstrukturen aufzubrechen und universelle Gesellschaftskategorien wie die der ›Rasse‹ aufzuweichen (vgl. Threin 2005: 10), die sie als »programmierte[n] Hass« (Lorde 1982: 72) beschreibt, der zur »vorgespiegelte[n] Selbstablehnung« (ebd.) führt und Schwarze Menschen ins gesellschaftliche Abseits drängt (vgl. Lorde 1982: 72 f.).

> »As a Black, lesbian, feminist, socialist, poet, mother of two, including one boy, and a member of an interracial couple, I usually find myself a part of some group in which the majority defines me as deviant, difficult, inferior, or just plain ›wrong‹« (Lorde 2008: 219).

Lorde, die sich selbst als »Schwarze Feministin, Mutter, Lesbe, Kriegerin und Dichterin« (Schultz 1994: 166) bezeichnet, ist Aktivistin der Schwarzen US-amerikanischen Bürgerrechtsbewegung, der Lesbenbewegung und der Frauen*bewegung gewesen. Die Eigenheit ihrer Persönlichkeit und ihres vielschichtigen Schaffens basiert auf dem Zusammenspiel dieser sozialpolitischen Kategorisierungen, die nach ihrem eignen Empfinden jede für sich, aber nie getrennt voneinander zu betrachten seien. Da sie alle Kategorisierungen in ihrer Person vereine, seien hierarchische Unterdrückungen (*hierarchies of oppression*) inexistent (vgl. Lorde 2008: 219 f.). Dieses Selbstverständnis erlaubt Lorde, als großes Ganzes zu existieren und sich als selbstbestimmtes Subjekt jenseits von rassifizierten und sexualisierten Stereotypisierungen zu positionieren. Auf diese Weise erreicht Audre Lorde als Kulturvermittlerin ein breites Publikum, nämlich Leser:innen verschiedener gesellschaftlicher Gruppierungen, die sich die Vielschichtigkeit ihrer poetischen, essayistischen und wissenschaftlichen Texte aus ebenso vielfältigen Gründen hingeben (vgl. Threin 2005: 18). Demzufolge ist es ihr möglich, gesellschaftliche Veränderung hervorzubringen, da ihre individuellen Handlungen Kollektivhandlungen bewirken (vgl. Hill Collins 2000: 107 ff.). Darüber hinaus stützt ihre Identitätspolitik die wissenschaftliche Annahme, dass das Subjekt der Spätmoderne nicht mit sich selbst identisch sei, sondern als polyphones Subjekt gedacht werden müsse. An der Spitze des Schwarzen feministischen Denkens tragen Lordes Arbeiten auf diese Weise zur Intersektionalitätsdebatte bei, die davon ausgeht, dass es notwendig und wichtig ist, die Kategorien Gender und ›Rasse‹ in ihrem Zusammenspiel und in Bezug auf die Gleichzeitigkeit ihrer Wirkung zu analysieren. Folglich kann sie in ihren Gedichten das Unbenannte benennen, sodass es in die Sphäre des Gedachten rücken kann (vgl. Lorde 1984/2007: 36), weshalb Poesie für sie immer untrennbar mit Protest verbunden ist, wenngleich sie diesen stark von Propaganda unterscheidet:

»I cannot recall the words of my first poem
but I remember a promise
I made my pen
never to leave it
lying
in somebody else's blood«

(Lorde 1997: 360)

Für Lorde sind Unterschiede, die sie nicht nur von anderen trennt, sondern auch in ihrer Person vereint, die Quelle ihrer literarischen Kreativität. Die einzige Möglichkeit zu schreiben, bestehe demnach darin, die bestehenden Unterschiede zu erkennen und als Stärke zu nutzen. Denn sie ist der Überzeugung, dass es unerlässlich sei, Unterschiede nicht als Bedrohung ent_wahrzunehmen (vgl. Lorde 1982: 99), sondern als Bereicherung anzunehmen, sodass über ihre ausdifferenzierte Beschreibungen, Menschen unterschiedlicher ›Rassen‹, Klassen, unterschiedlichen Alters, sexueller Orientierung und Genderidentitäten sich vereinen könnten (vgl. Lorde 2008: 203). Vor allem Frauen* müssten lernen, ihre Unterschiede zu überwinden, da ebendiese die Veranlassung für den Rassismus zwischen ihnen seien (vgl. Lorde 1984/2007: 110 ff.).

Innerhalb der Frauen*bewegung kritisieren Schwarze Frauen* zunehmend die Gleichstellung von Differenzlinien, da auf diese Weise spezifische Macht- und Gewaltverhältnisse ent_wahrgenommen würden. So haben Frauen* of Color häufig den Status der permanenten Besucherinnen inne, die nur temporär im Land verweilen, auch wenn sie seit mehreren Generationen nicht mehr in ihrer ›Heimat‹ gewesen sind, die Lorde als magischen Ort beschreibt, den sie allerdings selbst nicht kennt (vgl. Lorde 1984/2007: 176 ff.). Demnach ist es, laut Lorde, erforderlich, in Unterscheidungsprozessen soziale, sexuelle, ethnische oder nationale Verschiedenheiten innerhalb derselben Genderkategorie zu analysieren. Denn erst eine Fokussierung auf diese bestehenden Differenzen eröffnet den notwendigen Raum für die Einbeziehung und Thematisierung anderer Kategorisierungen wie ›Rasse‹ oder Klasse, die für Schwarze Frauen* und *Third World Women* ebenso wie die Kategorie Gender ent_normalisierend wirken. Was die Schwarze US-amerikanische Literaturwissenschaftlerin bell hooks in *Yearning: Race, Gender and Cultural Politics* (1990) als *»the politics of difference«* (hooks 1990: 24) theoretisiert, wird durch die Worte von Lorde in die Praxis umgesetzt, da sie stets in ihren Gedichten ihren Leser:innen ihre kulturellen Eigenheiten vor Augen führt, um sie so für kulturelle Einflüsse und Differenzen zu sensibilisieren. Folglich wird die Re_Strukturierung und Re_Konstituierung von Differenz zur Basis für eine neue kulturelle Ordnung, die Allianzen mit all jenen Menschen ermöglicht, die durch sozial konstruierte Differenzen marginalisiert und an den Rand gedrängt werden (vgl. hooks 1990: 23 ff.). Denn es sind nicht die Unterschiede an sich, die Diskriminierungen schaffen, sondern die Diskriminierungen selbst, die zu Unterscheidungen von Menschen führen (vgl. Kilomba 2008: 42).

> »So I cannot separate my life and my poetry. I write my living and I live my work. And I find in my life truths which I hope can reach across, bring richness, to other women beyond the differences in our lives, beyond the differences in our loves, beyond the differences in our work. For it is within the sharing of these differences that we find growth, or can, if I am honest enough to speak out of my many selves, my loves, my hates, my mistakes, as well as my strengths« (Lorde 2008: 156).

Auf diese Weise verdeutlicht Lorde ihren Leser:innen, dass sie keine Angst vor der Differenz haben müssen, sondern diese als kreative Kraft für den gesamtgesellschaftlichen Wandel einsetzen sollten, und adressiert nicht nur Schwarze lesbische Frauen in den Vereinigten Staaten, sondern auch Frauen* anderer Gruppierungen und Länder gleichermaßen, mit denen sie als Kulturvermittlerin »einen interkulturellen Pakt« (Threin 2005: 9) schließt. So solidarisiert sie sich mit Frauen* in Südafrika, in den Niederlanden, in der Karibik, in Australien und nicht zuletzt in Deutschland und teilt mit ihnen die Idee von *sisterhood*. Dergestalt sind sie in ihrem Kampf um *global feminism* vereint (vgl. Schultz 1994: 168 f., De Veaux 2004: 338 ff.).

Durch ihre Lektüre vermittelt Lorde eine kulturelle Vielschichtigkeit, die sie in Anlehnung an Du Bois' Konzept des double consciousness als ›double culture‹ beschreibt.[21] Somit schafft sie ein Verständnis für kulturelle Differenzen mit dem Ziel, bestehende Stereotypen zu überwinden, und führt ihren Leser:innen vor Augen, dass Transkulturalität keine Gefahr, sondern eine Chance darstellt, da die eigene kulturelle Identität nicht verloren gehe, sondern bereichert werde. Als ›travelling cultural worker‹[22], wie sie sich selbst bezeichnet, ermutigt sie Frauen*, ihre eigenen Lebensge-

21 wie 20
22 wie 20

schichten niederzuschreiben, um auf diese Weise mit ihrer afrokulturellen Identität in Kontakt zu treten (vgl. Schultz 1994: 170). Gleichzeitig ist das Reisen selbst für Lorde eine Form der Selbstermächtigung und -stärkung in ihrem eigenen Selbstfindungsprozess wie auch im Prozess der Bildung der Schwarzen Community in Deutschland. Nach ihrem ersten Besuch in Berlin schreibt sie in ihrem Tagebuch: »I have been here a week, and already a whole new life has begun«[23]. Als kulturelle Über_Setzerin vermittelt Lorde zwischen Schwarzen US-amerikanischen feministischen Formen politischer und kultureller Artikulation, wie dem *Black Feminist Criticism* und dem *Black Radical Thought,* und einer sich formierenden Gruppe Schwarzer deutscher Frauen*, darunter ihre Studentinnen May Ayim und Katharina Oguntoye, und motiviert diesen Frauen zur Re_Konstruktion ihrer eigenen deutschen Geschichte(n) aus Schwarzer Perspektive.[24]

> »Who are they, these German women of the diaspora? Beyond the details of our particular oppressions – although certainly not outside the reference of those details – where do our paths intersect as women of Color? And where do our paths diverge? Most important, what can we learn from our connected differences that will be useful to us both, Afro-German and Afro-American?« (Lorde 2008: 169).

Lorde kommt auf Einladung der *weißen* deutschen Soziologin, Herausgeberin und Autorin Dagmar Schultz als Gastprofessorin an die Freie Universität Berlin, wo sie mit ihrer Dichtkunst mehrere Generationen von Schwarzen und *weißen* Aktivist:innen inspiriert. Während ihres Aufenthalts in Berlin stellt sie relativ schnell fest, dass es weder Forschung zur Geschichte Schwarzer Menschen noch eine Schwarze Community in Deutschland gibt (vgl. Schultz 1994: 168). Dies veranlasst die Schwarze Wissenschaftlerin,

23 Zitiert aus dem unveröffentlichten Journal von Audre Lorde vom 27. April 1984 nach der Schwarzen US-amerikanischen Frauenforscherin Alexis De Veaux (2004: 340). De Veaux beschreibt anhand von Lordes unveröffentlichten Tagebucheinträgen Lordes ersten Eindrücke von Deutschland und den Schwarzen Frauen, denen sie hier begegnet.

24 Die *weiße* Literatur- und Sozialwissenschaftlerin Kron verweist in ihrem Aufsatz *Afrikanische Diaspora und Literatur Schwarzer Frauen in Deutschland* (2009) bereits auf den Einfluss der Black Feminist Criticism für die afrodeutsche Bewegung, der v.a. für Schwarze US-amerikanische Feministinnen der siebziger bis neunziger Jahre den Schwerpunkt ihrer Arbeiten bildete. Als Vordenkerinnen dieser literarischen Bewegung nennt sie die Schwarzen Wissenschaftlerinnen und Autorinnen Toni Morrison und Alice Walker (vgl. Kron 2009: 86ff.).

mehrere Schreibworkshops durchzuführen, z.B. *The Poet as Outsider* oder *Black American Women Poets,* die vor allem ihre Schwarzen Student:innen dazu inspirieren, jenseits von *Close Reading* und Strukturanalyse zu denken und kreativ zu schreiben, sodass europäische Lyrik und Prosa aus einer widerständigen Schwarzen Perspektive re_konzeptualisiert werden können (vgl. Lorde 2008: 169 ff.). Denn Lorde glaubt, dass das Patriarchat die Frage der Rationalität auf einen Punkt erhoben habe, wo diese keinen Zusammenhang zwischen Logik und Emotionen mehr hervorbringe. Nur indem Rationalität in Gefühlen verankert werden würde, so Lorde weiter, würde Rationalität eine Bedeutung erhalten (vgl. Lorde 2012a: 219). Auf diese Weise kritisiert Lorde die patriarchalen Herrschaftsstrukturen *weißer* Dominanzgesellschaften und zielt auf ihre soziale Umgestaltung ab. In ihren Werken wird deutlich, dass die Dynamik der Wissensentwicklung und die Unterscheidung von Wissensarten unauflöslich mit den Formen der Mediatisierung und der Dynamik der Institutionalisierung von speziellen Bereichen des Wissens verstrickt sind, was Lorde in ihrem Gedicht *Black Studies* (1974) zum Ausdruck bringt. Denn Wissen wird, wie oben beschrieben, in unterschiedlichen sozialen, kulturellen, diskursiven oder wissenschaftlichen Zusammenhängen sehr verschieden konzeptualisiert. Auf diese Weise kann Nichtwissen, nämlich das, was nicht im Wissenvorrat vorhanden ist, als erlangbares Wissen verhandelt und in Wissen überführt werden.

Da Wissen (und damit auch Vorurteile) auf einem gesellschaftlichen Wissensvorrat basieren, der unserer Generation bereits durch unsere Vorfahren übermittelt wurde, findet die Gesellschaft vorgeformte, festgefahrene Problemlösungsstrategien, Erfahrungsdeutungen, Handlungsmuster etc. vor, die von den Gesellschaftsmitgliedern in ihrem täglichen Handeln unhinterfragt angeeignet werden. Diese Vorgegebenheit und Gesellschaftlichkeit wird als Selbstverständlichkeit angesehen (vgl. Hug/Heinze 2003: 39 ff.). Durch eine gezielte Re_Textualisierung kann Lorde jedoch durch historische, theoretische und persönliche Reflexionen und Revisionen das emotionale Potenzial ihrer Gedichte und autobiografischen Erzählungen sowie die Reaktionen auf ebendiese in ihren Analysen mit einbeziehen. Dabei legt sie den Fokus weniger auf die Veränderung der Wissenschaft an sich, als vielmehr auf die Re_Signifizierung von unterschiedlichen Formen der Wissensre_produktion selbst, wie eben Gedichte, die sie als Ausdrucksform und als Katalysator für den sozialen Wandel versteht (vgl. Lorde 1984/2007: 36 ff.)

> »Die Differenz Wir/die Anderen wird vor allem über narrative Strategien der Selbstvergewisserung und Geschichtsschreibung aufgebaut, wobei so etwas wie eine soziale Autobiographie einer Gesellschaft (in Sinne von A und J. Assmann) aufgebaut wird. Diese soziale Autobiographie ist einerseits über die kognitiven Bereiche der Gesellschaftsmitglieder verteilt, andererseits in den Organisationen einer Gesellschaft verkörpert« (Schmidt 2003: 112).

In einem Interview mit der afrodeutschen Literaturwissenschaftlerin und Über_Setzerin Marion Kraft diskutiert Lorde ihr Konzept einer transnationalen Verbundenheit und erläutert die Bedeutung ihrer poetischen wie essayistischen Arbeiten für die afrodeutsche Community, die sie mit der gemeinsamen Verortung in der afrikanischen Diaspora begründet.[25] Für Lorde ist das Schwarzsein nicht nur symbolisch, sondern suggeriert eine Kultur, die in Afrika verwurzelt ist (vgl. De Veaux 2004: 344), weshalb sie in ihren sprachlichen Handlungen stets auf die kollektive Identität und Gruppenzugehörigkeit von Schwarzen Menschen zu einer global community verweist. Als sozialpolitische Kategorie offenbart das Schwarzsein die Gleichwertigkeit optischer Markierungen, wie z.B. (Haut-)Farbe, und der damit verbundenen Historizität, die auf Haut eingeschrieben wird. Demnach macht nicht die vermeintliche (Haut-)Farbe Menschen zu Schwarzen, sondern das Bewusstsein darüber, das Schwarz als sozialpolitische Kategorie existiert und als Konsequenz bestehender symbolische und ideologische Diskurse entstanden ist und re_artikuliert wurde (vgl. Hall 2000: 149 f.). In diesem Prozess der Bewusstseinsänderung, erfolgt die Selbstanerkennung und Sichtbarwerdung des Schwarzen Subjekts, das schon immer da, jedoch sichtbar_unsichtbar war und deshalb ent_wahrgenommen wurde.

> »If we follow the badge of color from ›African‹ to ›Negro‹ to ›colored race‹ to ›[B]lack‹ to ›Afro-American‹ to ›African-American‹ (and this ignores such fascinating detours as the route by way of ›Afro-Saxon‹) we are thus tracing the history not only of a signifier, a label, but also a history of its effects« (Appiah 2000: 607).

Durch Mediation und Translation von Schwarzen US-amerikanischen Strategien in den deutschen Diskurs verhilft Lorde in der Rolle der Kul-

25 Das Interview *Von der Kraft der Verschiedenheit* wurde von Marion Kraft aus dem Englischen über_setzt und erschien in deutscher Sprache in *Euer Schweigen schützt euch nicht. Audre Lorde und die Schwarze Frauenbewegung in Deutschland* herausgegeben von Peggy Piesche im Orlanda Frauenverlag 2012. Der Originaltext *The Creative Use of Difference* erschien 1986 in *EAST: Englisch-Amerikanische Studien. Zeitschrift für Unterricht, Wissenschaft und Politik.*

turvermittlerin afrodeutschen Autorinnen, sich auf diese Weise in einem globalen, feministischen Kontext zu lokalisieren. Indem Afrodeutsche ihre eigene(n) Geschichte(n) re_konstruieren, bilden sie eine eigene Identität heraus, die ihre Sichtbarkeit als rassifizierte Minderheit innerhalb der *weißen* deutschen Mehrheitsgesellschaft ermöglicht. Diese übergreifende, transnationale diasporische Vermittlung findet sich in ihren Texten *East Berlin* (1993) und *Berlin is hard on Colored Girls* (1986) wieder. Auf der Konferenz *The Dream of Europe,* die 1987 in Berlin stattfindet, betont Lorde die Rolle der Afroeuropäer:innen als wachsende Kraft für internationale Beziehungen, da sie glaubt, dass die Anerkennung ihrer Differenzen auf eine ganz neue Art und Weise zum Über_Leben beitragen könnte (vgl. Schultz 1983: 216 f.). Dessen ungeachtet würde die deutsche Wiedervereinigung 1989/90 jedoch einen offenen Rassismus hervorbringen, den Lorde während ihres Aufenthalts in Berlin selbst erleben sollte. In einem offenen Brief[26] an den damaligen Bundeskanzler Helmut Kohl fordern Lorde und ihre Partnerin Gloria Joseph, ebenso Schwarze US-amerikanische Wissenschaftlerin und Aktivistin, eine politische Reaktion auf die Gewalttaten, die keine neue Ära der Freiheit einleiten würden, sondern vielmehr das vereinte Deutschland in eine regressive Phase des rassischen Terrors überführten (vgl. Schultz 1994: 172).

> »The political and social situation in Berlin and to an even greater extent in the rest of Germany is a nightmare. And what makes it worse is the overlay of pleasantness it is still quite possible to find. The only real hope is the growing horror of groups of people like the healing practitioners, the small publishers, the social workers, women's groups etc, but those grassroots outcries and demonstrations are coming together really slowly, it takes a lot to galvanize them because in many cases they really do not believe their own history.«[27]

Diese Worte, geschrieben von Lorde an ihre jüdische Freundin und Dichterin Adrienne Rich, über die extrem rassistische Gewalt, die sie in Deutschland unmittelbar nach dem Fall der Mauer erlebt, werfen Fragen auf, die noch heute nachklingen: Wie ist der aktuelle Stand der antirassistischen Bewegung in Deutschland? Welche Entwicklungen haben *grassroots*-Or-

---

26 Veröffentlicht im *Tagesspiegel* 19.09.1992; zu finden im Audre Lorde Archiv der FU Berlin.

27 Zitiert aus einem Brief von Audre Lorde an ihre Freundin und Poetin Adrienne Rich vom 20. September 1992. Zu finden unter: http://www.micmovement.com/2011/09/audre-lorde-her-years-in-berlin/ (14.03.2013)

ganisationen in den letzten 30 Jahren (durch-)gemacht? Inwieweit haben sie soziale und politische Veränderungen hervorgebracht/hervorbringen können? Im Vorwort der englischsprachigen Ausgabe von *Farbe bekennen*, *Showing Our Colors: Afro-German Women Speak Out* (1992) erinnert Lorde das Lesepublikum daran, dass »without a vision, every social change feels like death« (Lorde 2008: 173) und bringt die Gemeinsamkeit des Über_Lebens der Schwarzen deutschen und der Schwarzen US-amerikanischen Communitys zum Ausdruck.

Für Lorde kommt das Leben dem Überleben gleich, was in der vorliegenden Arbeit linguistisch mit dem Unterstrich hervorgehoben wird. Denn ihr Über_Leben bedeutet für sie stets, in der Position der Außenseiterin zu bestehen – als Lesbe in der Schwarzen Community, als Mutter in der lesbischen Community und als Schwarze Aktivistin in akademischen Kreisen (vgl. Lorde 2008: 156f., Schultz 1994: 163). Letzteres zeigt sich nicht nur in der allgemeinen fehlenden Anerkennung von kritischen Arbeiten von Schwarzen lesbischen Frauen, sondern auch in der Verweigerung des New York Hunter College, ihr aufgrund ihres Gesundheitszustands eine temporäre Lehrtätigkeit zu gewährleisten, was im Gegensatz zu einer Vollzeittätigkeit nicht nur ihr Über_Leben gesichert, sondern ihr Leben insgesamt vereinfacht hätte. Diese Ablehnung zeigt erneut, dass Schwarze Frauen*körper an universitären Orten abjektiviert werden, da sie, laut Lorde, gar nicht bestimmt sind zu über_leben – nicht als Menschen und nicht in der Wissenschaft (vgl. Lorde 1984/2007: 42). Zudem ist Lorde gezwungen, renommierte Stipendien abzulehnen, einschließlich eines Fellowships an der *Cornell University* an der US-amerikanischen Ostküste, da der erforderliche Wohnsitz vor Ort für sie während ihres Kampfes gegen den Krebs zu kalt gewesen wäre.[28] Denn trotz mangelnder medizinischer Versorgung und den rassistischen und sexistischen Lebensbedingungen in den Vereinigten Staaten der späten siebziger bis frühen neunziger Jahre, lebt Lorde 14 Jahre mit Krebs, bezwingt ihre Diagnose und verlängerte ihr Leben um fast zehn Jahre (vgl. Schultz 1994: 161). In *The Cancer Journals* (1980), das auf Deutsch erstmals 1984 unter dem Titel *Auf Leben und Tod. Krebstagebuch* erscheint, berichtet Lorde von ihrem Kampf gegen den Brustkrebs, von ihrer Brustamputation und von der »Krebsmafia« (Lorde 1994: 7), die das Leid der betroffenen Frauen* in den USA vermarktet. Der offensive

28 Onlinequelle: http://thefeministwire.com/2012/10/the-shape-of-my-impact/ (14.03.2013)

Umgang mit ihrer Krankheit und mit dem Tod wird zu einem konstanten Bestandteil ihres sozialpolitischen Aktivismus, da sie stets ihren eigenen Körper als Quelle ihrer Kraft und Kreativität verhandelt. Folglich bedeutet ihre Krebserfahrung nicht bloß die andauernde Auseinandersetzung mit einer tödlichen Erkrankung, sondern der Krebs an sich wird von ihr als gewaltvolle Metapher für Rassismus, Sexismus und Homophobie gesehen, die ihren Körper stillschweigend beschleichen und von innen auffressen. Ihr Kampf gegen den Krebs wird gleichgesetzt mit ihrem Kampf gegen Rassismus, da sie ihre Krebszellen als *weiße* südafrikanische Polizist:innen visualisiert, die den Befehl erhalten, die Schwarze Zivilbevölkerung im Sinne der Apartheidregimes auszulöschen, weshalb Lorde sich gezwungen fühlt, diese tödlichen und tötenden Zellen zu bekämpfen.[29]

> »Through the core of me/a fine rigged wire/upon which pain will not falter/nor predict/I was no stranger to this arena/at high noon/beyond was not an enemy/to be avoided/but a challenge/against which my neck grew strong/against which my metal struck/and I rang like fire in the sun« (Lorde 1994: 166).[30]

Lordes meist zitiertes Gedicht *A Litany for Survival* (1978) ist auch der Titel des gleichnamigen Films (1998) der Schwarzen US-amerikanischen Feministinnen Ada Gay Griffin und Michelle Parkerson, die das Über_Leben von Lorde aus Schwarzer US-amerikanischer Perspektive dokumentieren. Das Gedicht erscheint erstmals in *The Black Unicorn* (1978), im selben Jahr, als Lorde ihre Krebsdiagnose erhält. Dennoch thematisiert die Poetin in dem Gedicht nicht ausschließlich ihr eigenes Über_Leben, sondern das Über_Leben jener Frauen*, »who live at the shoreline standing upon the constant edges of decision« (Lorde 1997: 255), jene Frauen* »who were imprinted with fear« (ebd.). Diese Beschreibungen schließen auch afrodeutsche Frauen ein, die ebenso um ihr Über_Leben kämpfen und am Rande der *weißen* deutschen Mehrheitsgesellschaft stehen, weshalb die *weiße* Autorin und Filmemacherin Dagmar Schultz ihren Dokumentarfilm *Audre Lorde: Die Berliner Jahre 1984–1992* (2012) um Lordes Rezitation des Gedichts organisiert. Auch hier wird das Über_Leben zum thematischen

29 Lorde berichtet in *A Litany for Survival. The Life and Work of Audre Lorde* (1998) ein Film von Griffin und Parkinson von ihrem Kampf gegen den Krebs und die metaphorische Gleichsetzung mit dem Kampf gegen Rassismus.

30 Das Gedicht *The Night-Blooming Jasmine* erschien im englischen Original und in deutscher Über_Setzung in: Audre Lorde (1994): *Die Quelle unserer Macht. Gedichte.* Orlanda Frauenverlag, Berlin, 166–167.

Schwerpunkt, wobei Lordes Gesundheit und Genesung in den Mittelpunkt rückt. Denn mit ihrer Ankunft in Berlin in 1984 hat sich Lordes Gesundheitszustand verschlechtert, sodass die Aktivistin außer Obst und Gemüse keine feste Nahrung mehr zu sich nehmen kann. Auf Anraten von Schultz beginnt Lorde eine homöopathische Behandlung, was sie regelmäßig nach Berlin führen wird (vgl. Schultz 1994: 171, De Veaux 2004: 342 ff.).

Während Griffin und Parkerson in ihrer Dokumentation aufzeigen, dass Lorde sich nicht gerne als Sinnbild der *weißen*, lesbischen Frauen*bewegung vereinnahmen lässt, geschieht exakt dies in der *weißen* deutschen Verfilmung von Schultz, die aus ihrer *weißen* Position heraus, die Geschichte(n) der afrodeutschen Bewegung in Abhängigkeit zu ihrer sozialen Positionierung und homosexuellen Identität als *weiße* Frau setzt. Laut Schultz fordert Lorde zwar während ihres Aufenthalts in Berlin *weiße* deutsche Frauen heraus, ihren eigenen Rassismus zu erkennen (vgl. Schultz 1994: 167) und den Blick dabei vor allem auf die Rolle der *weißen* Frau als Täterin im Kolonialismus zu richten, diese (Selbst-)Intention wird in dem Film jedoch ent_wahrgenommen. Indem die unterschiedlichen sozialen Positionierungen von Schwarzen und *weißen* Frauen unbeachtet bleiben, werden Unterschiede und damit einhergehend der Prozess der Rassifizierung ausgeblendet.

> »As women we must root out internalized patterns of oppression within ourselves if we are to move beyond the most superficial aspects of social change« (Lorde 1984/2007: 122).

Im Allgemeinen richten *weiße* Frauen* in der aufsteigenden Frauen*bewegung der achtziger Jahre ihr Hauptaugenmerk auf die Unterdrückung von Frauen* und ignorieren Unterschiede, die auf Kategorisierungen wie ›Rasse‹, Klasse oder Alter beruhen. Die vorgebliche Homogenität der Erfahrungen unter dem Leitsatz der Schwesternschaft (*sisterhood)* existiert in der *weißen* Frauen*bewegung Deutschlands nicht. Vielmehr sind *weiße* deutsche Frauen in Rückblick auf ihre Vergangenheit starr und immobil: Rassismus wird im alltäglichen Sprachgebrauch der Deutschen ausschließlich mit nationalsozialistischen Verbrechen verknüpft, was eine Ent_Wahrnehmung des Rassismus zur Folge hat, da er hinter dem gleichsam geringen Übel des Nationalsozialismus ›verschwindet‹. Dies führt dazu, dass der Kolonialismus nicht als deutsches Problem verhandelt, sondern die Verantwortlichkeit auf andere europäische Staaten wie England und Frankreich verschoben wird, was gleichzeitig die Verspätung des postkolonialen Diskurses im deutschsprachigen Raum erklärt (vgl. Rommelspacher 1998: 22). Folglich reißt Lordes Aufruf, das Schweigen zu brechen tiefe Wunden aus der deutschen Vergangenheit auf, da das Schweigen in der deutschen Kultur und Erziehung felsenfest verankert ist (vgl. Schultz 1994: 166) und Scham- und Schuldgefühle und nicht zuletzt Wut hervorbringt. Nichtsdestotrotz ist für Lorde die einzige adäquate Reaktion auf Rassismus ebendiese Wut, die sie in *The Uses of Anger: Women Responding to Racism* (1984/2007) als kraftvolle Energiequelle verhandelt, aus der Fortschritt und Veränderung re_generiert werden können. Die wahre Stärke der *weißen* Frauen liege demnach darin, ihr vererbtes Schuldgefühl anzunehmen, selbst wenn es sie wütend mache. Denn eben diese Wut würde ihnen die nötige Kraft verleihen, Unterschiede anzuerkennen (vgl. Lorde 1984/2007: 124 ff.). Demnach glaubt Lorde, dass *weiße* Frauen Menschen erreichen würden, die Schwarze Frauen und Third World Women nicht notwendigerweise erreichen könnten, weshalb sie stets die Wichtigkeit betont, dass *weiße* Frauen in ihren Protesten um Gleichstellung alle Unterdrückungsmechanismen, so auch die des Rassismus, mit einschließen sollten. Dies setzt jedoch voraus, dass *weiße* Frauen* sich ihrer Privilegien bewusst werden, sich als *Weiße* positionieren, die Verantwortung für ihr Handeln übernehmen und darüber hinaus die Fähigkeit entwickeln, dem vermeintlich Schwarzen Fremden mit einer gewissen Offenheit zu begegnen.

> »Viele weiße Frauen reagierten zunächst irritiert, interpretierten die Erwartungen, die Audre Lorde an sich und andere stellte, lediglich als Kritik – so zum Beispiel, wenn sie ihnen die Frage stellte, welche Vision sie in fünf Jahren für ihr Leben hätten. Doch die meisten Frauen spürten, daß in Audre Lordes Fragen ein Angebot lag, das ihnen selten gemacht wurde« (Schultz 1994: 163).

Die Freundinnenschaft und enge Zusammenarbeit zwischen Schultz und Lorde sollte alsbald in dem von Schultz geführten Orlanda Frauenverlag in Berlin und die zahlreichen Publikationen von Lorde in deutscher und englischer Sprache, die dort erscheinen, verstetigt werden. Mit der Publikation von *Farbe bekennen* (1986), mündet schließlich die Suche nach der eigenen Identität der Schwarzen deutschen Frauen*, denen sie begegnet, in einer gemeinsamen Sprache, welche die geteilten Erfahrungen als Schwarze Frauen* in Deutschland erlaubt. Mit der Selbstbenennung ›Afrodeutsche‹ und ›Schwarze Deutsche‹ wird ein linguistic turn weg von rassifizierten

Fremdbezeichnungen und hin zu politischen Selbstbezeichnungen vollzogen, sodass ein neues kreatives Selbstverständnis von Schwarzen Menschen in Deutschland re_artikuliert werden kann. Als Motor und Mobilisierung Schwarzer Aktivist:innen wirken diese Eigennamen in die bundesweite Öffentlichkeit hinein, was schließlich zur Gründung der Organisation *Initiative Schwarze Menschen in Deutschland (ISD e. V.)* führt, die es sich seither zur Aufgabe macht, »die Interessen Schwarzer Menschen in Deutschland zu vertreten, ein Schwarzes Bewusstsein zu fördern, Rassismus entgegenzutreten und die Vernetzung Schwarzer Menschen beziehungsweise ihrer Organisationen und Projekte zu unterstützen und zu organisieren«.[31] Fortan ist es Schwarzen Menschen in Deutschland möglich, eine Verbindung zu ihrem vielfältigen afrikanischen oder afro-US-amerikanischen Erbe herzustellen und auf diese Weise eine Re_Mediatisierung hervorzubringen, sodass auf der Grundlage dieser Begrifflichkeiten eine Folie zur Deutung ihrer Welt durch Kommunikationsprozesse geschaffen werden kann. Im Sinne von Lorde wird auf diese Weise das Schweigen gebrochen, sodass Schwarze Deutsche aus ihrer Sprachlosigkeit heraustreten können, sich selbst definieren und für sich selbst zu sprechen beginnen – eine über_lebenswichtige Notwendigkeit, die Lorde wie folgt beschreibt:

> »If we don't name ourselves, we are nothing. As a [B]lack woman I have to deal with identity or I don't exist at all. I can't depend on the world to name me kindly, because it never will. If the world defines you, it will define you to your disadvantage.«[32]

Durch die Strategie der Selbstbenennung, die tief in der Schwarzen US-amerikanischen Geschichtlichkeit verankert ist (vgl. Collins 2000: 107 ff.), ist es möglich, sich selbst zu benennen, anstatt von anderen mit abwertenden Begriffen benannt zu werden – Begriffe, die aus der kolonialen Epoche stammen und stets eine anhaltende Kolonialität suggerieren (vgl. Hornscheidt/Arndt 2004: 11 ff.). Aus Lordes Sicht ist diese Benennungsstrategie unerlässlich für den sozialen Wandel, da sie zur Etablierung einer eigenen Sprecher:innenposition führt und selbstbestimmtes Handeln garantiert. Bis zu Lordes Besuch hatten sich Afrodeutsche nicht als Teilkultur definiert

31 Zitiert nach: http://neu.isdonline.de (23.12.2012)

32 Zitiert aus: Hammond, Karla M. (1980): An Interview with Audre Lorde. Erstmals erschienen in: *American Poetry Review 9.2* (1980): 19. Hier vorliegend in: Wylie Hall, Joan (2004) (Hrsg.): *Conversations with Audre Lorde*. Mississippi, 26-44

und waren weder Bestandteil des öffentlichen noch der wissenschaftlichen Diskurse zu Rassismus, Sexismus und/oder Kolonialismus in Deutschland, noch Teil der kollektiven Weltgemeinschaft von People of Color. So werden mit der Publikation von *Farbe bekennen* nicht nur Artikulations- und Handlungsräume eröffnet, sondern auch eine sozialpolitische Debatte über Schwarzsein in Deutschland ausgelöst, sodass fortan Schwarzes Wissen als Produkt zur sozialen und politischen Teilhabe und zum Wandel eingesetzt werden können. Noch heute wird Lorde innerhalb der Schwarzen deutschen Bewegung für die Etablierung der Schwarzen Community in Deutschland sowie deren akademischen Ein- und Aufstieg national wie international gefeiert.

> »Not only did she help Afro Germans organize as a community and encouraged them to define their multiple biracial identities, but through her political thinking and her poetics she also shaped the course of their writing« (Michaels 2006: 21).

Mit der Veröffentlichung ihrer Erfahrungsberichte wird die soziale Realität von Schwarzen Menschen in Deutschland erstmals aus Schwarzer Perspektive wahrnehmbar und erfahrbar. Indem die Autorinnen auf rassistische und sexistische Diskriminierungserfahrungen verweisen, reihen sie sich in die intellektuelle Tradition der Schwarzen globalen Gemeinschaft ein. Wie der Schwarze US-amerikanische Germanist Leroy Hopkins bereits anmerkt, ähneln die Aufzeichnungen von Schwarzen Menschen in und aus Deutschland Schwarzen US-amerikanischen *slave narratives*, da »the individual life [der afrodeutschen Erzählerinnen] is an icon for the unidentified thousands who suffer from racism and discrimination« (Hopkins 1996: 40). Durch Lordes Funktion als culture broker werden Denkmuster und Handlungsanweisungen weitergegeben, weshalb ihre Transferleistungen als kulturelle Über_Setzungen beschrieben werden können (vgl. Threin 2005: 16ff.) Mit einer Verschiebung der sozialen und politischen Agenda wird gleichzeitig eine Verschiebung in Wissensre_produktionsprozessen zuwege gebracht, weshalb der linguistic turn einen weiteren Schritt im Prozess postkolonialer Subjektivierungen im deutschen Kontext markiert und gleichsam lineare Geschichtskonzepte herausfordert (vgl. Wright 2004: 11f.). Inwieweit diese Transformation gesellschaftliche Veränderungen in Deutschland bewirkt oder bewirkt hat, wird im nachfolgenden Unterkapitel analysiert.

2.3 May Ayim als »change agent«

Im Anschluss an Audre Lordes kulturellen Transferleistungen wird die ghanaisch-deutsche Dichterin, Logopädin und Aktivistin May Ayim nachfolgend als *change agent*[33] verhandelt, die in der Lage ist, sich durch selbstreflexives Schreiben selbstkritisch in Beziehung zur *weißen* deutschen Mehrheitsgesellschaft wahrzunehmen. Indem sie ihre eigenen Wissensre_produktionen als Medium einsetzt, um ein ›neues‹ Bewusstsein innerhalb der deutschen Bevölkerung zu verbreiten, bringt sie gesellschaftliche Veränderungen hervor, die nicht zuletzt ihrem unabhängigen Blick, dem Wechselspiel von Blickregime und Un_Sichtbarkeit sowie der kritischen Auseinandersetzung mit der deutschen Sprache geschuldet sind (vgl. Kron 2009: 87 f.). Als change agent agiert May Ayim auf diese Weise als Aktantin des kulturellen Wandels, die den postcolonial turn durch Kommunikationen vollzieht. Folglich wird in diesem abschließenden Kapitelabschnitt analysiert, inwieweit May Ayim die durch Lorde erworbenen kulturellen Strategien einsetzt, um ihre spezifisch afrodeutsche Lebensrealität zu beschreiben, die sich wiederrum von der Schwarzen Realität der Schwarzen US-Amerikanerin in vielen Punkten unterscheidet. Zwar hat May Ayim nie bewusst die Rolle des change agent übernommen, dennoch war es stets ihr Ziel, gesellschaftliche Veränderung herbeizuführen (vgl. Ayim 1997: 156 f.), was zweifelsohne postmortum eingetreten ist.

> »In dem Moment, als ich zu mir ›ja‹ sagen konnte, ohne den geheimen Wunsch nach Verwandlung, war die Möglichkeit gegeben, die Brüche in mir und meiner Umgebung zu erkennen, zu verarbeiten und aus ihnen zu lernen. Ich bin nicht an meinen Erfahrungen zerbrochen, sondern habe aus ihnen Stärke und ein besonderes Wissen gewonnen« (Ayim 1997: 19).

Mit der Übertragung und Angleichung des ›change-agent-Modells‹ auf die gesamtdeutsche Gesellschaft wird daher aufgezeigt, inwieweit May Ayim durch die Artikulation ihrer individuellen Erfahrungen direkt auf das Verhalten ihrer Leser:innenschaft einwirkt bzw. eingewirkt hat, sodass selbstbestimmte Identifikationsangebote für eine bislang fremdbestimmte Gesellschaftsgruppe zur Verfügung gestellt werden und langfristig ein ›Programmwechsel‹ erfolgt. Im Vordergrund stehen dabei die postkolonialen Interaktionsformen zwischen der *weißen* deutschen Mehrheitsgesellschaft,

33 Du Bois vewendet den Begriff »agent of resistance« (Du Bois 1903/2003: xxvii).

deren *Weiß*sein als soziale und kulturelle Norm gilt, und dem über kolonialisierte Sprech-, Seh- und Denkgewohnheiten rassifizierten ›Anderen‹, der sich durch Geschichten und Diskurse einen Platz in der deutschen Vergangenheit zurückerobert und in der deutschen Zukunft sichert (vgl. Schmidt 2003: 87 f.). Um die tradierten Vorurteile über Schwarze, denen sie bereits im Kindesalter begegnet, zu überwinden und ihre kolonialisierten Erfahrungen und die hegemonialen Gesellschaftsstrukturen zu reflektieren und zu reartikulieren, nutzt May Ayim auf Anregung von Audre Lorde das Schreiben. Sie »restages scenes of colonialism« (Kilomba 2008: 95) aus der Vergangenheit, die nicht abgeschlossen sind, sondern in der andauernden Kolonialität Deutschlands noch in die gesamtdeutsche Gegenwart fortwirken. Auf diese Weise ist sie in der Lage, langfristig das Hauptkulturprogramm der *weißen* deutschen Mehrheitsgesellschaft zu regenerieren, da – wenn auch sehr zögerlich – der Institutionalisierungsprozess des afrodeutschen Teilkulturprogramms erfolgt.

May Ayim wird 1960 als Sylvia Brigitte Gertrud Opitz in Hamburg als Tochter einer *weißen* deutschen Mutter und eines Schwarzen Austauschstudents aus Ghana geboren. Wie viele Afrodeutsche hat sie einen *weißen* und einen Schwarzen Elternteil, womit sie eine spezifische Positionierung innerhalb der *weißen* deutschen Mehrheitsgesellschaft zugeschrieben bekommt. Sie wächst nicht bei ihren leiblichen Eltern auf, sondern wird kurz nach ihrer Geburt in ein Heim gegeben; die Gründe hierfür sind unklar. Als Kleinkind ist May stark unterentwickelt, so kann sie beispielsweise im Alter von 18 Monaten weder laufen noch sitzen, was vermutlich auf ihre schlechte Versorgung während der Heimunterbringung zurückzuführen ist. Nach einem Radiobericht über das Heim wird die *weiße* deutsche Familie Opitz auf das kranke Mädchen aufmerksam und adoptiert sie schließlich, sodass sie als einziges Schwarzes Kind in einer *weißen* Familie mit vier weiteren *weißen* Geschwistern in Münster aufwächst (Ayim 1997: 9 ff.). May Ayims Kindheit ist geprägt von einer inneren Auseinandersetzung mit Rassismus und dem äußeren Verlangen ihrer *weißen* Adoptiveltern, ihre Erziehung danach auszurichten, May den *weißen* Strukturen der deutschen Mehrheitsgesellschaft anzupassen. Dies führt zwangsläufig dazu, dass May Ayim sich in ihrer Pflegefamilie unter Druck gesetzt fühlt, die Erwartungen, ein beispielhaftes Schwarzes Kind zu sein, erfüllen zu müssen (vgl. Ayim 1997:13 ff.). Denn nur so könne sie der familiären Um_Welt beweisen, dass die negativen Vorurteile, welche die *weiße* deutsche Mehrheitsgesellschaft gegenüber Schwarzen hegt, falsch sind:

> »Meine Eltern haben mich aus Liebe, Verantwortung und Unwissenheit besonders streng erzogen, geschlagen und gefangen gehalten. Im Wissen um die Vorurteile, die in der weißen deutschen Gesellschaft bestehen, passten sie ihre Erziehung unbeabsichtigt diesen Vorurteilen an. Ich wuchs mit dem Gefühl auf, das in ihnen steckte: beweisen zu müssen, daß ein ›[M.]‹, ein ›[N.]‹, ein ›Heimkind‹, ein vollwertiger Mensch ist. Daneben blieb kaum Zeit und Raum, mein ›Ich‹ zu entdecken« (Ayim 1997: 18 f.).

Schon früh erkennt May Ayim, dass sie ›anders‹ als ihre Um_Welt zu sein scheint, was sie selbst auf ihre optische Erscheinung zurückführt. Aufgrund ihrer rassistisch eingelesenen (Haut-)Farbe erfährt sie als vermeintlich dunkelhäutiges Kind die Nachwirkungen des deutschen Kolonialismus, die in der deutschen Gesellschaft immanent sind und durch das Verhalten ihrer Eltern reflektiert werden.

Zwar kann der Rassismus, den May Ayim bereits im frühen Kindesalter erfährt, als zentrales Thema ihrer autobiografischen Texte verhandelt werden, damit verbunden ist jedoch auch die Suche nach ihrem Vater, dessen Abwesenheit ihre Schwarze Identität in der Kindheit ebenso destabilisiert. Zudem kann sein Fehlen mit der metaphorischen Suche nach der Heimat, ihrem ›Vaterland‹, verbunden werden, wo sie glaubt, ihre Zweifel über Identität und Zugehörigkeit durch die Gewissheit von Familie und Verwandtschaft aufheben zu können (vgl. Ayim 1997: 18). Dennoch bleibt die Suche nach ihm und sich selbst nicht einfach, wie ihre Gedichte »dunkelheit« (1995/2005: 21 f.) und »vatersuche« (1995/2005: 23) veranschaulichen. Vielmehr stellt sie mit Bedauern fest, dass die (Haut-)Farbe ihres Vaters dunkler ist als die ihre, was nicht nur ihren eigenen internalisierten Rassismus reflektiert, sondern zudem die Erkenntnis bringt, dass sie aufgrund von Farbnuancen in der afrikanischen Heimat ihres Vaters ebenfalls eine Außenseiterin sein würde (Ayim 1997: 16 f.). In vielen Gedichten beschreibt sie die erfolglose Suche nach ihm und die Rolle, die ihre afrikanischen Wurzeln in der Re_Konstruktion ihrer eigenen Identität spielen. Dennoch verortet sie ihren Vater in den Bereich ihrer kindlichen Fantasien als »Schwarzer Nikolaus, vor dem [sie] Angst hatte«[34], da »die

34 Zitiert aus einem Portrait von Ute Scheub über May Ayim in der taz. *die tageszeitung* vom 24./25. August 1996

Impfung gegen die [S]chwarzen Lügen, die [S]chwarzen Sünden und den [S]chwarzen Buhmann zu tief« sitzen (Ayim 1997: 18). Diese Zitate machen deutlich, dass May Ayim die ihr von außen auferlegten rassifizierten Bilder verinnerlicht hat, was sie in ihrem Gedicht »sein oder nichtsein« (1997a: 17 f.) zum Ausdruck bringt. Hierin wird deutlich, dass ihre Schwarze Subjektposition sowohl von ihren *weißen* Adoptiveltern als auch von der *weißen* Mehrheitsgesellschaft ent_wahrgenommen wird, wodurch sie sich selbst fremd bleibt und eine kognitive Ent_Fremdung erleidet. Sie erkennt sich selbst nicht als eigenständiger, selbstbestimmter Mensch, sondern macht ihre sozialen Erfahrungen als Abjekt, die in der Zone des Nichtseins als ›anders‹ hergestellt werden.

> »Jahrelang lebte ich mit dem Empfinden, in der deutschen Gesellschaft weder eine Geschichte noch eine Zukunft zu haben, sondern eines Tages auswandern zu müssen. Daß das sehr belastend ist, steht außer Frage. Inzwischen ist mir klar, daß dies keine Einzelerfahrung ist und mein Erleben exemplarisch den Umgang mit einer Bevölkerungsgruppe widerspiegelt, die im Bewußtsein weiter Teile der deutschen Gesellschaft einfach nicht existent ist« (vgl. Ayim 1997: 126).

Darüber hinaus internalisiert sie als Kind den Prozess der ›*Weiß*waschung‹, was dazu führt, dass sie sich intensiv wünscht, *weiß* zu sein, um bedingungslos zu ihrer *weißen* Pflegefamilie und zur *weißen* deutschen Mehrheitsgesellschaft dazuzugehören. Indem sie im wahrsten Sinne des Wortes versucht, ihre dunkle Haut *weiß* zu waschen, und gar dazu verleitet wird, Seife zu essen, in dem Glauben, dadurch *weiß* zu werden, ist sie bereit, ihre afrikanische (Teil-)Kultur gegen ihre europäische einzutauschen. Dieser Prozess schließt die Übernahme der deutschen Sprache, die ohnehin ihre Erstsprache ist, sowie deutsche Manieren und Werte etc. mit ein, die ausschließlich *weißen* Menschen vermeintlich deutscher Abstammung zugeschrieben werden:

> »Der Traum vom ›Weißsein‹ ist am ungenügenden Willen meiner Eltern und der mangelhaften Waschkraft von Seife gescheitert. Selbst Seife essen hat überhaupt nichts bewirkt« (Ayim 1986: 205).

Sie glaubt, durch eine ›*Weiß*waschung‹ könne sie ihr Schwarzsein vertuschen, was in kolonialisierter Manier von der *weißen* deutschen Mehrheitsgesellschaft als Skandal und Verbrechen angesehen wird (vgl. Kelly 2008: 38 ff.) und sie daran hindert, die (einzig richtige, eurozentrische) Wahrheit zu erlernen. Gleichzeitig impliziert das Image, das Schwarze »häßlich, gruselig und ein bißchen doof aussehen« (Ayim 1997: 136), eine Vorstellung, die im rassistischen Markierungsprozess auf (Haut-)Farbe übertragen wird (vgl. Eggers 2005: 56). Denn die ersten Begegnungen mit anderen Schwarzen Menschen erlebt May – ebenso wie ihre *weißen* Geschwister – in der imaginären Welt ihrer Kinderbücher und Kinderlieder – nicht zuletzt durch die Erzählungen von *Pippi Langstrumpf*, deren *weißer* Vater als ›N.-König‹ in ›Takatukaland‹ regiert. Durch diese Schilderungen wird deutlich, dass die ›N-Wort-Debatte‹ nicht erst im Frühjahr 2013 begann, sondern bereits seit vielen Jahrzehnten innerhalb der Schwarzen Community in Deutschland thematisiert wird, wenngleich die *weißen* deutschen Medien versäumen, dies zu benennen. Infolgedessen fühlt sich May Ayim – wie viele andere Schwarzen Leser:innen vermeintlich ›klassischer Kinderliteratur‹ – als Kind stets minderwertig, wenn sie das ›N-Wort‹ hört oder auch sogenannte ›N.-Küsse‹ oder ähnlich benannte Süßwaren isst, was in ihr aufgrund der rassistischen Zuschreibungen ihrer (Haut-)Farbe ein Gefühl von Scham und Andersartigkeit weckt (vgl. Oguntoye et al. 1986: 204 f.). In der Schule erfährt sie nichts von Schwarzen Menschen in der Bundesrepublik oder dass ihre Geschichte(n) bis weit vor das Mittelalter zurückreicht/reichen; Themen um Kolonialismus, Nationalsozialismus und Rassismus werden lediglich verzerrt wiedergegeben (vgl. Ayim 1997: 136).

Nach dem Abitur an der bischhöflichen Friedensschule in Münster beginnt May zuerst an der Pädagogischen Hochschule Münster ein Lehramtsstudium in den Fächern Deutsch und Sozialkunde, wechselt aber sehr früh ihre Studienfächer zu Psychologie und Pädagogik, was sie nach Regensburg führt. Zu Beginn ist das Studium für sie mit Unsicherheit und Angst verbunden, ihre »grundlose Hochachtung vor dem Lehrpersonal« (Ayim 1997: 78) und ihre »Unterlegenheitsgefühle gegenüber KommilitonInnen« (ebd.) verschwinden jedoch rasch. Nichstdestotrotz resultieren zu diesem Zeitpunkt ihre Identitätsangebote lediglich aus den fremden Vorstellungen von Minderwertigkeit und ihrem eigenen Gefühl des Andersseins, was sie dazu veranlasst, während ihres Studiums das erste Mal nach Ghana zu reisen, um die Beziehungen mit ihrer Großfamilie zu etablieren und ihr kulturelles Erbe, das mittlerweile integraler Bestandteil ihres Selbstfindungsprozesses geworden ist, aufzuspühren. 1986 erhält May Ayim schließlich von der Universität Regensburg ihr Diplom in Pädagogik und zieht von dort nach Berlin, wo sie zunächst andere Schwarze Frauen* kennenlernt u.a. die oben genannte Schwarze US-amerikanische Poetin und Aktivistin Audre Lorde, durch deren Initiative die Anthologie *Farbe bekennen* entsteht, in der May Ayim ihre Diplomarbeit veröffentlichen kann (vgl. Oguntoye et al. 1991: 17 ff.).

Im Folgejahr beginnt May Ayim eine dreijährige Ausbildung zur Logopädin, eine Berufssparte, die ihr erlaubt, den Rassismus, der sich in der deutschen Sprache verbirgt, aufzudecken. Mit Blick auf die gängigen Lehrmaterialien wird ihr bewusst, dass *weiße* deutsche Sprach-, Seh- und Denkgewohnheiten Menschen außereuropäischer Herkunft diskriminieren und in Bezug auf Gender festschreiben. Am Beispiel des Wortes ›Hottentotte‹, was die holländische Bezeichnung für eine partielle Sprachauffälligkeit, nämlich das Stottern ist, vermittelt sie als erste Schwarze Wissenschaftlerin im deutschsprachigen Kontext den Bedeutungsgehalt des sprachlichen Rassismus. Denn der Begriff werde, Ayims Forschungen zur Folge, zur abwertenden Bezeichnung einer afrikanischen Volksgruppe verwendet, die aufgrund einer Abweichung von der holländischen Sprachnorm degradiert wird, der auf eine vermeintliche Einschränkung des Denkens zurückzuführen sei. Aufgrund ihrer negativen Beschreibungen in unterschiedlichen kolonialen Reiseberichten werden alsbald auch unter den Deutschen Zweifel wach, ob afrikanische Sprachen überhaupt menschlich seien, da sie weder geschreiben noch gelesen werden könnten (vgl. Ayim 1992: 57 f.).

> »Rassismus ist oftmals ein direkter, noch häufiger ein subtiler Streßfaktor für Menschen afrikanischer Herkunft. In den alten wie neuen Bundesländern ist Diskriminierung und Gewalt gegen MigrantInnen und Schwarze Deutsche inzwischen so alltäglich und offensichtlich, daß niemand mehr daran vorbeisehen kann; gewaltsame Ausschreitungen sind jedoch nur die Spitze des Eisbergs, nicht minder gefährlich und tief verankert sind die subtilen Formen von Mißachtung und Ausgrenzung« (Ayim 1995: 100).

[Rassismus&Sexismus][35] werden fortan feste Bestandteile von May Ayims Forschungen, wie auch der Titel ihrer Examsarbeit, *Ethnozentrismus und Sexismus in der Sprachtherapie* (1990), zeigt. Nach erfolgreicher Beendigung ihrer Ausbildung arbeitet sie freiberuflich als Logopädin und nimmt diverse Lehraufträge an. Zudem nimmt sie an zahlreichen nationalen und

35 Die Intersektion von [Rassismus&Sexismus] wird terminologisch durch die eckige Klammer, verbunden mit einem Und-Zeichen, ohne Leerzeichen schriftsprachlich zum Ausdruck gebracht.

internationalen Konferenzen und Tagungen teil, u.a. *Celebrated African Identity* (1992), *African Women Living in Europe* (1992), *Testament: Writers at the Crossroads* (1994) oder *Xenophobia in Germany: National and Cultural Identities after Unification* (1994). Um ihre Transition von einer auferlegten, fremdbestimmten zu einer selbstbetimmten Identität zu symbolisieren, legt May Ayim 1992 schließlich ihren Adoptivnamen Opitz ab und nimmt den Namen ihres ghanaischen Vaters Ayim an, was fortan Ausdruck ihrer poetischen Stimme wird (vgl. Goertz 2003: 309). Wie einst auch Audre Lorde in einer afrikanischen Taufzeremonie ihren Namen änderte, um ihrer Lebensaufgabe einen spirituellen Ausdruck zu verleihen, so geht Ayims Namensänderung auf diese afrikanische Tradition zurück. Dergestalt will sie den neu gewonnenen sozialen Status und die gefeierte Selbstanerkennung dessen zum Ausdruck zu bringen, was das Ende des Übergangs von einer Phase des Nichtseins in die Phase des Seins markiert (vgl. Walker 1977: 74ff.).

Dennoch leidet May Ayim im Jahr 1996 unter großen körperlichen und psychischen Belastungen und verbringt mehrere Aufenthalte in einer Psychiatrie, wo ihr zudem die Diagnose Multiple Sklerose gestellt wird (vgl. Schulz 1999: 139ff.). Bereits als Kind hatte sie intensive Selbstmordgedanken gehegt, die sich darin geäußert hatten, dass sie Rasierklingen unter dem Kopfkissen versteckte und sich wünschte, nie wieder aufzuwachen (vgl. Ayim 1997: 16). Am 9. August 1996 entscheidet sie sich schließlich und letztendlich, aus dem Leben zu gehen und springt in Berlin-Kreuzberg vom 14. Stockwerk eines Hochhauses. Im Jahr nach ihrem Tod erscheint im Orlanda Frauenverlag in Berlin ihr zweiter Gedichtband *Nachtgesang* (1997) sowie ein Sammelband mit dem Titel *Grenzenlos und Unverschämt* (1997), der ihre politischen und biografischen Essays, Interviews und Fotos beinhaltet. Die *weiße* deutsche Filmemacherin Maria Binder dokumentiert mit *Hoffnung im Herz* (1997) die Spuren ihres Lebens und ihrer Werke. Mays geplantes Promotionsvorhaben *Etnozentrismus und Rassismus im Therapiebereich* im Fachbereich Erziehungswissenschaft an der Freien Universität Berlin wird nie realisiert.

May Ayim ist die prominenteste Vertreterin der afrodeutschen Community. Ihre spezifische Leistung kann der afrodeutschen Autorin Victoria B. Robinson zufolge nicht an nationalen Grenzen festgemacht werden, sondern muss als »afro-diasporische Literaturtradition« (vgl. Robinson 2007: 6) verhandelt werden. Denn in einem Land, in dem ›Rasse‹ und Nation aufs Engste miteinander verbunden sind (vgl. El-Tayeb 2001: 131 ff.), findet May Ayim als Schwarze Frau, der das Deutschsein abgesprochen wird, ihre spezifischen Identitätsangebote nicht in der *weißen* Mainstreamliteratur Deutschlands, sondern in den vielstimmigen wissenschaftlichen, politischen und kulturellen Literaturre_produktionen Schwarzer Autor:innen der Welt (vgl. Kron 2009: 90 f.). Neben Audre Lorde sind an dieser Stelle u.a. die Schwarze US-amerikanische Antirassismusforscherin Philomena Essed oder die französisch-karibische Schriftstellerin Maryse Condé zu nennen, ebenso wie der Schwarze britische Soziologe und Musiker Linton Kwesi Johnson, mit dem May Ayim später eine enge Freundschaft verbindet. Bezüge auf historische Persönlichkeiten, wie Steven Biko, Marcus Garvey, Sojourner Truth u.a. erlauben ihr, sich über den Weg der Rhetorik und aus den formalen Zusammenhängen ihrer Texte in einer ›afroistischen‹ Literaturtradition zu begreifen (vgl. Gates 1993: 183 f.). Am Ende des Bandes *blues in schwarz weiss* (1995/2005) fügt May eine biografische Liste an, die von einer sozialpolitischen Solidarität mit Schwarzen Menschen der Welt zeugt, die, wie bereits von Audre Lorde gefordert, eine global community bilden. Auf diese Weise bestätigt May Ayim die Zugehörigkeit von Afrodeutschen zu der Schwarzen Weltgemeinschaft, die bestimmte Verhaltensregeln vorgibt, die auch sie in ihrem Leben übernimmt. So ist May beispeilsweise in der Lage, negative Konnotationen von Afrika aufzubrechen und der aufsteigenden Community in Deutschland eine Quelle der positiven Identifikation und Stolz anzubieten. Durch den spezifischen Blickwinkel auf Themen wie [Rassismus&Sexismus] können ihre individuellen Erfahrungsgeschichten zum Ausdruck gebracht werden (vgl. Robinson 2007: 6), sodass sowohl ihre Schwarze weibliche Stimme als auch das sich artikulierende Schwarze Subjekt als diasporisch erscheinen (vgl. Kron 2009: 86). Indem sie sich in der lyrischen Verarbeitung ihrer Themen immer wieder einer monokulturellen Grammatik entzieht und sich von territorialen, historischen und kulturellen Festschreibungen loslöst, addressiert sie die subtile Art und Weise, wie rassifizierte Sprachhandlungen Kulturprogramme durchsetzen und macht auf diese Weise sprachliche Kolonialität erfahrbar. Durch die Dekonstruktion von deutschen Sprachregeln, z.B. das Trotzen der deutschen Großschreibung, schlüpft May Ayim nicht nur in die Rolle der gesellschaftlichen Akteurin, sondern ist auch in der Lage, eine selbstbestimmte Aktantin und damit eine weitere afrodiasporische Trägerin der Kommunikation zu werden, die am globalen Schwarzen Diskurs teilnehmen kann. Auf diese Weise erlaubt ihr das Schreiben, ihre eigene soziale Realität zu definieren, in der sie ein Subjekt wird, mit eigenem Namen und mit einer selbstbestimmten Identität (vgl. Kilomba Ferreira 2004: 181).

> »Denn als Objekt werden unsere Realitäten von Weißen definiert, unsere Namen von Weiße kreiert, unsere Geschichte erst genannt in dem Moment, da Herrschende Weiße als Akteur/in auftreten. Die *Sprache des Herrschers* stellt seit Jahrhunderten strategisch unsere Stimme, Perspektive und Wissen als irrelevant, fragwürdig, spezifisch, subjektiv, partial, als unwissenschaftlich dar. Aber jetzt spricht die Subalterne – sprechen Wir« (Kilomba Ferreira 2004: 181).

Folglich bietet May Ayim mit ihren Texten alternative Erzählweisen an, die weder in Opposition zu einem vermeintlichen Zentrum stehen, noch ihren Blick darauf richten. Vielmehr untergräbt sie die bestehenden Machtstrukturen mit dem Ziel, Geschichte(n) von unten nach oben (*bottom up*) ›neu‹ zu schreiben und verhandelt den Bindestrich zwischen Heimat und Herkunft als Form ihrer Schwarzen Agenda (vgl. Oppel 2008: 100). Auf diese Weise ist sie in der Lage, normal(isierend)e Raum- und Zeitverhältnisse aufzubrechen und einen radikalen Perspektivwechsel zu fordern, wie sie dies beispielsweise mit dem Gedicht »aus dem rahmen gefallen« (1986) (Ayim 1995: 67) vollzieht (vgl. Kron 2009: 88). Indem May Ayim »ein dunkles gedicht« malt, »mit einem rahmen aus dem du [*weiße* Leser:in] fällst«, kehrt sie die Perspektive der vermeintlichen Bildbetrachter:innen um, sodass diese dazu aufgefordert werden, die eigenen Beobachtungsmodi zu überdenken. »auf neuem boden« stehend, d.h. von einer neuen Position aus sehend, sind sie dann in der Lage, die bestehenden Gesellschaftsstrukturen disparat wahrzunehmen und die eigenen Betrachtungsweisen so zu verändern, dass sie als *weiße* Deutsche dazu gezwungen sind, von außen auf die gesellschaftliche Situation von Schwarzen Deutschen zu sehen. D.h. die *weißen* Bildbetrachter:innen nehmen die Position der gesellschaftlichen Außenseiter:innen ein, die in der Regel Schwarzen und nicht*weißen* Deutschen vorbehalten ist. Gleichzeitig sind Ayims Schwarze Leser:innen in der Lage, die *weiße* gesellschaftliche Normposition zu erkennen, welche *weiße* deutsche Diskurse bestimmen und überhaupt erst befähigen.

Wie bereits eingangs erwähnt, beschreibt Michelle Wright diese Außenposition als Standpunkt von »others-from-without« (Wright 2004: 191), was auf Hegels Philosophie der Entäußerung gründet, da »Afro-German identity is not the antithesis in the dialectic of (white) German subjectivity: it is simply nonexistent« (ebd.). Dieses Phänomen sei, laut Wright, spezifisch für den deutschen Diskurs und vom US-amerikanischen Kontext zu unterscheiden. Denn im Gegensatz zu den Schwarzen Deutschen würden die Schwarzen US-Amerikaner:innen als »others-from-within« (ebd.) fungieren, die als »American problem« (ebd.) (und nicht als afrikanisches Problem) gelten, da sie als in den USA Geborene die US-amerikanische Staatsbürgerschaft besitzen und auch als US-Amerikaner:innen angesehen würden. Wenngleich Schwarze Menschen in Deutschland (und Europa) sich also in einer ent_wahrgenommenen Zone des Seins befinden, haben sie dennoch eine Position innerhalb der deutschen Gesellschaft (und nicht außerhalb von ihr), die ihre Nicht_Dazugehörigkeit impliziert (vgl. Wright 2004: 7).

Während Schwarze US-Amerikaner:innen demzufolge im Sinne von Du Bois ein double consciuosness besitzen, werden Schwarze Menschen in Deutschland trotz ihrer deutschen Nationalität als »Andere Deutsche« (Mecheril/Teo 1994: 9) ent_wahrgenommen. Sie seien anders als die Deutschen und anders als die Nichtdeutschen, was ein doppeltes Anderssein impliziert (vgl. Mecheril/Teo 1994: 9 ff.). An diesem Konzept gilt jedoch zu kritisieren, dass von einer Subjekt-Objekt-Dichotomie ausgegangen wird, die unüberwindbar zu sein scheint, da sie in der fortwährenden Konstitutionalisierung des *weißen* Deutschen als Subjekt und des Schwarzen Deutschen als Objekt resultiert. Folglich wird die:der Schwarze Deutsche als Objekt entäußert und der Prozess seines Subjektwerdens verunmöglicht, weshalb er in einer Objektposition verhaftet bleibt, von wo aus er in *weißen* Diskursen zugleich als ›anders‹ sichtbar und als ›anders‹ unsichtbar gemacht wird (vgl. Wright 2004: 1 f.). Diese Tatsache resultiert aus dem Umstand, dass es versäumt wird, die Werke von May Ayim und anderen Schwarzen Autor:innen in und aus Deutschland als Teil der gesamtdeutschen Kultur zu verhandeln. Denn anders als Literat:innen, wie beispielsweise der jüdisch-deutsche Autor Franz Kafka, der im deutschen Exil sogenannte »Literatur von Außen« schreibt, schreibt May Ayim aus der deutschen Gesellschaft heraus, d.h. ›von innen‹, bleibt jedoch von der *weißen* Mehrheitsgesellschaft separiert. Dennoch erlaubt ihre gesellschaftliche Innenposition ihr – anders als im Fall der Literat:innen, die von außen schreiben – direkt an öffentlichen wie wissenschaftlichen Diskursen teilzunehmen (vgl. MacCarroll 2005: 26 ff.), weshalb eine Subjekt-Objekt-

Differenzierung obsolet wird. Vielmehr konstatiert May Ayim durch ihr Schreiben eine soziale Subjektposition (vgl. Kilomba 2008: 13), die ihr erlaubt, eine Schwarze Perspektive auf Geschichte und Gegenwart in die herrschenden Diskurse Deutschlands einzuschreiben. Auf diese Weise wird nicht nur ihre individuelle soziale Positionierung artikuliert, sondern eine kollektive Subjektposition konstituiert (vgl. Kron 2009: 89 f.). In ihrem Essay *Ein Brief aus Münster* (Ayim 1997: 9 ff.) schreibt sie:

> »Meine Sozialisation war die eines ›deutschen‹ Mädchens inmitten einer deutschen Umwelt (in meiner Familie gab und gibt es keine Kontakte zu Ausländern). Ich habe einen deutschen Namen und ›genieße‹ mit meinem deutschen Paß die Privilegien einer Deutschen als ›Inländerin‹. Ich spreche keine afrikanische Sprache, war noch nie im Geburtsland meines Vaters, kurz, ich bin keine Ausländerin. Ich finde es überflüssig mein Deutschsein hervorzuheben« (Ayim 1997: 10 f.).

Wenn May jedoch nach ihrer Herkunft gefragt wird, wird selten angenommen, dass sie in Deutschland geboren und aufgewachsen ist, weshalb ihre deutsche Identität verunsichert wird und sie gleichzeitig durch die »Sonderbehandlung als Frau und Exotin« (Ayim 1997: 12) in der Entwicklung ihrer weiblichen Fähigkeiten und Stärken zusätzlich behindert wird (vgl. Ayim 1997: 9 ff.). Erst in der Begegnung mit Audre Lorde versteht May Ayim, dass [Rassismus&Sexismus] kein gesellschaftliches Randproblem darstellt, sondern strukturell inmitten der deutschen Gesellschaft verankert ist. In ihrem Essay *Rassismus hier und heute* (1986/1991) untermauert sie ihre eigenen gelebten Erfahrungen mit Statistiken, mit der Intention, ihre eigenen Arbeiten wissenschaftliche Validität beizumessen, sodass diese nicht als sensibel und empfindlich ›wegargumentiert‹ werden können (vgl. Oguntoye et al. 1986: 127 ff.). Folglich reflektiert/reflektieren ihre Geschichte(n) nicht ausschließlich ihre eigenen persönlichen Erfahrungen, sondern die jener Schwarzen Menschen, insbesondere Schwarzer Frauen*, die dieselbe sozialpolitische Position inne haben und einem rassistischen Diskurs ausgesetzt sind, in dem sie als Afrikaner:innen und nicht als Deutsche ›weggedacht‹ werden (vgl. Wright 2004: 191 ff.).

Erst durch Aufforderung von Audre Lorde angespornt, gelingt es jedoch, die gesellschaftliche Position, die von der *weißen* deutschen Mehrheitsgesellschaft ent_wahrgenommen wird und daher unwirklich zu sein schien, zu benennen. In Analogie zu ›Afro-American‹ entsteht alsdann die Selbstbenennung ›Afrodeutsch‹, was zwar nicht den Beginn der Schwarzen deutschen Geschichte markiert, aber dennoch ein Wissensmoment symbolisiert, welches durch den Kulturtransfer der Schwarzen Bewegung in den Vereinigten Staaten ermöglicht wird (El-Tayeb 2004: 64 ff.). Denn mit dem Adjektiv ›afrodeutsch‹ wird/wurden in der Tradition der Schwarzen US-Amerikaner:innen, Schwarze Deutsche Geschichte(n) geschrieben, da sie zum einen das Vorhandensein einer historisch kulturellen Bedeutungsgeschichte in Deutschland markiert/markieren und zum anderen die Entstehung einer linguistisch kulturellen Bedeutungsgeschichte attestiert/attestieren, womit der oben genannte linguistic turn eintritt. Im Kontext einer ›afroistischen‹ Debatte wird über Sprache eine Zugehörigkeit zu Deutschland kommuniziert, die aus einem eigenständigen Kulturteilprogramm resultiert (vgl. Kelly 2008). Dabei wird das Afrodeutschsein nicht hinterfragt, sondern gesetzt und von der Poetin selbst als gegeben angenommen, wie beispielsweise in den Gedichten »afro-deutsch I« (1995/2005: 18) und »afro-deutsch II« (1995/2005: 25) versinnbildlicht wird. Denn indem die afrodeutsche Stimme in diesen Gedichten stumm bleibt, fordert sie die Sprecher:innenposition heraus, die stellvertretend für die *weiße* deutsche Mehrheitsgesellschaft verhandelt und als Selbstverständnis dessen definiert werden kann, was als Deutsch angenommen oder abgelehnt wird (vgl. Yildiz 2000: 232).

> »Sie sind afro-deutsch?/...ah, ich verstehe: afrikanisch und deutsch./Ist ja 'ne interessante Mischung!/Wissen Sie, manche, die denken ja immer noch,/die Mulatten [sic], die würden's nicht/so weit bringen/wie die Weißen/(...)/Wollen Sie denn mal zurück?/Wie, Sie waren noch nie in der Heimat von Papa?/Ist ja traurig ... Also, wenn Sie mich fragen:/So 'ne Herkunft, das prägt eben doch ganz schön« (Ayim 1995/2005: 18).

Aufgrund ihrer optischen Erscheinung trifft die *weiße* Sprecher:in die Entscheidung, dass ihr Gegenüber nicht deutsch sein könne, sondern irgendwo in Afrika beheimatet sein müsse. Ihre Vorstellung einer ›gemischten Rasse‹ entnennt ihre Wahrnehmung von deutsch als ausschließlich *weiß* und ordnet demzufolge Menschen nichtdeutscher Herkunft getreu der kolonialisierten Vorstellung eines ›Reinheitsgesetzes‹ dem *Weiß*sein unter. Die Sprecher:in verweist damit – wie auch mit ihrer Frage nach dem Zurückgehen – auf eine Nichtzugehörigkeit zu Deutschland, da die Herkunft nur da sein könne, wo einem die Menschen äußerlich gleichen (vgl. Kelly 2008: 22). Es kommt ihr nicht in den Sinn, dass Schwarze auch deutsch sein können, womit erneut eine Ent_Wahrnehmung des Schwarzen deutschen Subjekts einhergeht. Vielmehr lässt May Ayim in diesem Gedicht das Schwarze Subjekt gezielt verstummen, um auf diese Weise veranschaulichen zu können, wie Schwarze in deutschen wissenschaftlichen, politischen und sozialen Diskursen zu Objekten gemacht werden, über die ungehindert gesprochen werden darf. Dies wird durch die Auslassungszeichen und die Reaktionen der Sprecher:in signalisiert, die ihre vermeintliche Gesprächspartner:in nicht zu Wort kommen lässt, sondern die Antworten schon zu wissen scheint.

Beide Gedichte vermitteln auf diese Weise einen einseitigen Dialog, der mit der monolithischen Struktur der deutschen Wissenschaft gleichgesetzt werden kann. Gegen den Strich gelesen, besagt dieser jedoch sehr viel mehr über die Fragenden und ihr Selbstverständnis als über die Befragten, deren Stimmen erst durch den Titel und durch die Lyrikerin selbst hörbar werden. Auf diese Weise veranschaulicht May Ayim, wie Afrodeutsche durch die *weiße* Antagonistin ihres Gedichts zu den verstummten Objekten des Diskurses gemacht werden, und vermittelt so Erfahrungen von Rassismus, die durch multiple Ent_Wahrnehmungen konstituiert werden. Indem die *weiße* deutsche Mehrheitsgesellschaft als Mehrheit angesprochen wird und nicht als universale Kategorie (vgl. Yildiz 2000: 224ff.), wird ihre Normposition untergraben, sodass ihre *weißen* Leser:innen sich selbst in der Position des handelnden Subjekts beobachten können, die aus eben dieser *weißen* Normposition heraus Rassismus ausüben. Gleichzeitig treten Schwarze Menschen aus der Zone des Nichtseins hervor und werden als eigenständige Subjekte bestätigt, womit ihre Entabjektivierung einhergeht.

Indem May Ayim Afrika besucht, hofft sie, zu einem besseren Selbstverständnis ihrer eigenen sozialpolitischen Realität in Deutschland zu gelangen, nicht nur um eine klare Differenzierung zwischen Europa und Afrika vollziehen zu können, sondern auch, um Gemeinsamkeiten zwischen der afrikanischen Diaspora und dem afrikanischen Kontinent finden zu können. In Ghana begegnen ihr allerdings dieselben eurozentrischen Denkmuster, die sie glaubt in Deutschland hinter sich gelassen zu haben, da die vermeintliche Überlegenheit des *Weiß*seins, deren Existenz durch die eurozentrische Wissenschaft auf dem gesamten afrikanischen Kontinent verbreitet wird, auch einen Teil der vielfältigen afrikanischen Mentalitätsgeschichten darstellt. So sind es nicht nur Schwarze Kinder in der *weißen* Mehrheitsgesellschaft, die sich danach sehnen, wie auch einst sie, ›*weiß* gewaschen‹ zu werden. Vielmehr werden dieselben verzerrten Bilder nach Afrika exportiert und nehmen Einfluss darauf, wie Afrikaner:innen sich selbst sehen. Während sie in Deutschland von der *weißen* Mehrheitsgesellschaft als Schwarze Frau exotisiert wird, macht sie in Ghana die umgekehrte Erfahrung, als *weiße* Europäerin (und nicht als Afroeuropäerin) ›gelesen‹ zu werden. Sie wird daraufhin von ihrer ghanaischen Familie als besonders schön empfunden, was sie auf ihre vergleichbar helle (Haut-)Farbe zurückführt (vgl. Ayim 1997: 48).

> »In their comments on such responses to their physical appearance, these women challenge eurocentirc conceptions of beauty and the socially constructed meanings attatched to it as a form of exoticism. In contemporary Germany, this eurocentirc notion of beauty rejects women of color as ›other‹, while paradoxically giving positive value to ›otherness‹ as ›exotic‹, and thus exterior to this ideal« (Campt 1993: 120).

Auf der Basis von starren Schönheitsidealen machen afrodeutsche Frauen* die Erfahrung, schön zu sein und keineswegs hässlich, wenngleich ihr Körperbild vom Blickpunkt der:des Beobachter:in abhängig ist. Auf der einen Seite werden sie aufgrund ihres hellen Hauttons als ›nicht so fremd‹ und damit ›weniger bedrohlich‹ wahrgenommen, während sie auf der anderen Seite ›näher an *weiß*‹ sind und damit mehr dem hellenischen Ideal entsprechen als afrikanische Frauen*. Diese Gegebenheit zeigt, wie sehr moderne Ideen des Schwarzseins hierarchisch organisiert sind und unterschiedlich internalisiert werden (vgl. Campt 1993: 120 f.), womit eine visuelle Kolonialität einhergeht, die auf den Körper eingeschrieben wird. Es wird deutlich, dass rassistische Überlegenheit durch (Haut-)Farbe bestimmt wird, was in der Unterdrückung von Schwarzen Menschen resultiert. Folglich fühlt sich May in Ghana ›deutscher‹ als je zuvor, zum einen, weil die Fragen, die ihr dort gestellt werden, sich kaum von den Fragen in Deutschland unterscheiden, und zum anderen fühlt sie sich eindeutig fremd »mit Heimweh und allem, was dazugehört« (Ayim 1997: 54). Ein bedeutender Unterschied liegt jedoch für May darin, dass ihr im Gegensatz zu ihrem Deutschsein in Deutschland, ihr Ghanaischsein in Ghana nicht abgesprochen oder infrage gestellt wird, weshalb sie die traurige Gewissheit erhält, in Deutschland nie auf dieselbe Art akzeptiert zu werden, wie das in Ghana der Fall ist (vgl. Ayim 1997: 52 ff.). Mit den Worten »Mein Vaterland ist Ghana, meine Muttersprache ist Deutsch, die Heimat trage ich in den Schuhen« (Ayim

1993: 89) bestätigt sie ihre emotionale Distanz zu Deutschland und ihre gefühlsbetonte Nähe zu Ghana, die aus diesen Begegnungen resultieren. Fortan sollte für May, je nachdem wo sie sich in der Welt befindet, neben der Selbstbenennung ›Afrodeutsch‹ auch die Selbstbezeichnung ›Afroghanaisch‹ eine Gültigkeit bekommen (vgl. MacCarroll 2005: 13 ff.). Auf diese Weise stellt sie Deutschland und Ghana als gleichwertige Facetten ihrer Identität nebeneinander, die sie jedoch nicht als nationale, sondern jede für sich als teilkulturelle Programmanteile versteht. Durch das Präfix ›afro‹ wird deutlich, dass sie sich als Schwarzes Subjekt in der afrikanischen Diaspora verortet, was nicht mit dem afrikanischen Kontinent gleichzusetzen ist, sondern im Sinne von Du Bois als Gegendiskurs zur eurozentrischen Moderne verhandelt werden kann (vgl. Wright 2004: 9 f.). Mit Blick auf Schwarze Menschen in Deutschland formuliert sie schließlich in ihrem Gedicht *entfernte verbindungen* (1992) die Idee einer afrikanischen Diaspora, die auch in Deutschland verortet werden kann:

> »die hände meiner mutter/sind weiß/ich weiß/ich kenne sie nicht/meine mutter/die hände/die hände meines vaters/ich weiß/sind schwarz/ich kenne ihn kaum/meinen vater/die hände/(...)/entfernte verbindungen/verbundene entfernungen/zwischen kontinenten/daheim unterwegs/ich weiß/in augenblicken erinnerungen/ich weiß/in händen den horizont/lebendig« (Ayim 1995/2005: 28 f.).

Für Ayim haben Hände eine symbolische Bedeutung, die sowohl stärkend *(empowering)* als auch verbindend sein kann. Auf der einen Seite können Hände sowohl wahrnehmen, als auch erinnern, womit zwei kognitive Leistungen einhergehen, die sie direkt anspricht. Wenn Hände berühren, nehmen sie nicht nur über den Tastsinn eine Oberfläche wahr, die May Ayim in diesem Fall als ›schwarz‹ oder ›weiß‹ darstellt. Diese Berührungen lösen zudem eine bestimmte Empfindung aus, die sie als ›lebendig‹ beschreibt. Indem die Hände ihrer Mutter und die Hände ihres Vaters in diese Lebendigkeit eingreifen, wird ein Erinnerungsort für ihre gelebten Erfahrungen freigesetzt und ein Handlungsraum eröffnet, in dem sie frei sein kann, selbst die Dinge ›in die Hand zu nehmen‹, die ihr wichtig erscheinen. Auf diese Weise fordert sie ihre Leser:innen auf, die Verantwortung für ihr eigenes Handeln zu übernehmen und anderen die Verantwortung für ihr Tun zu überlassen. Auf der anderen Seite sind Hände neben den Augen ein wichtiges Körperteil, um Kommunikation herzustellen, sowohl zur

Begrüßung als auch zur Behandlung oder zum Trostspenden. Sie sind eine Kontaktfläche, die jenseits der Sprache als Verbindung zwischen Menschen fungiert, weshalb Hände in diesem Gedicht auch als Brücke zwischen den Kontinentalwelten Europa und Afrika und deren Menschen verhandelt werden kann. Indem ›entfernte verbindungen‹ hergestellt werden, werden ›verbundene entfernungen‹ geschaffen, die Mays Über_Leben in der afrikanischen Diaspora ermöglichen. Denn weder das Hiersein noch das Dortsein sind charakteristisch für ihre soziale Realität. Vielmehr spiegelt sie mit diesem Wortspiel ein Dazwischensein wider, das jedoch eine Eigenständigkeit besitzt.

Dieses Dazwischensein beschreibt sie in einem Gedicht für ihren ghanaischen Großvater metaphorisch mit dem Sinnbild eines ›walnußmangobaums‹, ein Baum des Lebens, der Früchte aus beiden Ländern trägt (vgl. Ayim 1997: 19 f.) und bezieht sich dabei auf die dualen Bedeutungszuschreibungen *(double consciousness)*, die in der Schwarzen US-amerikanischen Literaturtradition zentral sind (vgl. Wright 2004: 3). Demzufolge argumentiere ich an dieser Stelle, dass Afrodeutsche nicht als ›andere Deutsche‹ zu klassifizieren sind, sondern ebenso wie Schwarze US-Amerikaner:innen über ein double conciousness verfügen, das sowohl aus ›afroistischen‹ als auch aus deutschen Wissenselementen besteht und als Quelle der Kraft *(agency)* herangezogen werden kann (vgl. Gilman 1982: xii). Diese These wird v.a. durch May Ayims Gedichtbände gestärkt, in der die Poetin im transkulturellen Dialog mit ihrer Leser:innenschaft den Boden für eine weiter gefasste Definition des Deutschseins bereitet. Durch die Erforschung ihres komplexen ghanaischen Erbes und ihre Kritik an der *weißen* deutschen Mehrheitsgesellschaft ist May Ayim in der Lage, die Ent_Wahrnehmungen des Schwarzen Subjekts zu überwinden und ›afrodeutsch‹ als eigenständige Teilkultur Deutschlands entstehen zu lassen. Indem sie nichtwestliche Referenzen, wie die doppeltkodierten Adinkra Symbole der Asante, in ihren deutschen Texten und als Kapitelunterteilungen auf ansonsten leeren Seiten integriert, konfrontiert sie ihre Leser:innen mit ihnen unbekannten Kommunikationstechniken, weshalb diese, was ihre eigene Sprache betrifft, marginalisiert werden (vgl. Goertz 2003: 307). Zwar wird im Epilog gesagt, dass diese visuellen Merkmale nicht nur ästhetische Motive seien, sondern auch einen Verbund von abstrakten Sprichwörtern und Redensarten darstellen. Dennoch verzichtet May Ayim darauf, die Symbole zu über_setzen und lädt stattdessen ihre Leser:innen dazu ein, selbst die Botschaften zu dekodieren. In der Erforschung der Bedeutungen werden sie damit zu aktiven Teilnehmer:innen im Interpretationsprozess, der sowohl auf verbalen als auch auf visuellen Bedeutungszuschreibungen beruht und hinter die Grenzen der eurozentrischen Wissensformation reicht (vgl. Goertz 2003: 312). Das einzige Symbol, das für die Leser:innen über_setzt wird, ist das Sankofa-Symbol. Es steht am Anfang und am Ende von *blues in schwarz weiss* (1995) und kann als Schlüsselsymbol verhandelt werden, das die Leser:innen dazu einlädt, die verborgenen Bedeutungen der anderen Symbole zu erforschen.

> »Das wichtigste Symbol in diesem Zusammenhang ist das Sankofa-Symbol: die abstrakte Darstellung eines Vogels, der seinen Kopf zurückdreht. Dies bedeutet, daß es nicht verboten ist, umzukehren und das Zurückgelassene zu holen. Es steht für das kulturelle Wiedererwachen, von dem nicht nur Ghana heute erfaßt wird, sondern das weltweit die Menschen afrikanischer Herkunft berührt« (Ayim 1995/2005: 129).

May Ayim appelliert auf diese Weise zum einen an ihre Schwarzen Leser:innen, ihre ent_wahrgenommene afrokulturelle Identität (wieder) zu entdecken und in die Gegenwart einzupassen, sodass die Zukunft daraus abgeleitet werden kann. Gleichzeitig rückt sie Schwarze Deutsche weg von dem marginalisierten Rand der Gesellschaft und verortet sie als Subjekte inmitten der globalen afrikanischen Diaspora, die auch in Deutschland gefunden werden kann. Zum anderen fordert sie ihre *weißen* Leser:innen dazu auf, ihre koloniale Vergangenheit aufzuarbeiten, die sie als ursächlich für den deutschen Rassismus versteht. Indem sie ihre gesamte Leser:innenschaft dazu zwingt, transkulturell zu denken, kehrt May Ayim die Perspektive auf deutsche Geschichte und Gegenwart um und setzt die postkoloniale Perspektivumkehr in Gang.

Um den Prozess der Re_Signifizierung deutscher Sprache zu versinnbildlichen, setzt May Ayim darüber hinaus in Anlehnung an Audre Lorde die westafrikanische Trickstergottheit Afrekete ein, deren Aufgabe es ist, als Beschützer:in der Kreuzung *(crossing)* zwischen den Welten zu vermitteln. Im Glossar von *blues in schwarz weiss* (1995) wird Afrekete als die westafrikanische Gottheit Eshu (Exu) oder Elegba (Legba) beschrieben, die als Verwandlungs- und Sprachkünstlerin die Zeichen und Gesetze der Schöpferin der Welt übernimmt (vgl. Ayim 1995: 131). In der ihr zugeteilten ›Gate-Keeper-Funktion‹ stellt Afrekete eine Verbindung zwischen der visuellen, gelebten Welt der Sterblichen und der invisiblen, spirituellen Welt der Ahnen her und verkörpert als doppeltgeschlechtliche Gottheit Gegensätze wie weiblich und männlich, Schwarz und *weiß*. In ihrem Gedicht *afrekete* (1995/2005: 40) präsentiert May Ayim die Figur als gleichzeitig stillstehend und sich bewegend, in einem »garten« (Ayim 1995: 40), der den sichtbaren Platz zwischen zwei Welten symbolisiert. Dort sucht sich die Poetin selbst zwischen schriftlichen und mündlichen Überlieferungen der eurozentrischen und afrozentrischen Diskurse zu verorten. Afrekete dient als Metapher für May Ayims poetisches Bestreben, die deutsche Sprache mit westafrikanischen Images und Bedeutungen zu bereichern, als Über_Setzer:in, die:der das Schriftliche und Verbale verlinkt und gleichsam die hierarchischen Vorstellungen von Wissen unterläuft, sodass die Leser:innen einen Zugang zu nichteuropäischen Wissenskulturen erlangen (vgl. Goertz 2003: 312).

Ebendiese Verlinkung thematisiert Ayim gezielt in und mit der metaphorischen Verwendung des Blues im Titel des Gedichtbandes und mit dem gleichnamigen Gedicht *blues in schwarz weiss* (1995/2005). Durch Spannungen und Gegensätze der Worte und Rhythmen, die gemeinsam eine Bedeutung re_konstruieren, thematisiert sie die uralte Dynamik zwischen Schwarz und *weiß* – direkt wie indirekt. Wenngleich der Blues häufig von *Weißen* als sexuell und lüstern misinterpretiert wird, wird er innerhalb der Schwarzen Weltgemeinschaft traditionell als Ausdruck der Schwarzen Befreiung und der Schwarzen Selbstbestimmung diskutiert (vgl. Davis 1989: 203). So ist der Titel kein Zufallsprodukt, sondern bettet das Gesamtwerk in den globalen Widerstandskampf der Schwarzen gegen Unterdrückung und Rassismus ein. Spezifiziert werden dieser Kampf und der Prozess der Marginalisierung von Schwarzen Menschen in Deutschland mit dem Gedicht, wobei die deutsche Wiedervereinigung als Manifestation des color line in Deutschland verhandelt werden kann, die »im rhythmus von rassismus sexismus und antisemitismus« (Ayim 1995/2005: 83) mystifiziert wird (vgl. Ayim 1995/2005: 82 f., Goertz 2003: 306). Darüber hinaus kontrapunktiert May Ayim ihre Texte im Spoken-Word-Takt, wodurch sie eine hybride Sprachperformance auch im deutschsprachigen Raum etabliert, in der afrikanische und europäische Traditionen nicht mehr antagonistisch sind, sondern zu verwobenen Elementen textueller Identität verschmelzen (vgl. Goertz 2003: 307). Auf diese Weise ›spricht‹ nicht nur Mays Stimme, sondern auch ihr Körper, was ihr zusätzlich eine sozialpolitische Positionierung als Schwarze Frau und damit einhergehend eine entabjektivierte Subjektivität verleiht.

> »Das Wort wird zur Nomadin zwischen den Kulturen. Es taucht ein in den ›[S]chwarzen Atlantik‹ westlicher Literatur. In Kommunikation mit Elementen aus Tanz, Musik, Malerei, Installation, Animation und Video beruft es sich auf *Nommo*, die Kraft des Welten erschaffenden Wortes« (Küppers/Alagiyawanna-Kadalie 2004: 10).

Mit der Auslobung des *May Ayim Awards,* des »ersten Schwarzen Deutschen Internationalen Panafrikanischen Literaturpreis«, wird in Kooperation mit der deutschen Sektion der UNESCO im Jahr 2004 im Gedenken an May Ayim die Traditionslinie für das literarische Schaffen Schwarzer Menschen in Deutschland gelegt, wenngleich es bis dato nur bei dem einen Preis geblieben ist. Die Gründe hierfür sind vielzählig und nicht zuletzt den gesellschaftspolitischen Machtstrukturen geschuldet. Ziel der Ausschreibung und der Publikation der gleichnamigen Anthologie war es dennoch, die Existenz eines Schwarzen Subjekts in Deutschland sichtbar und dessen Stimme hörbar zu machen, sodass ein Raum für einen Gegenentwurf deutscher Geschichte(n) geschaffen werden konnte (vgl. Piesche 2004: 11 ff.). Erst mit der Umbenennung des *Gröbenufers* in *May-Ayim-Ufer* im Jahr 2010 sollte es die Schwarze Community in Deutschland schaffen, sich als selbstbestimmte Teilkultur in die deutsche Nation, in ihre Geschichte und Gegenwart einzuschreiben. Denn mit dem Namensvorschlag wird sichergestellt, dass der Bezug zum deutschen Kolonialismus hergestellt und im Stadtbild der ehemaligen Kolonialhauptstadt Berlin verewigt wird. Geehrt werden sollen somit jene Menschen, die in unterschiedlicher Form antikolonialen Widerstand geleistet haben und nicht jene Kolonisator:innen, die geplündert, geschändet oder gemordet haben. Darüber hinaus soll durch diese postkoloniale Perspektivumkehr nicht nur der Widerstand gegen den Kolonialismus zum Ausdruck gebracht werden, sondern auch der Ruf nach Selbstermächtigung, Selbstbestimmung und ungehinderte Selbstverwirklichung gehört und befolgt werden (vgl. Aikins 2012: 3 ff.). Doch es reicht nicht aus, Straßen, Wege oder Gassen lediglich nach prominenten Schwarzen Menschen zu benennen oder umzubenennen. Durch die Sanierung der Kaianlage samt Ansiedlung eines Restaurants der gehobenen Preisklasse sowie eines vom Bezirk Friedrichshain-Kreuzberg getragenen Kunstraums mit wechselnden Ausstellungen soll garantiert werden, dass das *May-Ayim-*

Ufer zum einem postkolonialen Gedenk- und Erinnerungsort heranwächst. Es bleibt abzuwarten, wann denn auch Schwarze Kunst und Kultur dort hineingetragen werden dürfen.

3. Deutschland Postkolonial

Während interdisziplinäre Kulturansätze in den deutschen Geistes- und Sozialwissenschaften zunehmend Zuspruch erfahren und die Vertreter:innen verschiedener Fachrichtungen bereits *cultural turns* ausgerufen haben, stand die deutsche Kommunikationswissenschaft aufgrund ihrer hiesigen theoretischen, methodologischen und institutionellen Fachtradition dieser Popularität bis vor Kurzem noch kritisch gegenüber. Gründe hierfür mögen u.a. in der Fülle der beteiligten Disziplinen, in der vielförmigen Methodologie und ausdifferenzierten theoretischen Ansätzen und/oder in den unterschiedlichen Sprecher:innenpositionen liegen (vgl. Ha 2011: 179 f.). Letzteres fordert allen voran das kommunikationswissenschaftliche ›Objektivitätspostulat‹ heraus, das nicht nur der Leitsatz der deutschen Kommunikationswissenschaft ist, sondern der westlich europäischen und damit auch der deutschen Wissenschaft insgesamt. Unvergessen scheint die Tatsache, dass die wissenschaftliche ›Objektivität‹ selbst einst einen kulturellen Wandel hervorbrachte, indem sie – wie unten beschrieben – die religiöse Weltanschauung herausforderte und das Zeitalter der Aufklärung erwirkte.

> »Die ganze Idee der Objektivität halte ich für einen *stumbling-block*, eine Fußfalle, einen semantischen Trick, um die Sprecher und die Hörer und die gesamte Diskussion zu verwirren, von Anfang an. Denn die Objektivität verlangt ja, soweit ich die Helmholtzsche Formulierung verstehe, den *locus observandi*. Dort muß der Beobachter alle seine persönlichen Eigenschaften abstreifen und muß ganz objektiv – *locus observandi!* – sehen, wie es ist. Und diese Annahme enthält schon fürchterliche Fehler. Denn wenn der Beobachter alle seine Eigenschaften abstreift, nämlich die Sprache – Griechisch, Lateinisch, Türkisch, was immer –, wenn er seine kulturellen Brillen weglegt und damit blind und stumm ist, dann kann er ja nicht ein Beobachter sein, und er kann auch überhaupt nichts erzählen. Die Voraussetzungen seines Erzählens sind weggenommen« (Foerster 1997: 130).

Epistemologisch gesehen heißt das, dass Kultur aus einer kommunikationswissenschaftlichen Disziplin heraus auch immer in Relation zu Wissensre_produktionsprozessen und -konzeptualisierungen verstanden werden muss, da durch soziale Veränderungen und soziale Handlungen Bedeutungen kommuniziert werden, insofern, dass diese als »signifying practices« (Hall 1997: 208) verstanden werden. Demzufolge betonen beispielsweise Radikale Konstruktivist:innen die Unmöglichkeit, Dinge außerhalb des eigenen Selbst ›objektiv‹ wahrzunehmen, da es nicht *eine* Realität oder *eine* Wahrheit gibt, sondern vielfältige konstruierte Beobachtungsperspektiven (vgl. Popal 2011: 464 f.). Deshalb wird ›Objektivität‹ aus der hier vorgelegten postkolonialen Perspektive als herrschaftssichernder diskursiver Kategorialbegriff kritisiert. Insbesondere im *weißen* Wissenschaftssystem und in der *weißen* Wissensgenerierung wird er nach wie vor als obligatorisches Ideal in Wissensre_produktionsprozessen eingesetzt, um – bewusst oder unbewusst – hegemoniale Erzähl-, Blick-, und Denkräume, wie sie nachfolgend aufgezeigt werden, zu konstruieren und konstituieren.

Während die vermeintlich klassisch europäische Wissenschaft zwischen Subjekt und objektiver Wirklichkeit unterscheidet, vertritt der Radikale Konstruktivismus, der sich selbst als die Erkenntnistheorie der Postmoderne versteht, die These, dass die:der Beobachtende keine ontologische Wirklichkeit findet, sondern sie erst konstruiert (vgl. von Glasersfeld 1997: 22 ff.). Obgleich postkoloniale Fragestellungen und Gegenstandsbereiche mit denen der Postmoderne nicht kongruent sind, sind zentrale Forderungen der Postmoderne für die Bildung subversiver postkolonialer Diskurse gegen die Hegemonie unabdingbar, damit für den deutschsprachigen Raum aufgezeigt werden kann, inwieweit Wissen soziokulturell verortet, ›neues‹ Wissen unter den gegebenen Gesellschaftstrukturen re_produziert und verbreitet oder ›altes‹ Wissen aus postkolonialer Perspektive re_konstruiert werden kann (vgl. Best/Kellner 1991). Dementsprechend folgt die vorliegende Arbeit diesen soziokonstruktivistischen Überlegungen, Begriffen und Konzepten, mit denen die Um_Welt, als ein soziales Produkt *(social artifact)* verhandelt werden kann – eine Forschungsalternative, die jenseits des eurozentrischen Dualismus greift, um die Prozessualität und Reflexivität des komplementären Zusammenhangs im Sinne von S. J. Schmidt zu re_konstruieren (vgl. Schmidt 2003: 92 ff.).

> »We generally count as knowledge that which is represented in linguistic propositions – stored in books, journals, floppy disks, and the like. These renderings, to continue an earlier theme, are constituents of social practices. From this perspective, knowledge is not something people possess somewhere in their heads, but rather, something people do together« (Gergen 1985: 270).

Denn für die Konstituierung von Subjektivität, von Identität und von Personen als soziale Akteur:innen und Träger:innen der Kommunikation hat Kultur eine zentrale Bedeutung, die sowohl subjektiv begründet, als auch ›objektiv‹ vorhanden ist. Soziale Identitäten müssen demnach in Wirklichkeitsmodellen[36] mittels Kulturprogrammen konstruiert gedacht werden und nicht außerhalb von ihnen, sodass eine Positionierung innerhalb von kulturellen Diskursen möglich ist und Subjektivität auf der epistemologischen Ebene diskursiv hergestellt werden kann (vgl. Hall 1997: 207 ff.). Wie die indischstämmigen Medienkritiker Anandam Kavoori und Kalyani Chadha argumentieren, ist Postkolonialismus ein »global frame« (Kavoori/Chadha 2009: 336), der notwendig ist, um ebendiese kulturelle Praktiken zu verstehen, soziales Handeln sichtbar zu machen und *community buildung* zu fördern (vgl. Kavoori/Chadha 2009: 336 f.). Dieser Rahmen legitimiert eine (globale) soziale Ordnung und gleichzeitig die Motivation, diese zu ändern. Als epistemische Grundlage vermag ein postkolonialer Ansatz, laut den Medienkritikern, zum einen eine Umkehr der Identitätspolitik – weg von einer unreflektierten Dominanzherrschaft hin zur eigenständigen Agency – und zum anderen eine Re_Theoretisierung des Politischen und Kulturellen (vgl. Kavoori/Chadha 2009: 345).

> »Culture as postcolonialism emerges in a complex of ways – as a category that signals communicative transference between the modern and the post-modern in the non-western world, and as a vehicle for the presentation of ethnic identity politics in the West. Most commonly, postcolonialism becomes the trademark of a global deterritorialization that moves people in search of jobs; trademarks in search of people; power in search of new territories (physical and psychological), and most crucially, the mobilization of ›identity‹ in search of itself« (Kavoori/Chadha 2009: 338).

Der hier vorgelegte Theoriediskurs will dementsprechend traditionelle deutsche kommunikationswissenschaftliche Ansätze um die Ebene des postkolonialen Blicks erweitern, sodass eine Auseinandersetzung mit kom-

36 Wirklichkeitsmodelle werden im Anschluss an S. J. Schmidt als das »aus Handeln hervorgegangene und durch Handlungserfahrungen systematisierte und bestätigte kollektive Wissen der Mitglieder einer Gesellschaft« (Schmidt 2003: 34) verhandelt, das durch Sprech-, Seh- und Denkgewohnheiten in Sozialisationsprozessen an die ›neuen‹ Mitglieder einer Gesellschaft weitergegeben und über Institutionen, wie z.B. Universitäten oder andere Bildungseinrichtungen, stabilisiert wird (vgl. Schmidt 2003: 34 ff.).

munikativen Prozessen ›neu‹ gewichtet werden kann. Sie geht damit einher, Kommunikation in ihrer gesellschaftlichen Rolle ›neu‹ zu denken und so auch ihre Wissenschaft ›neu‹ zu skizzieren. Auf diese Weise wird ersichtlich, inwieweit der Kolonialismus aus verschiedenen Bedeutungszuweisungen besteht, die Machtkonstellationen re_konstituieren und durch diskursive Praktiken und damit auch durch Nichtwissen re_produziert und in einem undefinierten Raum vergegenständlicht werden können. Dieser bislang in der deutschen Kommunikationswissenschaft von Spencer Brown bis Niklas Luhmann als ›unmarked space‹ definierte Ort wird im Anschluss an den *weißen* US-amerikanischen Psychologen Kenneth J. Gergen als kulturell und sozialstrukturell sehr dauerhafter ›marked space‹ verstetigt, in dem Wissensre_produktionen im Prozess des sozialen Austausches eine zentrale Rolle einnehmen (vgl. Gergen 1985: 266). Denn im ›unmarked space‹ vollzieht sich, laut Schmidt, ein Unterscheidungsvorgang, bei dem eine Differenz markiert wird. Erst durch diese Unterscheidung wird etwas benennbar, womit eine Asymmetrie hergestellt wird (vgl. Schmidt/Zurstiege 2000: 161 ff.). Jede Unterscheidung erhält auf diese Weise ihren ›blinden Fleck‹, die eine Beobachtung der Unterscheidung verunmöglicht, da entweder die eine oder die andere Seite für weitergehende Unterscheidungen (nicht) betrachtet wird. Bereits im postmodernen Diskurs wird diese Unterscheidungslogik eingesetzt, um den ›unmarked space‹ zu markieren. Auf der Suche nach Antworten zu den Fragen, was Macht bedeutet, wer Macht besitzt und ausübt, und wer bestimmt, mit welchen Unterscheidungen sozial relevante Probleme, wie Inklusion oder Exklusion gesellschaftlicher Gruppen, bearbeitet werden, positioniert sich diese kritische Denkbewegung der *Social Constructionist Movement* gegen die Institutionen, Methoden und Grundannahmen der Moderne und schreibt dieser Epoche ein totalitäres Vorherrschaftsprinzip zu (vgl. Gergen 1985, Schmidt 2003). Da Machtfragen immer in sozialpolitischen Prozessen zu verorten sind, besteht die Notwendigkeit, neue Sprech-, Seh- und Denkgewohnheiten herauszubilden, sodass afrokulturelle Identität in den Fokus der Analyse gerückt werden kann und eine kritische Auseinandersetzung mit den als gegeben voraus_gesetzten Wissensformationen möglich wird, die zu gesellschaftlichen und wissenschaftlichen Ausschlüssen von spezifisch Schwarzen Wissensre_produzent:innen und Schwarzen Wissenre_produktionen führt.

Da Kulturprogramme in der Regel aus miteinander verwobenen Teilprogrammen bestehen, stellt sich die Frage, inwieweit ›die Kultur‹ (im Sinne der ›Leitkultur‹) bzw. das vielschichtige Hauptkulturprogramm einer Gesellschaft, wie er sich im Kolonialismus etabliert hat und in der Gegenwart fortdauert, aufgebrochen werden kann, sodass unterschiedliche Wissenskulturen neben/in/miteinander bestehen können. Denn wenngleich sich im Prozess der Habitualisierung bestimmte Handlungen des afrodeutschen Kulturteilprogramms verfestigt haben (vgl. Kelly 2008: 74 ff.), die den Ausgangspunkt einer institutionalisierten Ordnung bilden, mangelt es im deutschsprachigen Raum an einer verantwortungsbewussten Anwendung dieses kollektiven Teilwissens – sowohl in der Wissenschaft als auch in der Gesellschaft –, weshalb das afrodeutsche Kulturteilprogramm nicht erfolgreich ist. Gründe hierfür liegen, wie sich im Folgenden zeigen wird, in den Dis_Kontinuitäten des politisierten Systems des deutschen Kolonialismus, das in der vorliegenden Arbeit als andauernde Kolonialität beschrieben wird, die mit und durch die Wissenschaft und Gesellschaft getragen wird und gleichsam auf die Wissenschaft und Gesellschaft (zurück-)wirkt, sodass inkludierende und exkludierende Machtstrukturen aufrechterhalten und durch die Medien (weiter-)transportiert werden.

> »Coloniality is different from colonialism. Colonialism denotes a political and economic relation in which the sovereignty of a nation or a people rests on the power of another nation, which makes such a nation an empire. Coloniality, instead, refers to long-standing patterns of power that emerged as a result of colonialism, but that define culture, labor, intersubjective relations, and knowledge production well beyond the strict limits of colonial administrations« (Maldonado-Torres 2007: 243).

Kolonialität ist demnach nicht gleichzusetzen mit Kolonialismus, nicht davon abzuleiten oder der Moderne vorangestellt. Vielmehr sind Kolonialität und Modernität zwei Seiten derselben Medaille (vgl. Großfoguel 2008: 5 ff.), die noch immer das deutsche Selbstverständnis bestimmen. Kolonialität ist somit eine Matrix, die auf einen kritischen Prozess der Strukturierung von Wissen, Körper und Macht in der Gegenwart verweist (vgl. Maldonado-Torres 2007: 243 ff.) und den soziohistorischen Rahmen Deutschlands bildet. Demnach zielt Postkolonialismus darauf ab, eurozentrisches Wissen, welches durch Kolonialismus und westliche Hegemonie konstruiert und konstituiert wird, kritisch zu hinterfragen, sodass transkulturelle Identitäten und die damit verwobenen Wissensformationen in den Vordergrund gerückt werden können.

> »This is not only a question about social values in knowledge production or the fact that our knowledge is always partial. The main point here is the locus of enunciation, that is, the geo-political and body-political location of the subject that speaks. In western philosophy and sciences the subject that speaks is always hidden, concealed, erased from the analysis« (Grosfoguel 2008: 3).

Da in der deutschen Wissenschaft ein *weißer*, heteronormativer Blick als ›neutral‹ und ›objektiv‹ verhandelt wird, ist es daher entscheidend, dass ich mich als Schwarze heterosexuelle cis Frau situiere und kritisch als antirassistisch und antisexistisch verorte. Denn wie die Schwarze US-amerikanische Kritikerin Patricia Hill Collins in *Black Feminist Thought* (2000) anmerkt, ist eine »seperation of biology from ideology« (Hill Collins 2000: 405) erforderlich, um »the special angle of vision that Black women bring to the knowledge production process« (ebd. 406) sichtbar und erfahrbar zu machen. Demnach spielt die Erklärung der sozialen Positionierung vor allem in Wissensre_produktionsprozessen eine zentrale Rolle. Denn, wie eingangs erwähnt, kann Wissen nie ›neutral‹ und/oder ›objektiv‹ sein, da Forschung immer aus der Perspektive der:des Forschenden betrieben wird, welche:r in einer spezifischen Weise den Blick auf das Selbst richtet, auf die Community und auch auf die Gesellschaft. Aus diesem Forschungsblick heraus werden sodann Theorien entwickelt, die bestimmte Erfahrungen zum Ausdruck bringen. Folglich liegt, laut Collins, die Verantwortung der Forschenden darin, die eigene gelebte Realität zu definieren – und nicht die des anderen (vgl. Hill Collins 2000: 404 ff.). Für den deutschen Kontext bestätigt die *weiße* Genderwissenschaftler:in Alyosxa Tudor mit Rückblick auf ihre eigene *weiße* Forschungsperspektive die Dringlichkeit, soziale Positionierungen bei der Re_Produktion von Wissen zu reflektieren und zu hinterfragen bzw. empowernd einzusetzen. Auf diese Weise könne auf verschiedenen Ebenen der Wissensre_produktion expliziert und theorisiert werden, sodass Interventionen in gesellschaftliche Macht- und Diskriminierungsverhältnisse daraus abgeleitet werden können (vgl. Tudor 2011: 57 ff.). D.h. konkret, dass eine soziale Positionierung auf verschiedene Weise für Wissensre_produktionen begründend ist. Auch sind an Forschungsergebnisse immer bestimmte Adressierungen geknüpft, also Personengruppen, an die sie gerichtet sind oder für die bestimmte Studien erhoben werden (vgl. Yildiz 2000: 224 ff.). Somit kann es keine allgemeingültigen Wahrheiten geben, die in allen Kontexten, bezogen auf alle Menschen, Gültigkeit besitzen (vgl. Schmidt 2003: 128 ff.). Folglich werden soziale Positionierungen nicht als starre Definitionen verhandelt.

Vielmehr sind sie ein nicht endender Reflexionsprozess (vgl. Nduka-Agwu/Hornscheidt 2010: 32 f.), in dem sich Aktant:innen und Akteur:innen stets neu verorten (müssen). Die Bezeichnung Schwarze (oder auch Afrodeutsche) wird demnach in der vorliegenden Forschungsarbeit als sozialpolitischer Begriff voraus_gesetzt, der auf komplexe Prozesse der kritischen Selbstpositionierung hinweist (vgl. Lauré al-Samarai 2011: 611 ff.), weshalb, wie oben beschrieben, meine Selbstbenennung und Selbstpositionierung als Schwarze Frau Ausdruck meines politischen und kommunikativen Handelns ist. Durch diese Selbstbenennung verfolge ich das Ziel, die hierarchischen Strukturen der Gesellschaft, die meine gelebten [Rassismus&Sexismus]-Erfahrungen bedingen, aufzuzeigen. Erst im Zuge dieses sozialpolitischen Positionierungsprozesses ist mein kommunikationswissenschaftlicher Forschungsblick dann nicht mehr nur im Sinne des *weißen* US-amerikanischen Politikwissenschaftlers und Kommunikationstheoretikers Harold D. Laswell darauf beschränkt, wer, was sagt, in welchem Kanal, zu wem, mit welchem Effekt (»Who says what in which channel to whom with what effect?« (Lasswell 1948: 37), sondern es kann auch danach gefragt werden, wer von welchem Ort aus beobachtet und Fragen stellt.

> »Beobachtungen sind hierarchisierbar, wobei wichtig ist, daß die Beobachtungen unterschiedlicher Stufen strukturell miteinander gekoppelt sind. Der Blick des Beobachters erster Ordnung bleibt auf den Sachen haften; der Beobachter unterscheidet sich nicht von dem, was er beobachtet, und er macht das Beobachten nicht zum Gegenstand von Beobachtungen. Er garantiert sich mit seinen eigenen Operationen seine Wirklichkeit« (Schmidt 1999: 287).

Erst wenn beobachtet wird, wie beobachtet wird (Beobachtung zweiter Ordnung), die als Selbstbeobachtung oder Fremdbeobachtung durchgeführt werden kann, werden Unterscheidungen sichtbar. So bestimmt die Unterscheidung, was sichtbar ist und was nicht (oder auch, was gesagt wird oder gedacht wird und was nicht), den Grundmoment der Beobachtung. Demnach geschieht jedes operative Beobachten von einer bestimmten sozialen Position aus, mit einer bestimmten Vor_Annahme, unter bestimmten Voraus_Setzungen (vgl. Luhmann 1995/Schmidt 1994, 1999, 2003). Zwar haben Themen der interkulturellen und kulturvergleichenden Kommunikation in den letzten Jahrzehnten auch in der deutschen Kommunikationswissenschaft zunehmend an theoretischer und empirischer Aufmerksamkeit gewonnen, dennoch bleiben die von englisch- und französischsprachigen postkolonialen Theoretiker:innen entwickelten Konzepte, wie Négritude (Césaire 1939), Semicolonialism (Du Bois 1945), Whiteness/Black Consciousness/Otherness (Fanon 1952), Orientalism (Said 1978), Subalternity (Spivak 1988) u.a., die den Weg für eine postkoloniale Forschung und Politik in Deutschland bereiten und deutsche Konzepte wie Afro-Deutsche (Ayim 1986), Subalternität (Steyerl/Guiérrez Rodriguez 2003) und Okzidentalismus (Dietze/Brunner/Wenzel 2009) u.a. erwirken, weitestgehend unberücksichtigt. Eine Ausnahme bildet meine kommunikationswissenschaftliche Konzeptualisierung von *Afroism. Zur Situation einer ethnischen Minderheit in Deutschland* (2008), die eine erste postkoloniale Haltung in der traditionsbewussten Disziplin vermuten lässt. Auf dieser Grundlage können bereits Kommunikation und Sprache instrumentalisiert und effektiv verwendet werden. Darauf beruhend wird in der vorliegenden Arbeit Postkolonialismus als Beobachtungsinstanz verstanden, die es ermöglicht, den ›unmarkierten Raum‹ zu ›markieren‹, der in der Vergangenheit durch das koloniale System hervorgebracht und in der Gegenwart als Kolonialität fortwirkt und folglich als kolonialisierter Ort beschrieben werden kann. Da beobachtende Systeme aufgrund ihrer Artgeschichte in jedem Wahrnehmen, Erkennen und Handeln sowie in bisher gemachte Erfahrungen, in Wissen, Kommunikation, Normen, Konsens usw. eingebunden sind (vgl. Schmidt 1997: 20), kann Kolonialismus als ein komplexes System beschrieben werden, welches strukturell auf Kultur und Gesellschaft wirkt(e) und aktiv an der Konstruktion von sozialen Ordnungen beteiligt ist/war. Demnach wird mit dem Präfix ›post‹ nicht zum Ausdruck gebracht, dass die deutsche Gesellschaft zeitlich in einem ›Danach‹ angekommen ist, sondern es werden Fragestellungen der Medialität problematisiert, die nicht ausschließlich die Ordnung von Darstellungen, sondern auch die Möglichkeitsbedingungen von Darstellungen thematisieren, sodass Materialität und Positionalität von sozialen Realitäten in die Forschungsanalyse einbezogen werden können (vgl. Lindner 2011: 5).

3.1. Zur postkolonialen Forschung in Deutschland

Als wegweisende Institution des postkolonialen Diskurses in Deutschland agiert der Orlanda Frauen*verlag in Berlin, der sein Programm danach ausrichtet, marginalisierten Frauen* eine Stimme (*voice)* zu verleihen und den Zugang zu einem männlich dominierten Markt zu ermöglichen, der durch sexistische und rassistische Politiken geprägt ist. Die Initialzündung zur Institutionalisierung dieser Denkbewegung hatte die damalige *weiße* feministische Verlegerin und Mitherausgeberin von *Farbe bekennen* Dagmar Schultz, die erstmals mit *Macht und Sinnlichkeit* (1983) die Idee verwirklichte, zwei führende Autorinnen der Zeit, die Schwarze US-amerikanische Feministin Audre Lorde und die jüdische US-amerikanische Feministin Adrienne Rich einem deutschen Lesepublikum vorzustellen, mit dem Ziel, die Diskussion über Rassismus und Antisemitismus in der deutschen Frauen*bewegung zu stärken. Mit einer Auswahl von Gedichten, Essays und Interviews präsentiert Schultz in dieser Publikation Lorde und Rich trotz ihrer Unterschiede als Freundinnen, Kolleginnen und lesbische Aktivistinnen im gemeinsamen Kampf gegen strukturalisierter Unterdrückungen (vgl. Schultz 1993). In den Folgejahren erschienen bei Orlanda weitere Werke von Lorde in deutscher Über_Setzung, so z.B. *Auf Leben und Tod* (1984/1994), Aufzeichnungen aus dem Krebstagebuch der Schwarzen Autorin, *Lichtflut* (1988), eine Kompilation von ihren Gedichten, Interviews, Essays und Tagebucheinträgen, *Die Quelle unsere Macht* (1994), ein Band mit 42 Gedichten, die Lorde kurz vor ihrem Tod selbst auswählte und zur bilingualen Veröffentlichung dem Orlanda Verlag freigab (vgl. Schultz 1994: 168). 2012 erschien schließlich zum 20. Todestag von Audre Lorde die Publikation *Euer Schweigen Schützt euch nicht. Audre Lorde und die Schwarze Frauenbewegung in Deutschland* der afrodeutschen Herausgeberin Peggy Piesche, eine Sammlung von zuvor verlegten Texten von Lorde, die durch Interviews und Gedichte von Wegbegleiterinnen und Schwarzen Frauen der Nachfolgegenerationen aus Deutschland ergänzt werden (vgl. Piesche 2012). Die *weiße* Literatur- und Sozialwissenschaftlerin Stefanie Kron zeigt bereits in ihrem Aufsatz *Afrikanische Diaspora und Literatur Schwarzer Frauen in Deutschland* (2009), welche Rolle Lorde in der Konstituierung des Orlanda Frauenverlags spielte. Ihr zu Folge hatte Lorde den Frauen*verlag dazu angeregt, den Austausch von Ideen und Erfahrungen zwischen *weißen* und Schwarzen Frauen* sowie zwischen Schwarzen Frauen* untereinander zu fördern (vgl. Kron 2009: 90 ff.), weshalb alsbald deutschsprachige Über_Setzungen von weiteren Schwarzen Feministinnen wie Gloria Joseph (1993) und bell hooks (1994, 1996) bei Orlanda erschienen. Gleichsam sollte die Forschung zur Geschichte Schwarzer Frauen* in Deutschland erweitert werden und der feministischer Diskurs um Schwarze Perspektiven bereichert werden. Angestoßen durch Lorde entstand schließlich in diesem Zusammenhang die Idee für die oben genannte Anthologie *Farbe bekennen* (1986), die gegenwärtig als Grundlagenwerk der Schwarzen deutschen Community verhandelt wird (vgl. Kelly 2008: 47 ff.). Diese ermöglichte Schwarzen FLINT aus der gesellschaftlichen Isolation und Verleugnung herauszutreten und durch einen gemeinsamen Fokus in das Feld des Sichtbaren zu gelangen (vgl. Schultz 1994: 168). Mit der Einschreibung des selbstbestimmten und selbstdefinierten Begriffs ›afrodeutsch‹ beispielsweise wurde erstmals die Möglichkeit eröffnet, einen postkolonialen Diskurs in deutschen sozialsystemischen Institutionen durchzusetzen, sodass Schwarze weibliche Realitäten in die deutsche Sprache eingefasst werden und Schwarze Sprecherinnen als Definierende und Wissen(schaffen)de die Definitionsmacht erhalten (vgl. Eggers 2006: 4). Durch die linguistische Beschäftigung mit ihren Diskurspositionen, was sich grundsätzlich von einer kommunikationswissenschaftlichen Perspektive auf Sender-Empfänger-Konstellationen unterscheidet (vgl. Warnke/Spitzmüller 2011: 179), ermöglicht die Anthologie den Autor:innen und Leser:innen, sich mit sozialen Positionierungen zu befassen und Fragen nach Inklusions- und Exklusionsverhältnissen infolge sprachlich verfasster Aussagen zu beantworten.

> »Because of my political activism, I have been able to use writing to raise questions, to criticize the status quo, to open up dialog, to imagine something better, and always, I hope, to shake things up. (...) Writing for me has become synonymous with power, the power to shape reality, and to share that reality with others« (Smith 1998: xii).

Infolgedessen erhält Kommunikation eine soziale Funktion, weshalb das kreative Schreiben *(Creative Writing)* in der vorliegenden Arbeit als Werkzeug der sozialpolitischen Intervention verhandelt wird, durch das v.a. Schwarze Frauen* einen Platz innerhalb der *weißen* deutschen Mehrheitsgesellschaft einnehmen und Bedeutungszuschreibungen re_konstruieren können. Durch das Einbeziehen von Poesie in den feministischen Kontext konnten vorherrschende Diskurse zerlegt und re_kombiniert werden (vgl. Schultz 1994: 163 f.), sodass Lyrikerinnen, wie die eingangs erwähnte May Ayim und später Olumide Popoola, mit eigenen Gedichtsammlungen national wie international bekannt werden (vgl. Ayim 1995/2005 und 1997, Popoola/Sezen 1999). Auf diese Weise wird der Aufstieg eines neuen deutschen Literaturgenres etabliert (vgl. Kelly 2009: 83 ff.), dessen

Vorläufer bislang nur lückenhaft erfasst sind. Erwähnt seien die Arbeiten der zahlreichen US-afroamerikanischen Student:innen, wie z.B. die Werke von W.E.B. Du Bois oder von Mary Church Terrel (1863–1954), deren Autobiografie *A Colored Woman in a White World* (1940) Episoden ihrer Europareise (1888–1890) mit Aufenthalt u.a. im Berlin des ausgehenden 19. Jahrhunderts umfasst. Jene Afrikaner:innen hingegen, die ihren Lebensmittelpunkt in deutschsprachigen Ländern verorteten, wie z.B. der Schwarze Freimaurer Angelo Soliman, waren zum größten Teil Abjekte, deren Lebensgeschichten durch *weiße* Europäer:innen transkribiert wurden (vgl. Blom/Kos 2011). Bis auf wenige Ausnahmen blieben sie bis weit ins 20. Jahrhundert hinein ohne eine eigene Stimme sowohl im Literatursystem wie auch im Wissenschaftssystem.

Erst durch die Publikation von *Farbe bekennen* wird – wenn auch mit Verzögerung – ein postkolonialer Diskurs in der deutschen Wissenschaft weitläufig eröffnet und gleichzeitig neue Formen der Wissensre_produktion eingeführt, die in der heranwachsenden Wissensgesellschaft einer neuen Wissensordnung bedürfen. In Bezug auf unterschiedliche Materialien und ausgehend von unterschiedlichen Disziplinen belegen Oguntoye (1997), El-Tayeb (2001), Eggers (2005), Sow (2008) Kilomba (2008) u.a. z.B., dass das Bild der:des *weißen* Deutschen bereits in der deutschen Kolonie Südwestafrika konstruiert wurde, um Deutsch als *weiß* zu legitimieren (vgl. El-Tayeb 2001: 131 ff.). Diese Erkenntnis bringt eine neue Perspektive in die deutsche Forschung und ermöglicht, die unsichtbare Norm sichtbar zu machen und als *weiß* zu markieren, was anhand zahlreicher Essays in der Anthologie *Mythen, Masken, Subjekte: Kritische Weißseinsforschung in Deutschland* (Eggers et al. 2005) zur Einführung von Ansätzen der Critical Whiteness Studies in die deutsche Wissenschaftslandschaft sowie zur Inszenierung von zahlreichen außeruniversitären Bildungsangeboten, wie z.B. der Comedy-Performance *Edutainment Attacke!* der Schwarzen deutschen Musikerin und Aktivistin Noah Sow und dem Aktivist of Color Mutlu Ergün in 2008 führte.[37] Darüber hinaus erschien mit *re/visionen. postkoloniale Perspektiven von People of Color auf Rassismus, Kulturpolitik und Widerstand in Deutschland* (2007) von Kien Nghi Ha, Nicola Lauré al-Samarai und Sheila Mysorekar eine Textsammlung, die Beiträge von afrodeutschen Autorinnen wie Eleonore Wiedenroth-Coulibaly enthält,

37 Siehe hierzu: http://edutainmentattacke.wordpress.com/ (30.04.2013)

die bereits in *Farbe bekennen* mitgewirkt hatten (vgl. Wiedenroth-Coulibaly 200: 401 ff.). Des Weiteren bieten Nduka-Agwu/Hornscheidt (2010) und Arndt/Ofuatey-Alazard (2011) jeweils im ›Tandemverfahren‹ als Schwarze und *weiße* Herausgeberinnen umfassende kritische Nachschlagewerke als systematische Übersichten über die sprachliche Verfasstheit eines nachkolonialen Deutschlands und zeigen auf, inwiefern diese eine zentrale Komponente für die Normalisierung von Zugehörigkeiten in Deutschland ist (vgl. Nduka-Agwu/Hornscheidt 2010, Arndt/Ofuatey-Alazard 2011). Gleichsam führen diese Forschungsergebnisse dazu, dass *Weiß*sein in das Blickfeld von *weißen* deutschen Forscher:innen gerückt wird, womit in der deutschen Wissenschaft kritische Forschungen zu *Weiß*sein in der Tradition der angloamerikanischen *Postcolonial Studies* und *Critical Whiteness Studies* vertieft und auch *weiße* deutsche Wissenschaftler:innen Konzepte wie *Weiß*sein (Wachendorfer 2001 und 2005), Migratismus (Tudor 2010) und Statisierung (Hornscheidt 2010) u.a. in Relation zu(r) deutschen Geschichte(n) weiterentwickeln und anwenden, in denen sie sich in Rückbezug auf ihre *weiße* Um_Welt selbst beobachten und gesellschaftlich re_positionieren. Durch diese Arbeiten wird ersichtlich, dass das Sprechen aus einer markierten Position das soziale Untersuchungsfeld strukturiert und die Machtposition der Wissenschaftler:innen markiert, sodass Fragen der Situiertheit und die daraus resultierenden Frage der Positioniertheit die eigene Forschung beeinflussen (vgl. Aikins/Franzki 2010: 23).

Dennoch führen Deutschlands ›kurze‹ Zeit als Kolonialmacht (1884–1919), das Fehlen von postkolonialer Literatur als Folge der deutschen Sprachpolitik in den deutschen Kolonien und der historische Fokus auf den Nationalsozialismus dazu, dass Postkolonialismus in Deutschland nur sehr langsam Fuß fasst (vgl. Friedrichsmeyer et al. 1998: 2 ff.). Postkoloniale Forschungen zu Deutschland bzw. zu von Deutschland beeinflussten Räumen finden sich in den USA und in verschiedenen afrikanischen Ländern hingegen in einer längeren Tradition. Postkoloniale Kritik aus Deutschland wird hingegen international stark rezipiert, wie sich an der englischen Über_Setzung von *Farbe bekennen* (1986) als *Showing Our Colors. Afro-German Women Speak Out* (1992) und deren öffentlichen Rezeption in den USA exemplarisch zeigen lässt (vgl. Campt 2003: 288 ff.). Seither ist das Interesse von Schwarzen US-amerikanischen Wissenschaftler:innen, das nicht zuletzt durch Audre Lorde angeregt wird, für die afrikanische

Diaspora in Deutschland stetig angestiegen, wie zahlreiche Publikationen zeigen. So widmet die renommierte US-amerikanische Zeitschrift *Callaloo*[38] eine Sonderausgabe mit dem Titel *Contested Black Voices: Critical Readings of the Black German Experience* (2003) der afrikanischen Diaspora in Deutschland, die von den Schwarzen US-amerikanischen Wissenschaftlerinnen Tina M. Campt und Michelle M. Wright herausgegeben wird. Mit *Becoming Black. Creating Identity in the African Diaspora* (2004) theoretisiert Wright zudem in einer vergleichenden Studie Schwarze Subjektivität in der afrikanischen Diaspora der Vereinigten Staaten und Europas, indem sie Diskurse nachzeichnet, die Schwarze Intellektuelle, wie z.B. Du Bois, Fanon oder Césaire in Auseinandersetzung mit *weißen* europäischen Philosophen, so auch Hegel oder De Gobineau, führten. Ebenso thematisiert sie die Rolle von Schwarzen feministischen Autorinnen, so auch die Rolle von Audre Lorde und May Ayim im afrodeutschen Kontext, die als Schwarze Feministinnen europäisch patriarchale Theorien herausfordern (vgl. Wright 2004: 183 ff.).

Wie bereits von Lorde postuliert wendet Campt das Konzept des ›Black Atlantic‹ auf den deutschen Kontext an und argumentiert, dass die Unterschiede zwischen Schwarzen diasporischen Kulturen erkannt werden sollten, sodass die mannigfachen Machtverhältnisse, die die unterschiedlichen Lebensrealitäten innerhalb der afrikanischen Diaspora bestimmen, wahrnehmbar werden. Darüber hinaus sei es notwendig für die Schwarze Community in Deutschland, einen spezifischen Bezug zum Black Atlantic herzustellen. Auf diese Weise stellt sich Campt der methodologischen Herausforderung der *Diaspora Studies,* eine von den Postcolonial Studies beeinflusste Forschungsrichtung, und schlägt vor, Diaspora weniger als Antwort oder Erklärung zu verstehen, sondern als Fragestellung zu verhandeln, sodass Diaspora und Nationalismus als untrennbar miteinander verwobenen Diskurse und nicht als einander entgegengesetzte essenzialistische und statische Kategorien verstetigt werden können (vgl. Campt 2002: 102, Campt 2004: 164 ff., Oppel 2008: 104). Zu kritisieren gilt an diesem Ansatz jedoch, dass die Schwarze Wissenschaftlerin die Verwobenheit von afrikanischen und afrodeutschen Geschichte(n), die

38 *Callaloo* ist eine der international führenden Fachzeitschriften für Kunst und Kulturen der afrikanischen Diaspora. Sie veröffentlicht Originalarbeiten und Studien von Schwarzen Schriftsteller:innen weltweit. Quelle: http://www.press.jhu.edu/journals/callaloo/ (01.05.2013)

nicht unabhängig voneinander erzählt werden kann/können, kategorisch trennt, womit auch sie die Heterogenität der Schwarzen Community in Deutschland in den Bereich des Nichtbeobachtbaren rückt. Neben ihren zahlreichen Essays spielte v.a. die von ihr und dem Schwarzen britischen Kulturwissenschaftler Paul Gilroy kuratierte Veranstaltungsreihe *Der Black Atlantic* im Haus der Kulturen der Welt in Berlin 2004, in dessen Rahmen auch der ›May-Ayim-Literaturpreis‹ erstmalig (und bislang einmalig) verliehen wurde, eine tragende Rolle für die Verstätigung von afrokulturellem (Teil-)Wissen im deutschen Kontext. Der gleichnamige Katalog dieser Veranstaltungsreihe, der von Campt und Gilroy herausgegeben wurde, dokumentiert die Begegnung unterschiedlicher Geschichtskulturen und spiegelt die Verwobenheit der transatlantischen Schwarzen Communitys wider (vgl. Campt/Gilroy 2004). Wie die *weiße* Historikerin Eve Rosenhaft bereits kritisiert, wurde lediglich ein Beitrag dieser Publikation in deutscher Sprache verfasst, alle anderen Beiträge wurden aus dem Englischen, Französischen oder Spanischen ins Deutsche über_setzt, was den Heraugeber:innen Anlass dazu gab, im Vorwort auf die technischen Probleme der Translation hinzuweisen (vgl. Rosenhaft 2005: 2). So werden Fragen von Repräsentation, Geschichtlichkeit und Macht aufgeworfen, da Über_Setzungen v.a. im Kolonialsystem von Anthropolog:innen, Missionar:innen und Administrator:innen zur Konstruktion und Legitimation *weißer* Herrschaftsstrukturen missbraucht wurden und demnach eng mit eurozentrischen Konzeptualisierungen von Wissen verwoben sind (vgl. Niranjana 1992: 2, Bassnett/Trivedi 2002: 16). Zudem wird eine Eigenständigkeit der postkolonialen Forschung in Deutschland durch das Auslassen deutscher Stimmen untergraben.

Nichtsdestotrotz wurden weitere Versuche unternommen, Schwarze Forschungsprojekte in Deutschland zu initiieren. Zu nennen ist an dieser Stelle das internationale Projekt BEST (*Black European Studies Programm*), das von 2004 bis 2007 an der Johannes-Gutenberg-Universität Mainz in engem Kontakt mit der University of Massachusetts in Amherst durchgeführt wurde und die Geschichte und Gegenwart von Schwarzen Menschen in Europa thematisierte. Darüber hinaus gab es zahlreiche Tagungen, z.B. *Wissensmacht – Machtwissen: Rassismus und koloniale Kontinuitäten in Universitäten und Wissenschaften* (2009–2010) sowie das von mir geleitete zweisemestrige Seminar *May Ayim – Schwarze Deutsche Feministin?!* (2011–2012) am Zentrum für transdisziplinäre Geschlechterstudien der

Humboldt Universität zu Berlin, aus der die Wanderausstellung *EDEWA*[39] entstand. Netzwerke, z.B. *Young Scholars Network: Black Diaspora and Germany* (2008), und Bündnisse, z.B. *125 Jahre Berliner Afrika-Konferenz. Erinnern. Aufarbeiten. Wiedergutmachen* (2009–2010) beschäftigten sich aus postkolonialer, kultur- und sprachwissenschaftlicher sowie politischer Perspektive mit Fragen des deutschen Kolonialismus. Auch in der germanistischen Sprachwissenschaft spielt die Auseinandersetzung mit Kolonialismus, insbesondere mit sprachgeschichtlichen Aspekten und Sprachkontaktphänomenen, eine zunehmend wichtige Rolle, wie der Sammelband des *weißen* deutschen Germanisten Ingo Warnke *Deutsche Sprache und Kolonialismus. Aspekte der nationalen Kommunikation 1884–1919* (2009) belegt, in dem veranschaulicht wird, inwieweit die diskursive, ideologische und fantasierte Identität als Kolonialmacht ein gewichtiges Inhaltsfeld der nationalen Kommunikationen Deutschlands darstellt. Kennzeichnend für den deutschen Kontext ist allerdings, dass der postkoloniale Diskurs primär auf der sprachlichen Ebene erforscht wird, wenngleich Bildre_produktionen stets eine wichtige Rolle in unterschiedlichen Gesellschaften bzw. Epochen gespielt haben, da die Umstände, unter denen Bilder re_produziert wurden (Produktionsanalyse), die Materialität des Bildes (Produktanalyse) und auch ihre Rezeption (Wirkungsanalyse) ebenso einiges über sozialpolitische Kommunikationsstrukturen verraten (vgl. Müller 2003: 13 ff.). Zwar sind Analysen zur visuellen Kolonialität aus *weißer* Perspektive vermehrt in der deutschen Wissenschaft angekommen. Jüngere Beispiele hierfür sind *Sehen, Macht, Wissen. ReSaVoir. Bilder im Spannungsfeld von Kultur, Politik und Erinnerung* (2011), eine Anthologie, die aus dem gleichnamigen Symposium an der Universität Oldenburg (2009) hervorging, oder *Studien zur visuellen Kultur. Einführung in ein transdisziplinäres Forschungsfeld* (2011) von der *weißen* Kulturwissenschaftlerin Sigrid Schade und der *weißen*

39 *EDEWA, die Einkaufsgenossenschaft antirassistischen Widerstands* ist eine Wanderausstellung, die als temporärer Supermarkt konzipiert ist. Ziel ist es, den Alltagsrassismus in Deutschland anhand ausgewählter Produktbezeichnungen, Werbeimages und Absatzwege etc. aufzuzeigen. Dazu gehört v.a. die Sichtbarmachung von *weiß* als unsichtbarem Parameter, der die gesellschaftliche Norm bestimmt und das Leben eines jeden von uns tagtäglich beeinflusst. Gleichzeitig erlaubt die Installation, direkte Kritik an der mangelhaften Aufarbeitung deutscher Kolonialgeschichte auszuüben, v.a. im Kontext des deutschen Kolonialwarenhandels. Der Raum eines Supermarktes bietet zudem die Möglichkeit, antirassistischen und antisexistischen Widerstand einzelner Gruppen wahrnehmbar und die historischen Kämpfe einzelner Feministinnen erlebbar zu machen (http://www.edewa.info (27.07.2014)).

Kunst- und Medienwissenschaftlerin Silke Wenk. Zudem publizierte der *weiße* Historiker Joachim Zeller zahlreiche Bildbände, so z.B. *Bilderschule der Herrenmenschen – Koloniale Reklamesammelbilder* (2008) oder den Bildband *Weiße Blicke – Schwarze Körper: Afrikaner im Spiegel westlicher Alltagskultur* (2010). Untersuchungen zur visuellen Kolonialität Deutschlands aus Schwarzer Perspektive hingegen sind nur vereinzelt vorhanden. Ansatzpunkte für die nachfolgende Ausdifferenzierung der andauernden Kolonialität Deutschlands auf der visuellen Ebene bieten primär der Aufsatz *Rassismus in Bildern* von der Schwarzen Deutschen Adibeli Nduka-Agwu und der *weißen* Deutschen Antje Lann Hornscheidt (2010), die gemeinsam *Rassismus auf gut Deutsch. Ein kritisches Nachschlagewerk zu rassistischen Sprachhandlungen* (2010) herausgaben. Hierin zeigen sie für den deutschen Kontext, wie unterschiedliche Bilder rassistische Vorstellungen re_produzieren und transportieren. Eine klare Trennung zur hier verfolgten Konzeptualisierung einer kognitiven Kolonialität, die mittels Denkmustern transportiert wird, fehlt allerdings m.E. Vielmehr gehen die Autor:innen von einer Bildsprache aus, die durch bestimmte Bild- und Blickkonventionen geschaffen, bestätigt und verbreitet werden (vgl. Nduka-Agwu/Hornscheidt 2010: 491 ff.) und nicht von einer eigenständigen Bildlichkeit, über die Wissen re_produziert wird. Denn Bilder sind schon längst nicht mehr bloßes Hilfsmittel oder Beiwerk, die den sprachwissenschaftlichen Aushandlungen ›beiseite‹ gestellt werden können, sondern erhalten durch die sogenannten Neuen Medien eine neue Bestimmung, z.B. in den audiovisuellen Künsten, weshalb sie nachfolgend als autonome Erkenntnismodelle verhandelt werden (vgl. Meier 2010: 371 ff.). Wichtige Impulse gibt darüber hinaus der Beitrag der Schwarzen Deutschen Freiberuflerin Barbara Mugalu *Designing Community: Gedanken zu meiner Diplomarbeit und ihrer Rezeption in der Schwarzen Community* (2006), die im *Dossier Schwarze Community in Deutschland* von Eggers für die Heinrich-Böll-Stiftung herausgegeben wurde.[40] In diesem Aufsatz beschreibt die Kommunikationsdesignerin ihre preisgekrönte Diplomarbeit *Weiß_Schwarz. Afro-deutsche Geschichte*, ein Magazin, das auf kreative Art und Weise den Zusammenhang von Rassismus, Vorurteilen und Stereo-

40 Onlinequelle: http://www.migration-boell.de/web/diversity/48_583.asp (14.05.2013)

typen als gesellschaftliches Problem in Deutschland visualisiert.[41] Dabei betont Mugalu v.a. »dass es zwei Ebenen der Wahrnehmung gibt: der reale Schwarze Mensch, der aber auf Grund der Dominanz von Vorurteilen und Stereotypen gänzlich in den Hintergrund tritt bzw. unkenntlich gemacht wurde« (Mugalu 2006: 25).

In diesem Kontext sind auch die Arbeiten der Schwarzen deutschen Künstlerin und Wissenschaftlerin Ingrid Njeri Mwangi zu verorten, wie der *weiße* Kulturjournalist Horst Gerhard Haberl in seinem Beitrag »Art is the Message« in dem bilingualen Ausstellungskatalog *Ingrid Mwangi. Your Own Soul* (2003) festhält:

> »Ingrid Mwangis wahrnehmungsstrategische Methode besteht darin, dem Dualismus des Verdeckens und Entdeckens einen ›dritten‹ Erfahrungs(spiel)raum dazwischen zu öffnen, indem sie Subjekt und Objekt alternierend als ihr Alter Ego sowohl live als auch virtuell in Er-Scheinung treten lässt« (Haberl 2003: 34f.).

Mwangi experimentiert mit ihrem Schwarzen weiblichen Körper und mit ihrem krausen Afrohaar, die sie als Projektionsflächen für die Ent_Wahrnehmbarkeit ihrer sozialen Realität durch die *weiße* deutsche Mehrheitsgesellschaft einsetzt (vgl. Haberl 2003: 38), sodass gleichsam eine Verbindung zwischen dem Visuellen und dem Kognitiven hergestellt wird (siehe dazu Kapitel 4.2.2).

Thematisch gibt es zahlreiche postkoloniale Arbeiten, die kolonialisierte Denkmuster verhandeln, diese werden jedoch in den meisten Fällen nicht explizit als Kongruenz von Kognition und Kolonialismus verhandelt oder als solche gedeutet. Bekannte Beispiele sind sicherlich die Arbeiten des Schwarzen postkolonialen Vordenkers Franz Fanon, der – vergleichbar mit Du Bois – einen theoretischen Gegendiskurs zur Moderne aus psychoanalytischer Perspektive führt (vgl. Wright 2004: 9).

> »Fanon is here referring to the phenomenological view of body and flesh; they refer, as well, to consciousness. Consciousness is always embodied consciousness of things, including of intersubjective consciousness or the social world« (Gordon 2005: 4).

41 Das Cover des Magazins *Weiß_Schwarz. Afro-deutsche Geschichte* besteht aus vier verschiedenen Umschlägen mit Motiven von einem Ausschnitt eines menschlichen Bauches und Teilen der Arme oder Hände, wobei (Haut-)Farbe und Geschlecht jeweils variieren. Maße 26,5 x 36 cm. Quelle: http://www.migration-boell.de/web/diversity/48_592.asp#top (14.05.2013).

Während Fanon in *Black Skin, White Masks* (1986) beispielsweise über die innere Ent_Fremdung der:des Schwarzen von sich selbst schreibt (vgl. Fanon 1986: 109 ff.), beschreibt die oben genannte akademische Aktivistin Audre Lorde, die Effekte ihrer Alltagserfahrungen als entäußertes Schwarzes Objekt als »Selbstablehnung, die zur unbeweglichen Schutzmaske« (Lorde 1982: 72) wurden. Demnach besitzt sowohl nach Fanon als auch nach Lorde jeder Schwarzer Körper ein Bewusstsein, das durch *weißes* Wissen ›gefährdet‹ ist, weshalb die Aufgabe der Schwarzen darin bestehe, ihre Um_Welt durch Selbstbewusstssein, d.h. durch Schwarzes Wissen über das Schwarze Selbst zu verändern (vgl. Fanon 1986: 112, Lorde 1984/2007: 110 ff.). Dies werde jedoch durch kollektive Amnesie verunmöglicht, die nach dem asiatisch-deutschen Kulturwissenschaftler Kien Nghi Ha Interpretationsmuster von der Welt und den Menschen ausschließlich aus *weißer*, hegemonialer Perspektive ermöglicht (vgl. Ha 2004: 3). In diesem Kontext sind auch die Arbeiten des afrodeutschen Politologen Joshua Kwesi Aikins zu verorten, der Deutschlands alltägliche Gegenwart als koloniale Vergangenheit verhandelt (vgl. Aikins 2008: 47 ff.) und damit eine andauernde Kolonialität in Deutschland attestiert. Sowohl Ha als auch Aikins untermauern die aktuellen politischen Mühen zahlreicher Initiativen, das sogenannte ›Afrikanische Viertel‹ in Berlin-Wedding, welches 1899 als Kolonialviertel angelegt wurde und zahlreiche Kolonialverbrecher:innen ehrt, umzubenennen (vgl. Arndt 2001: 11 ff.).

All dies hat dennoch bisher nur zu geringen Institutionalisierungen von postkolonialen Studien im deutschen universitären Kontext geführt. Die spärlich vorhandenen Einrichtungen dieser Fachrichtung, wie z.B. das *Institut für postkoloniale und transkulturelle Studien* (INPUTS) der Universität Bremen, das sich auf klassische literaturwissenschaftliche Rezeptionen konzentriert, oder das englischsprachige *Frankfurt Research Center for Postcolonial Studies* (FRCPS) der Universität Frankfurt, das aus sozialwissenschaftlicher Perspektive Fragestellungen um die Verflechtungen zwischen den Ländern des globalen Südens und Nordens akzentuiert, lassen nicht genügend Raum für die Erforschung von Schwarzen Wissensre_produktionen in und aus Deutschland aus Schwarzer Perspektive. Das vorliegende Projekt schließt daher an diese Forschungsbemühungen an und will dazu beitragen, postkoloniale Forschung in Deutschland mit dem Fokus auf die Analyse diskursiver kolonialistischer Kommunikationspraktiken, Wissensfindungen und Dis_Kontinuitäten im deutschsprachigen Raum weiter zu etablieren und einen wissenschaftlichen Kanon Schwarzer Wissensre_produktionen und Wissenere_produzent:innen herauszubilden und kommunikationsfähig zu machen.

3.2. Dekolonialität als (Zukunfts-)Perspektive

Wenngleich ich in dieser Arbeit den Versuch unternehme, Postkolonialismus als Beobachtungsinstanz in die deutsche Kommunikationswissenschaft einzubringen, so soll die allgemeine Kritik am Postkolonialismus nicht außer Acht gelassen werden, da sie gleichzeitig ein Verweis auf die Leerstellen meines eigenen Projekts liefert. Als epistemologische Herangehensweise erlaubt eine postkoloniale Beobachtung zwar, die Perspektive umzukehren und die unsichtbar gemachten kolonialen Macht- und Wissensstrukturen der gegenwärtigen deutschen Gesellschaft zu analysieren. Dennoch re_produziere ich mit diesem Ansatz zeitgleich eine bestimmte Form der Kolonialität, da ich durch meine Forschungsperspektive als Schwarze weibliche Kommunikationswissenschaftlerin in Deutschland im westlichen Kanon gefangen und daher an Denk- und Handlungsanweisungen gebunden bin, die mit der eurozentrischen Wissens(chafts-)tradition verwurzelt sind. Zwar erlaubt mir eine postkoloniale Methode eurozentrische Wissensformationen zu kritisieren, nichtsdestotrotz bleiben der Westen und das westliche Wissenschaftssystem Ausgangspunkt meiner Überlegungen. Es stellt sich die Frage, ob die eurozentrische Moderne überhaupt überwunden werden kann, wenn Theorie noch immer im Norden lokalisiert wird und westlichen Theoretiker:innen Privilegien in Wissensre_produktionsprozessen zukommen (vgl. Mignolo 2011: 182ff.).

Die hier formulierte Kritik schließt an den epistemischen Erkenntnisinteressen jener Wissensre_produzent:innen aus dem globalen Süden an, die einen breiteren Wissenskanon verlangen, als der Westen erlaubt, da sie durch die zentrale Position des Eurozentrismus im hiesigen Wissensystem ent_wahrgenommen werden würden. Ihnen zufolge müsse der Postkolonialismus dekolonialisiert werden, damit der abstrakte Universalismus überwunden und ein pluriversales Verständnis von Wissen entstehen kann (vgl. Großfoguel 2008: 2). Denn entgegen dem eurozentrischen Mythos, die Abschaffung der kolonialen Administrationen führe zur Dekolonialisierung der Welt, belegen Forscher:innen des globalen Südens, wie am Beispiel von Qujano eingeführt, dass die Welt noch immer durch dieselbe kolonialisierte Machtmatrix strukturiert ist, wenngleich der Kolonialismus als Herrschaftsform nicht mehr existiert. Diese Matrix ist v.a. in Wissen verstetigt, das durch die westliche Wissenschaft das Subjekt des Westens und gleichsam den Westen als Subjekt haltbar machen, indem die Geschichte(n) von Europa als Subjekt – und demnach Südamerika und auch Afrika als Objekte – ideologisiert wird/werden. Europa fungiert dabei als geopolitische Determinante, durch die das Subjekt verborgen bleibt, eine fiktive Normposition einnimmt und dadurch die einzige epistemische Tradition erzeugt, von der aus die vermeintliche ›Wahrheit‹ erlangt wird. Analog dazu wird, wie oben skizziert, eine körper- und ortlose Neutralität und ›Objektivität‹ erzeugt, die eine kritische Perspektive auf hegemoniales Wissen verunmöglichen.

Dieser (Wissens-)Zustand ist dem *weißen* europäischen Philosophen René Decartes geschuldet, der Gott als den Erfinder von Wissen durch den *weißen* Mann ersetzte, das ›Göttliche‹ auf ihn übertrug und auf diese Weise die europäische Moderne einleitete, sodass Wissen zu produzieren, nun Aufgabe des *weißen* Mannes wurde (vgl. Grosfoguel 2008: 4). Als die Kolonisator:innen die Welt umsegelten, trugen sie dieses ›Licht der Logik‹ mit sich und re_produzierten auf diese Weise ihre Vorstellungen von Verstand, Körper und Seele, die fortan die Beziehungen zwischen Kolonisierenden und Kolonialisierten erklären sollten. Das cartesianische Konzept, ich denke also bin ich, galt fortan als die Grundlage der modernen Wissenschaften, die am Nullpunkt (*point zero)* eine Beobachtungsperspektive konstruierte, die unverortet bleibt und daher als universell gilt. Geschichtlich betrachtet führte dies dazu, dass der Westen seine Wissensre_produzent:innen als die einzigen präsentierte, die ein universelles Bewusstsein erlangen konnten. Auf diese Weise wurde nichtwestliches Wissen als partikular verhandelt und deshalb als unwissenschaftlich abgewertet. Was folgte, war die kontinuierliche Konstruktion und Konstitution des europäischen Kolonialismus, der Epistemologie nach hegemonialen Kriterien in die ganze Welt transportierte.

> »We went from the 16th century characterization of ›people without writing‹, to the 18th and 19th century characetrization of ›people without history‹, to the 20th century characterization of ›people without development‹ and more recently, to the early 21st century of ›people without democracy‹. We went from the 16th century ›rights of people‹ (...) to the 18th century ›rights of man‹ (...) and to the late 20th century ›human rights‹« (Grosfoguel 2008: 4).

Dekolonialität entsteht demnach nicht aus moralischen Gründen, sondern aus dem Verlangen, ein Mensch zu werden. Denn es gibt nur ein Wesen, für das die Frage des Seins relevant ist – das menschliche Wesen. Aus diesem Grund findet sich in der Moderne nicht eine Form von Mensch wieder, sondern Machtbeziehungen, die eine Welt mit masters und slaves kreieren. Die *weiße* feministische Psychoanalytikerin und Kulturtheoretikerin Luce Irigaray veranschaulicht in *This Sex Which is not One* (1977/1985), inwieweit symbolische Ordnungen durch das hegemoniale Gesetz der Un_Gleichheit operationalisiert werden und das Denken in eurozentrischer Manier über_setzen, sodass die Welt nach Gegensätzen strukturiert wird, wobei eine Seite stets über die andere Seite definiert wird (vgl. Irigaray 1985: 60 ff.). Gleichsam plädiert sie dafür, strukturelle Veränderungen durch Alternativkonzepte zu bewirken, die es ermöglichen, die Dialektik zu überwinden und Unterschiede anzuerkennen. Diese Unterscheidungen durchqueren europäische und außereuropäische Vorstellungen vom Menschen bzw. das, was W. E. B. Du Bois die color line nennt:

> »The problem of the twentieth century is the problem of the color line, – the relation of the darker to the lighter races of men in Asia and Africa, in America and the islands of the sea« (Du Bois 1903/2003: 16).

Das cartesianische Konzept des Da_Seins privilegiert demnach eurozentrische Epistemologie, da es sowohl verbirgt, was nicht gedacht wird, als auch das, was nicht ist oder zu sein scheint. Diese abwesende Rationalität wird auf das vermeintlich Andere übertragen, um anschließend die Vorstellung von außereuropäischem Wissen auf die:den augenscheinlich nichtdenkenden (irrationalen) Nichteuropäer:in zu übertragen. Dies bestätigt einmal mehr Fanons Idee einer kolonialen anti-Schwarzen Welt, in der Schwarze im Auge der *Weißen* kein ontologisches Gewicht haben (vgl. Fanon 1986: 109 ff.). Schwarze und kolonialisierte Andere werden zum augenscheinlichen Ausgangspunkt, um über koloniale Differenzen nachzudenken, wenngleich sie als Menschen, die Wissen re_produzieren, ent_wahrgenommen werden.

Kolonialität ist daher koexistent mit der Produktion der color lines in ihren unterschiedlichen Ausdrucksweisen und Dimensionen. Dekoloniale Theoretiker:innen erachten es demnach als notwendig für v.a. Schwarze Wissenschaffende, sich im Sinne von Fanon aus der »zone of non-being« (Fanon 1986: 10) zu befreien, in der diese Paradigmen lokalisiert sind, um die rassifizierte, klassifizierte und pathologisierende Hierarchie, die *weiße* Europäer:innen privilegiert und außereuropäische Wissensre_produktionen als Folklore oder Kultur ablehnt, zu überwinden (vgl. Mignolo 2000: 1 ff.). Erst ein heterarchischer Denkansatz biete, was der *weiße* US-amerikanische Sozialwissenschaftler und Sozialhistoriker Immanuel Wallerstein »a new way of thinking«[42] nennt, um einen Fokus auf komplexe, historische Systeme legen zu können (vgl. Grosfoguel 2008: 11 f.). Demnach ist es mir im Rahmen der vorliegenden Arbeit nur begrenzt möglich, einen Raum zu eröffnen, in dem die dominante akademische Welt ihre eigenen Grenzen erkennt und sich dementsprechend verändert. Dies lässt sich anhand folgenden Zitats von Audre Lorde sehr gut erklären.

> »For the master's tools will never dismantle the master's house. They may allow us temporarily to beat him at his own game, but they will never enable us to bring about genuine change. And this fact is only threatening to those women who still define the master's house as their only source of support« (Lorde 1984/2007: 112).

Das Zitat wirft die Frage auf, wie denn ›das Haus des Herren‹ (*the master's house*) langfristig dekonstruiert werden kann, wenn zur Dekonstruktion lediglich ›die Werkzeuge des Herren‹ (*the master's tools*) zur Verfügung stehen. Wenn das Haus als Metapher für beispielsweise eine europäische Universität stünde, so sind die Elemente, die das Haus strukturieren, die wissenschaftlichen Methodologie, auf die ein wissenschaftliches Institut oder Zentrum gestützt ist. Das Problem liegt darin, dass kein rationales Wesen eine Methode entwerfen würde, mit der das eigene Fundament zum Einsturz gebracht werden könnte, wenn es sich um das eigene Haus handelt. Die Symbolik des Hauses steht demnach für die eurozentrische Rationalität, der niemand widersprechen kann, da das Haus selbst den Ort repräsentiert, an dem gedacht wird. Mit anderen Worten sieht sich die Rationalität nicht nur selbst als Vernunft, sondern als die einzige Vernunft. Um irrationale Fragen beantworten zu können, heißt es, an der Tür stehen zu bleiben und anzuklopfen, in der Hoffnung, dass aufgemacht wird. Vielmehr wäre es angebracht, nach den Fundamenten des Hauses zu fragen, auch wenn diese Frage irrational erscheint. Auf diese Weise kann ein Vorteil

42 Zitiert nach Roman Grosfoguel 2008: 12

aus dem fehlerhaften Fundament des Hauses gezogen und das Haus selbst langfristig abgebaut werden (vgl. Suárez-Krabbe 2013).[43]

Die Dekolonialisierung von Wissen und Macht wird dann eine Aufgabe und ein Prozess der Befreiung von vermeintlich rationalen Wissensprinzipien, die zum Verständnis beitragen, wie die Welt sein sollte, und nicht, wie sie zu sein scheint. Folglich basiert Dekolonialität als (Zukunfts-)Perspektive auf der Öffnung des normalisierten Eigenen gegenüber dem ›rassifizierten Anderen‹ und zielt darauf ab, Monologe der Moderne zu durchbrechen. Die vorliegende Arbeit wendet sich daher gegen jene Tendenz, Wissen ausschließlich als mögliche Quelle der Dominanz zu verhandeln. Vielmehr verstehe ich Schwarze Wissensformationsprozesse als Formen des Widerstands, die jedoch nicht als das Resultat von methodischen oder normativen Regeln gesetzt sind, sondern in der Verantwortung jener Aktant:innen liegen, die im aktiven Dialog miteinander stehen (vgl. Gergen 1985: 272). Demzufolge können transmoderne Ansätze dazu beitragen, Modernität/Kolonialität von unterschiedlichen epistemischen Positionen und entsprechend der Vielfalt der Erfahrungen der Subjekte kritisch zu denken, sodass Dialoge zwischen Menschen und jenen, die entmenschlicht werden, initiiert werden können (vgl. Grosfoguel 2008: 8). Die Transition von der Moderne zur Transmoderne liegt demnach zuerst in den politischen und epistemischen Interventionen und Re_Produktionen der Schwarzen, nicht der *weißen* Menschen, weshalb Schwarze und People of Color zu Agenten dieser Transformation (*change agents*) werden, die (und nur die) den postcolonial turn herbeiführen können.

43 Onlinequelle: http://ihrc.org.uk/news/comment/10464-can-europeans-be-rational (24.04.2013)

4. Koloniale Ent_Wahrnehmungsgeschichte(n)

Durch die sogenannten ›Bologna-Reformen‹[44] hat sich die Rolle der Universitäten innerhalb von europäischen Gesellschaften verändert. Sie nehmen im Zuge des Wandels von der Informations- zur Wissensgesellschaft einen Akteur:innenstatus ein und können als betriebliche Dienstleistungsunternehmen verhandelt werden, in denen Wissen als Produkt nicht mehr ausschließlich auf nationaler Ebene verhandelt wird, sondern über nationale Grenzen hinweg in Bewegung kommt (vgl. Siebenhaar 2007: 7 ff.). Umso wichtiger wird die Bedeutung von Schwarzem Wissen, das durch Schwarze Wissensarbeiter:innen (*Black knowledge workers*) re_produziert wird. Über Jahrhunderte hinweg haben sie in stetigen Wechselbeziehungen mit den *weißen* europäischen Gesellschaften ein Schwarzes Wissensarchiv geschaffen, das sowohl Wissen über Schwarze und über das Schwarzsein als auch Wissen über *Weiße* und über das *Weiß*sein hervorbrachte (vgl. Eggers 2005: 18 ff.). Dadurch, dass nicht jede Person dasselbe wahrnimmt, führen Un_Gewissheiten, wie ›das haben wir nicht gewusst‹, allerdings zur Ent_Wahrnehmung von Schwarzen Wissensre_produktionen, die in der Re_Produktion von kollektivem Wissen der *weißen* deutschen Mehrheitsgesellschaft als Nichtwissen verbucht wird, da ihre fehlende Wahrnehmung als Nichtwissen attestiert wird (vgl. Hug/Heinze 2003: 46).

> »Die fehlende Sensibilisierung für das Nicht-Wissen sowie die Unwissenheit selbst lassen sich am ehesten mit einem starken ausgeprägten gesellschaftlichen und individuellen Desinteresse am afrikanischen Kontinent erklären, der den Deutschen so fremd zu sein scheint wie kein zweiter. Desinteresse ist jedoch, und hier schließt sich der Teufelskreis, die beste Garantie dafür, dass Unwissenheit auch bestehen bleibt« (Arndt 2001: 35).

44 Die ›Bologna-Reform‹ bezeichnet ein politisches Abkommen zur Schaffung eines einheitlichen europäischen Hochschulraums, das bis zum Jahr 2010 implementiert wurde. Es beinhaltet die gegenseitige Anerkennung von Studienabschlüssen aller Unterzeichnerstaaten untereinander sowie die gemeinsame Erklärung zur ›Harmonisierung der Architektur der europäischen Hochschulbildung‹. Die Hauptziele sind die Förderung von Mobilität, von internationaler Wettbewerbsfähigkeit und von Beschäftigungsfähigkeit. Siehe dazu: http://de.wikipedia.org/wiki/Bologna-Prozess (06.03.2013).

Auf wissenschaftlicher Ebene bedeutet dies, dass das Nichtwissen der *weißen* deutschen Mehrheitsgesellschaft über den afrikanischen Kontinent und über die afrikanische Diaspora in Wissen überführt werden muss, sodass ein Rückgriff auf Nichtgewusstes vorgenommen werden kann. Auf diese Weise können die Norm(al)vorstellungen und Selbstverständlichkeiten der *weißen* deutschen Mehrheitsgesellschaft infrage gestellt und ›neue‹ Wissenskategorien und -kulturen markiert werden.

Wie der Wissenschaftler of Color Eduard Said bereits in *Orientalism* (1978), seiner Pionierarbeit zur westlichen Abhandlung über den Orient, darlegt, dient der koloniale Diskurs vor allem der Konstruktion der vermeintlich Anderen durch die Europäer:innen und beruht auf einer ontologischen und epistemologischen Unterscheidung zwischen dem Orient und dem Okzident. Diese konstruierte Differenz wird für eurozentrische Wissenschaftler:innen, Schriftsteller:innen und für Politiker:innen zur Grundlage ihres Denkens und Handelns, auf dessen Basis im ausgehenden 19. Jahrhundert koloniale Wirklichkeiten konstruiert und ungebrochen bis in die Gegenwart des 21. Jahrhunderts als andauernde Kolonialität transportiert werden. Mit seinem Konzept, das heute als Schlüsselkonzept postkolonialer Theorie gilt (vgl. Castro Valera/Dhawan 2005: 29 ff.), lässt Said sich dabei von der Foucault'schen Diskursanalyse anregen, in der eine Beziehung zwischen Diskurs bzw. Wissen und Macht hergestellt wird:

> »The key instrument of power in all these domains is ›knowledge‹, insofar as the subjects of power are first identified as such, whether ›deviant‹, or not, and consequently made available for the ›re(-)forming‹. From these case studies, Foucault develops a powerful argument linking all forms of ›the will to knowledge‹ and all modes of cultural representation of ›the Other‹, or marginal constituencies, more or less explicitly, to the exercise of power« (Moore-Gilbert 1997: 36).

Damit verweist Said im Anschluss an Foucault auf die Färbung von literarischen Texten durch bestimmte politische Sachverhalte und Denkweisen, speziell unter imperialistisch-kolonialistischen Vorzeichen (vgl. Biloa Onana 2010: 5 f.), die ebenso auf den afrikanischen Kontext angewendet werden können – und wurden. Und ebenso wie Saids Diskursanalyse den vermeintlichen Orient als das Zusammenspiel zwischen imaginierten Bildern in der Literatur, dem beschriebenen Gegenstand westlicher Wissenschaften und europäischer Herrschaft in den kolonisierten Gebieten erfasst (vgl. Said 1995: 92), so lässt sich für das Konzept ›Afrika‹ genauso eine postulierte Wahrheit finden. Denn wie Kilomba beschreibt, sind sowohl Wissenskonzepte als auch die Wissenschaft selbst untrennbar mit hegemonialer Macht und rassistische Autorität verbunden:

> »(...) the academic centre, is not a neutral location. It is a white space where Black people have been denied the privilege to speak. Historically, it is a space where we have been voiceless and where white scholars have developed theoretical discourses that formally constructed us as the inferior ›Other‹, placing Africans in absolute subordination to the white subject. (...) This position of objecthood that we commonly occupy, this place of ›Otherness‹, does not, as commonly believed, indicate a lack of resistance or interest, but rather a lack of access to representation on the part of Blacks themselves« (Kilomba 2008: 27 f.).

Folglich durchziehen rassistische Denkmuster sowohl die Gesellschaft wie auch die Wissenschaft, weshalb Universitäten (und andere Orte der Wissensre_produktion) als grundlegend für die Konstitutierung von Rassismus in Deutschland verhandelt werden. Kilomba betont, dass die Ursache hierfür darin liegt, dass Re_Produzent:innen von Schwarzem Wissen systematisch im Wissenschaftssystem disqualifiziert würden, da ihre Wissensre_produktionen von *weißen* Wissenschaftler:innen als ›subjektiv‹, ›emotional‹ oder ›persönlich‹ gewertet würden und folglich eine wissenschaftliche Ungültigkeit zugeschrieben bekämen, weshalb Schwarze Personen und Positionen ausschließlich durch *weiße* Expert:innen repräsentiert würden (vgl. Kilomba 2008: 26 ff.). Aus diesem Grund würden Schwarze Wissensre_produktionen und Schwarze Wissensre_produzent:innen aufgrund von ungebrochenen kolonialen Machtstrukturen im deutschen Wissen(schafts)system ent_wahrgenommen, d.h. Schwarzes Wissen wird von der *weißen* deutschen Wissensgesellschaft als ›unwissenschaftlich‹ eingelesen und als Nichtwissen verbucht.

> »Any scholarship that does not convey the eurocentric order of knowledge has been continuously rejected on the grounds that it does not constitute credible science. Science is, in this sense, not a simple apolitical study of truth, but the reproduction of racial power relations that define what counts as true and in whom to believe« (Kilomba 2008: 29).

Diese epistomologische und onthologische Prozesse der Ent_Wahrnehmung von Schwarzen Wissensre_produktionen haben Geschichte. Die eingangs genannte Diplomarbeit von May Ayim, welche die Grundlage von

Farbe bekennen (1986) bildet, verweist bereits auf eine lange, allerdings für die *weiße* deutsche Mehrheitsgesellschaft ent_kannte (d.h. unbekannte und deshalb ent_wahrgenommene) Historizität von Schwarzer Wissensre_produktion im deutschen Wissenschaftssystem. May Ayim verweist beispielsweise auf Anton Wilhelm Amo, der als erster Schwarzer Philosoph und Gelehrter an der Universität Halle im November 1729 seine Disputation mit dem Titel *De jure maurorum in Europa* (dt.: Über die Rechtsstellung der [M.] in Europa) hielt, die in schriftlicher Form leider nicht mehr auffindbar ist und demnach nicht auf die deutsche Wissensgesellschaft (zurück-)wirken konnte. Seine Disputation wird von einem öffentlichen Vortrag mit anschließender Diskussion begleitet und bezeugt, nicht nur durch das Schaffen des Schwarzen Akademikers Amo selbst, der später ins politische Amt des Staatsrats zu Berlin gerufen wird, sondern ebenso durch dessen wissenschaftliche Anschauung, dass Schwarze Menschen bereits im 18. Jahrhundert ihren Lebensmittelpunkt in Deutschland verorteten und somit Teil der deutschen Gesellschaft waren – mit allen Pflichten und weniger Rechten, wie der Titel vermuten lässt – und Schwarzes Wissen in Deutschland re_produzierten (vgl. Dramiga 2011[45], Oguntoye et al. 1991: 17 ff.). Demgemäß bespricht Amo in seiner Disputation die schlechte Lebenssituation der an vielen europäischen Adelshöfen dienenden Schwarzen, die als so genannte ›M.‹[46] für schaulustige *weiße* Europäer:innen ohne jeglichen Rechtsschutz lebten.

> »Das Kernstück der Philosophie Amos ist die Erkenntnistheorie, die von der These bestimmt ist, die Gegenstände der Erkenntnis hätten dreierlei Charakter: Entweder seien sie geistige Handlungen oder Empfindungen oder fest umrissene Objekte. Die Quelle der Erkenntnis sei das Ding, das Objekt selbst, und die

---

45 Onlinequelle: http://www.scilogs.de/die-sankore-schriften/black-history-month-2011-anton-wilhelm-amo-der-erste-schwarze-philosoph-an-einer-deutschen-universit-t/ (03.12.12)

46 ›Mohr:in‹ ist die älteste Fremdbezeichnung für Schwarze Menschen im deutschsprachigen Kontext. Es bedeutet im Griechischen ›gottlos‹ und im Lateinischen ›schwarz‹, ›dunkel‹ bzw. ›afrikanisch‹. Damit wurde im mittelalterlichen Spanien begonnen, eine Konnektivität zwischen der vermeintlichen biologistischen Vorstellung von ›Rasse‹ und der Religionszugehörigkeit herzustellen. Die Abwertung von Schwarzen Muslim:innen durch *weiße* Christ:innen wird in diesem Konzept reflektiert und un_gebrochen in die Gegenwart transportiert, weshalb der Begriff in der vorliegenden Arbeit als rassistisch bewertet und daher nicht ausgeschrieben wird (vgl. Arndt 2011a: 649 ff.).

> Erkenntnis eine Fähigkeit des Geistes, die mit Hilfe von Werkzeugen erlangte Kenntnis als Sinneswahrnehmung zu verarbeiten« (Brentjes 1976: 52).

Als Schwarzer deutschsprachiger Philosoph der frühen Aufklärung und Anhänger des *weißen* britischen Philosophen Locke (1632–1704) und des *weißen* französischen Philosophen Descartes (1596–1650) erklärt Amo (lange vor dem *weißen* deutschen Philosophen Kant), »daß nichts im Geiste sein könne, was nicht zuvor von den Sinnen aufgenommen worden sei« (Brentjes 1976: 53). Der unmenschliche Charakter der Versklavung und die Frage der Gesetzlichkeit der ›Rassendiskriminierung‹ stehe demnach bereits im 18. Jahrhundert im Widerspruch zu dem, was ihm philosophisch sein natürlicher Menschenverstand (auch aus Schwarzer Perspektive) sagen wolle – eine Auseinandersetzung, die noch heute unlösbar zu sein scheint. Es ist ersichtlich, dass die Wissenschaft im deutschsprachigen Raum (und in Europa) lange Zeit durch einen eurozentrischen Blick bestimmt wurde/wird, der sich auf die eigene Nation richtet, sodass afrikanische Wissenschaftler:innen, die ihren Lebensmittelpunkt in Deutschland verorten und ihre soziale Position wissenschaftlich thematisieren, wie im Fall von Anton Wilhelm Amo, ent_wahrgenommen werden. Ausschließlich *weiße* männliche Körper gelten als Träger von vermeintlich wahrem Wissen und können auf diese Weise den eurozentrischen Universalismus bereden. So äußert sich der damalige *weiße* deutscher Kanzler der Universität Halle, Johann Peter von Ludewig (1668–1743) in der Novemberausgabe der *Wöchentlich-Hallischen Frage- und Anzeigungsnachrichten* auf Amos Disputation wie folgt:

> »Darinnen daß nicht allein ex LL [aus Büchern] und der Historie gezeuget (...) sondern auch vornehmlich dieses untersuchet / wie weit den von Christen erkauften Schwarzen in Europa ihre Freiheit oder Dienstbarkeit denen üblichen Rechten nach sich erstreckt« (Brentjes 1976: 38).

Dieses Zitat zeigt zum einen eine positive Neugier gegenüber der Präsenz von Schwarzen Menschen im deutschsprachigen Raum, eine Haltung, die nur wenige *weiß*-europäische Gelehrte eingenommen haben. Zum anderen macht es deutlich, dass die soziale Situation von Schwarzen Menschen in Deutschland seit dem 18. Jahrhundert unverändert geblieben ist. Letzteres lässt sich dahingehend begründen, dass Amo in den intellektuellen Debatten über Europa und Afrika im *weiß*-eurozentrischen Wissenschaftssystem ent_wahrgenommen wird, wenngleich das zeitgenössische Interesse an seinem Denken v.a. aus Schwarzer Perspektive zunehmend wächst. Zu nennen ist an dieser Stelle beispielsweise der Togolese Emmanuel Edeh Yawovi, der erstmals in einer philosophischen Dissertation mit dem Titel *Die Grundlagen der philosophischen Schriften von Amo* (2003) die Lehren Amos aus Schwarzer Perspektive verhandelt (vgl. Mabe 2007: 97 ff.). Demnach ließe sich m.E. schlussfolgern, dass Amos Lehren zu seinen Lebzeiten sowohl eine Wissenschaftlichkeit zugesprochen werden können als auch die Fähigkeit und Fertigkeit, Wissen aus Schwarzer Perspektive zu re_produzieren, da er aufgrund seines Schwarzseins dem *weißen* europäischen Universalismus Rechnung getragen hat. Darüber hinaus kann vermutet werden, dass Amo eine Anerkennung seiner Schwarzen Wissensre_produktionen verweigert worden ist, da die europäische Wissenschaft sich lange Zeit auf einen beschränkten eurozentrischen Blick berufen hat, dessen Einzigartigkeit und Wahrhaftigkeit nicht hinterfragt, sondern als gegeben angenommen wurde. Wie die Schwarze Erziehungswissenschaftlerin Aretha Schwarzbach-Apithy in *Interkulturalität und anti-rassistische Weis(s)heiten an Berliner Universitäten* (2005) veranschaulicht, sind noch heute die Lehrpläne so ausgerichtet, dass »weiße Menschen und ihre Strukturen, Ansichten und gesellschaftliche Interpretationen im (europäischen) Welt-Zentrum stehen« (Schwarzbach-Apithy 2005: 248). Das belegt eindringlich die Kontinuität, wie Wissen seit dem 18. Jahrhundert in rassifizierter Art und Weise im deutschsprachigen Raum re_produziert und verhandelt wird (vgl. Schwarzbach-Apithy 2005: 247 ff.). Demnach bezeugen Amos Wissensre_produktionen sowie seine disputierte Stellungnahmen vom Vorhandensein eines gesellschaftlichen Rassismus, der bis in die Gegenwart anhält und aus postkolonialer Perspektive als eine anhaltende Strukturalisierung und Institutionalisierung von Rassismus in Deutschland bewertet werden kann. Die Ursache hierfür liegt, wie oben dargestellt, in der eurozentrischen Aushandlung von Wissen und dessen hierarchischer Bewertung gemäß den gesellschaftlichen Normen und Werten der Zeit, die gegenwärtig zur Reinszenierung kolonialer Strukturen in Form von Alltagsrassismus führen (vgl. Kilomba 2008: 13).

Der strukturelle Rassismus ist somit auch in Deutschland ein Teil gesellschaftlicher Norm(al)vorstellungen (geworden), da er über Jahrhunderte hinweg institutionalisiert wurde und die Grundlage dominierender Vorstellungen bildet, die zugleich hegemonial sind. Folglich ist der strukturelle Rassismus, laut Eggers, ebenso Grundlage staatlichen Handelns, wie beispielsweise im oben genannten Fall von Amo oder in öffentlichen

Meinungsbildungen und -äußerungen, und geht damit weit über individuelle Handlungen hinaus. Eggers verweist dabei auf den jamaikanisch-amerikanischen Philosophen Charles W. Mills, der in *Blackness Visible. Essays on Philosophy and Race* (1998) sichtbar macht, inwieweit Rassifizierung als institutionalisierte Ordnung auf der Grundlage eines (*weißen*) gesellschaftlichen Konsenses als eine verbindliche Praxis hervorgebracht wird, sodass entgegen der Vorstellung einer vermeintlichen moralischen Erziehbarkeit eines Kant die volle gesellschaftliche Zugehörigkeit *(full personhood)* des jeweiligen Subjekts von einer rassifizierten Kategorie abhängig ist (vgl. Eggers 2005: 56 ff.). Schwarzes Wissen über *weiße* Hegemonie hingegen, so Eggers weiter, funktioniere schon seit der Versklavung Schwarzer Menschen und dem Kolonialismus als globales Wissensarchiv (vgl. Eggers 2005: 18 ff.), aus der Schwarze Wissenschaftler:innen und Schwarze Wissenschaffende Material schöpfen.

Da Ent_Wahrnehmungen durch unterschiedliche kommunikative Handlungen vollzogen werden, können sie als aktive Konstruktionsprozesse des konzeptionellen Nicht_Handels beschrieben werden (vgl. Nduka-Agwu/Hornscheidt 201: 42 f.). Etwas nicht zu sehen, nicht zu denken und/oder nicht auszusprechen, führt daher nicht in absentia, sondern dazu, dass etwas aktiv nicht wahrgenommen wird und/oder werden kann[47], nicht kommunizierbar ist und folglich keinen Eingang in Geschichten und Diskurse findet. Demzufolge entscheiden Wissenskulturen maßgeblich über das Denken und Handeln der Gesellschaftsmitglieder. Doch im Anschluss an hooks wird das Konzept der Ent_Wahrnehmung in der vorliegenden Arbeit nicht mehr nur als sprachliche, sondern auch als visuelle und kognitive Ignorierung der sozialen Realität von Schwarzen Menschen verhandelt, was dazu führt, die Wahrnehmbarkeit von und damit Interventionen in Rassismus zu verunmöglichen (vgl. hooks 1994: 204 ff.). Gleichzeitig wird die Eigenständigkeit und Widerständigkeit Schwarzen Handelns betont, die sich beispielsweise in der Re_Produktion von Schwarzem Wissen niederschlägt.

> »Bei der Durchsicht der Arbeiten von postkolonialen KritikerInnen stieß ich auf viele interessante Textstellen. Sie zeigen, daß wir immer noch davon fasziniert sind, wie in der Gedankenwelt der Weißen insbesondere der kolonialen imperialistischen Reisenden, Schwarzsein wahrgenommen wird. Dagegen finden wir wenig Interesse daran, wie Weißsein in der [S]chwarzen Vorstellungswelt

47 Siehe dazu http://www.xartsplitta.net

> Gestalt annimmt. Schwarze Kultur- und GesellschaftskritikerInnen spielen in ihren Arbeiten auf solche Bilder *(representation)* an. Nur wenige haben es jedoch gewagt, ausdrücklich solche Wahrnehmungen von Weißsein zu thematisieren, von denen sie annehmen konnten, daß sie die LeserInnen vor den Kopf stießen und verärgerten« (hooks 1994: 205 f.).

Kolonialisierte Ent_Wahrnehmungsgeschichten ermöglichen es demzufolge, die Machtstrukturen, die eine Teilhabe von Schwarzen Wissensre_produzent:innen am *weißen* Wissens(chafts)system verunmöglichen und Rassismus begünstigen, aus ihrer Un_Sichtbarkeit zu holen und zu analysieren, sodass der hegemoniale Blick vom rassifizierten Schwarzen Objekt zum selbstbestimmten Schwarzen Subjekt gewendet werden kann. Auf diese Weise ist es möglich, deutsche Geschichte(n) ›gegen den Strich‹ zu lesen, sodass vorgegebene Denkrichtungen unterlaufen und ihnen explizit andere Abhandlungen entgegengesetzt werden können (vgl. Kusser/Lewerenz 2007: 215). Folglich werden die gewaltvollen Bedeutungszusammenhänge von Rassismus und Kolonialismus, die sonst ›aus dem Blick fallen‹, durch Beobachtung zweiter Ordnung in den Blick genommen. D.h. wenn beobachtet wird, wer, wie und/oder was beobachtet, wird die Person, die Position und die jeweilige Differenzseite, die unbeobachtet bleibt, beobachtbar. Dementsprechend kann aus dieser zweiten Beobachtungsebene heraus das Nichtbeobachtete beobachtet werden.

Tabelle 1: Diskursive Ent_Wahrnehmungsstrategien in kolonialisierten Kommunikationsprozessen

Beobachtungsebene	**Ent_Wahrnehmungsstrategie**	
Sprachliche (Sprachebene)	**Entnennen** *(nach Hornscheidt 2010)* • aktive Sprachhandlung: *weiße* Machtposition und Privilegierungen werden nicht benannt, d.h. sie werden ›entnannt‹ • *weiße* Normposition wird im ›blinden Fleck‹ verortet und ist daher unsichtbar/invisible	**Ent_Erwähnen** *(nach Lockward 2010)* • aktive Sprachhandlung: Schwarze Selbstbenennungen werden nicht erwähnt, d.h. sie werden ›ent_erwähnt‹ • Schwarze werden als rassifizierte Objekte festgeschrieben (Veranderung/Othering)
Visuelle (Bildebene)	**Entsehen** *(nach Du Bois 1903)* • aktive Bildhandlung: *weiße* Personen werden nicht gesehen, sondern als universal ›entsehen‹ • keine Selbstbeobachtung aus der *weißen* Position, da keine Selbstdarstellung als *weiß* • Konstruktion von *weiß* durch performative Inszenierung der Schwarzen durch *weiße*: → Herstellungspraktiken → Darstellungspraktiken	**Ent_Visualisieren** *(nach Du Bois 1903)* • aktive Bildhandlung: Schwarzer Blick wird nicht gesehen, sondern ist inexistent • ›*counter gaze*‹ als Widerstandshandlung: Schwarze Selbst- und Fremdbeobachtung durch postkoloniale Perspektivumkehr
Kognitive (Bewusstseinsebene)	**Entäußern** *(nach Hegel 1807)* • eine re_konstruierende Handlung (Bestandteil des kreativen Denkens), bei der das Eigene (Subjekt) über das Fremde (Objekt) konstruiert wird: → <u>Ent_Konzeptualisierung:</u> *weiß*sein (als das Eigene) wird über die Stereotypisierung des Schwarzen (als das Fremde) prototypisiert → <u>Ent_Fremdung</u> (nach Fanon): Schwarzsein (als das Eigene) ›entzweit‹ sich durch fremde (*weiße*) Vorstellungen von sich selbst	**Ent_Innern** *(nach Ha 2005)* • eine reproduktive Handlung (Bestandteil der Erinnerung) • *weiße* Darstellung von Geschichte(n) wird durch gesellschaftliches Verschweigen sozialisiert • Ent_Historisierung von Schwarzer/n Geschichte(n)

Denn wie S. J. Schmidt bestätigt, gäbe es ohne Nichtbeobachtbares nichts Beobachtbares (vgl. Schmidt 2003: 30 f.). Wird das Nicht_Beobachtbare also durch eine postkoloniale Linse beobachtet, so lässt sich auf der Basis der Beobachtungstheorie das hier vorgelegte Reflexionsmodell (weiter-) entwickeln, so dass Geschichte(n) der Ent_Wahrnehmung auf verschiedene Ebenen ›erzählt‹ werden kann/können. Es wird deutlich, dass durch aktive Sprachhandlungen, aktive Bildhandlungen und aktive Denkmuster Schwarzes Wissen durch hegemoniale Politiken wie Entnennen oder Ent_Erwähnen, Entsehen oder Ent_Visualisieren und Entäußern oder Ent_Innern systematisch unsagbar, unsichtbar und undenkbar gemacht werden. Diese Ent_Wahrnehmungsstrategien unterscheiden sich zum einen darin, auf welcher vertikalen Ebene die aktive Nicht_Handlung erfolgt. Zum anderen erfolgt eine horizontale Differenzierung, die aufzeigt, wer bzw. welche Gruppe das Ziel der Nicht_Handlung ist (vgl. Nduka-Agwu/Hornscheidt 2010: 42). Auf der Grundlage rassistisch-stereotypisierender Konzeptionen werden im Zuge kolonialisierter Benennungs-, Visualisierungs- und Denkprozesse Schwarze Menschen, ihre Kulturräume und ihre Wissensre_produktionen aus eurozentrischer Perspektive als ›anders‹ konstruiert *(othering)* und negativ gewertet oder ganz ausgeblendet, während gleichzeitig eine Normsetzung des *Weiß*seins erfolgt (vgl. Kilomba 2008: 25). Indem bestimmte Sprachhandlungen exkludiert, unterschiedlich autorisiert und rassifizierenden Bedeutungen zugeschrieben werden, indem diese Bedeutungszuschreibungen in z.B. kolonialen Illustrationen, Fotografien oder Postkarten visualisiert und ermächtigt werden und schließlich in die Vorstellungswelt der *weißen* deutschen Kolonialgesellschaft ein- und anschließend fortgeschrieben werden, können die Kriterien auf denen rassistische Zuschreibungen basieren und die strategischen Mechanismen, mit denen sie herausgebildet werden, unbenannt und unreflektiert bleiben. Auf diese Weise wird ersichtlich, dass weit bis ins 20. Jahrhundert hinein afrikanischen Gesellschaften eine eigene Historiografie verweigert wird und warum Afrika als vermeintlich geschichtsloser Kontinent einem kolonialen ›Erziehungsauftrag‹ unterworfen werden konnte, sodass gegenwärtig Schwarze Menschen noch immer als vermeintliche biologisierte ›Rasse‹ ent_wahrgenommen werden und die Existenz der afrikanischen Diaspora in Deutschland verunmöglicht wird (vgl. Arndt/Hornscheidt 2004: 18 ff.

4.1. Sprachliche Kolonialität: Entnennen und Ent_Erwähnen

Wird der Kolonialismus als sprachlicher Diskurs konstituiert, so kann aufgezeigt werden, inwieweit koloniale Denkmuster auf deutsche Sprachhandlungen einwirken und eingewirkt haben, welche sprachliche Praktiken eine Partizipation am Kolonialdiskurs verunmöglichen und welche Rolle Medien und Kommunikationsinstrumente, v.a. Sprache (aber auch das Nichtsprechen) dabei spielen. Koloniales Wissen bildet nämlich durch Sprachprogrammierung in einem strukturierten Kommunikationsraum, in dem Wissensbestände einer Zeit organisiert sind, kolonisatorische Identität heraus. Demnach ist kolonisatorische Identität vor allem ein sprachliches Gebilde, d.h. dass das Verständnis von Wirklichkeit in Sprache ausgehandelt wird. Dabei wird Sprache als Werkzeug eingesetzt, mit dem Ordnung hergestellt und eine Diskursgemeinschaft gebildet wird. Durch die Vernetzung von Sprecher:innen, die mit ihren Äußerungen die Vorstellungen von den Kolonien (mit-)prägten und kolonisatorische Haltungen manifestierten, entstand auf diese Weise ein Selbstbild der Deutschen (vgl. Warnke 2009: 3ff.) und nicht zuletzt auch Wirklichkeitsmodelle als das aus Handeln hervorgegangene und durch Handlungserfahrungen systematisierte und bestätigte kollektive Wissen der Mitglieder der (Kolonial-) Gesellschaft, die durch wissenschaftliche Institutionalisierung Gültigkeit erhalten (vgl. Schmidt 2003: 34ff.). Zwar wird in zahlreichen postkolonialen Arbeiten analysiert, was für den kolonialen Zusammenhang oder ein koloniales Wissensgebiet sagbar ist und was gezielt von wem, wann und in welcher Form gesagt wird. Unberücksichtigt bleibt jedoch das, was unausgesprochen bleibt und demzufolge als unhinterfragte Norm voraus_gesetzt wird. So entsteht, wie erwähnt, das konstruierte Kolonialbild der Deutschen nicht zuletzt durch die Vernetzung von Sprecher:innen, die mit ihren Äußerungen (vgl. Warnke 2009: 3ff.) und Nichtäußerungen die Vorstellungen von den Kolonien formen und kolonisatorische Haltungen manifestieren. Die sprachliche Präsenz und die sprachliche Abstinenz von Benennungen leisten dabei einen erheblichen Beitrag zur Herstellung kolonialer Identitätsangebote (vgl Hornscheidt 2005: 482). Auf diese Weise wurde ein sprachlich produzierter Sinnzusammenhang erzeugt, der eine bestimmte Vorstellung forcierte, die wiederum bestimmte Machtstrukturen zur Grundlage hatte.

Durch die Publikation *Playing in the Dark. Whiteness and the Literary Imagination* (1992) der Schwarzen US-amerikanischen Literaturwissenschaftlerin und Nobelpreisträgerin Toni Morrison entstand erstmals im postmodernen Diskurs der Paradigmenwechsel, aufgrund dessen der *weiße* Blick vom Schwarzen Objekt auf das *weiße* Subjekt gelenkt werden konnte. Dessen Platz wird im Zentrum der US-amerikanischen Gesellschaft verortet und so eine Asymmetrie zur *weißen* Normposition hervorgehoben (ebd. 344 ff.). Durch diesen strategischen Blickwechsel zeigt Morrison auf, wie die Unterdrückung von Schwarzen Menschen zur Stärkung der *weißen* Machtposition führt(e). Die Art und Weise, wie sich *weiße* Menschen in die Geschichte einschreiben, sei eine verzerrte, konstruierte Ent_Wahrnehmung, die nur durch die Selbstreflexion der Erzähler:innen sichtbar gemacht werden könne:

> »The ability of writers to imagine what is not the self, to familiarize the strange and to mystify the familiar, is the test of their power. The languages they use and the social and historical context in which these languages signify are indirect and direct revelations of that power and its limitations« (Morrison 1992: 15).

Durch diesen Blickwechsel wurde nicht nur das abweichende ›Andere‹ als Projektion entlarvt, sondern auch die eigene als Norm geltende Konstruktion als Inszenierung kenntlich gemacht (vgl. Warth 1997: 125 ff.). Diese Un_Möglichkeit beschreibt die *weiße* Psychologin Ursula Wachendorfer als »Transparenzphänomen« (Wachendorfer 2001: 89), wodurch *Weiß*sein als ein unsichtbar gemachtes und zumeist unsichtbar bleibendes, hegemonial normierendes und verinnerlichtes Konstrukt invisibilisiert wurde/wird und demnach ›farblos‹ erscheint. Schwarzsein wird dagegen als ›farbig‹[48] konstruiert und ist über die Wahrnehmung von (Haut-)Farbe als sichtbar Anderes biologisiert. Folglich konnte *Weiß* als Analysekategorie verhandelt werden, die rein synthetisch erzeugt ist, aber gleichsam eine historische und soziale Wirkmacht innehat, die erst im Zuge der Kritischen *Weiß*seinsforschung analysiert und im politischen Widerstand gegen Unterdrückung und Machtausübung aufgedeckt bzw. dekonstruiert werden konnte (vgl. Arndt 2005: 344 ff.). Fortan war es möglich, die Machtverhältnisse zu benennen.

48 Der Begriff ›farbig‹ ist rassistisch, weil er eine konstruierte Verniedlichung einer kolonialen Fremdbezeichnung ist, die Schwarze Menschen über (Haut-)Farbe markiert (vgl. Sow 2011: 684 ff.).

> »Der Rassismus liegt in der kontinuierlichen Tradierung von Normalitätsvorstellungen, die durch die Nicht-Benennung als Selbstverständlichkeiten immer wieder wiederholt und weiter verfestigt werden. Weißsein wird so nicht nur als Norm kontinuierlich reproduziert, gleichzeitig auch entgeht es durch die Handlung der Nicht-Benennung allein schon die Möglichkeit einer Diskriminierung, die bei den markierenden Benennungen kontinuierlich gegeben ist« (Hornscheidt 2005: 482).

Durch die kulturelle Programmierung des Kolonialismus wird auf diese Weise Un_Sinn nicht nur durch Sprache erzeugt, sondern ebenso durch Nichtsprechen. Neben Textinhalten werden auch Textleerstellen Bedeutungen zugeschrieben, die sich als Gesamtheit eines Wissensfeldes im Diskurs abheben und Kommunikationsvorgänge ordnen. Die sprachliche Manifestation von Themen, Intentionen und Bewertungen, aber ebenso die strategischen sprachlichen Auslassungen werden auf diese Weise konstitutiv für die kolonisatorische Identität in Deutschland hergestellt. D.h. durch die aktive Nichtbenennung der *weißen* Norm, bleibt *weiß* unsichtbar und als machterhaltende Kategorie unantastbar (vgl. Hornscheidt 2005: 482). Um dies als eine aktive (rassistische) Sprachhandlung zu erfassen und zu kennzeichnen, prägt Hornscheidt den Begriff der ›Entnennung‹ (vgl. Nduka-Agwu/Hornscheidt 2010: 42), der ein gegenüber hegemonialen Vorstellungen verändertes Normbewusstsein zum Ausdruck bringt und in der vorliegenden Arbeit als sprachliche Ent_Wahrnehmungsstrategie verhandelt wird. Auf diese Weise wird zum Ausdruck gebracht, wie etwas, das nicht benannt wird und auch unbenannt bleiben soll, in den Analysefokus gerückt werden kann. Folglich tritt das *Weiß*sein durch seine Benennung aus der Nichtbeobachtung hervor und wird ab diesem Moment als Teil des rassistischen Systems beobachtbar. Auf diese Weise wird *Weiß*sein in die Welt integriert, d.h. dass im Sinne des *weißen* französischen Schriftstellers und Philosophen Jean-Paul Sartre seine Gegenständlichkeit vom Unmittelbaren in einen vermittelbaren Zustand übergeht:

> »Wir tun alle eine Menge Handlungen, die wir ignorieren wollen, weil wir nicht dafür verantwortlich sein wollen. Wir tun sie, ohne darauf zu achten, wir übergehen sie mit Stillschweigen, wir verbringen unser Leben damit, Handlungen mit Stillschweigen zu übergehen, eben weil wir sie nicht benennen wollen. Sie mit Stillschweigen übergehen heißt sie tun, ohne ein reflexives Bewusstsein davon zu

> gewinnen, ohne darauf zurückzukommen, um sie zu sehen: wir tun etwas, wir sehen es uns nicht tun« (Sartre 1965: 21).

In diesem Sinne kann eine mögliche strategische Ent_Wahrnehmung auf der sprachlichen Ebene verhandelt werden, welches es ermöglicht, das Entnannte aus seiner Unmündigkeit zu holen und zugleich die entnennende Person mit ihrer Verantwortlichkeit zu konfrontieren (vgl. Nduka-Agwu/Hornscheidt 2010: 19f.). Denn *weiße* Menschen wurden und werden nicht als ›Rasse‹ konzipiert und fielen und fallen somit aus einer rassifizierten Kategorisierung und Benennung heraus (vgl. Arndt 2005: 340ff.). Diese Herangehensweise ermöglicht es, nicht nur Schwarze Menschen als von Rassismus Betroffene zu kategorisieren (vgl. Arndt 2001: 344ff.), sondern auch über den Prozess der Normalisierung von *Weiß*sein die Beteiligung *weißer* Menschen an rassifizierten Wirklichkeiten der vermeintlich Anderen zu reflektieren. Produziert wird der Rassismus nämlich innerhalb der Dominanzgesellschaft, die sich selbst als *weiß* bestimmt, ohne sich dieser *weißen* Norm bewusst zu sein (vgl. Arndt 2001, El-Tayeb 2005).

> »Viele weiße Menschen in Deutschland haben sich bisher gar nicht damit auseinandergesetzt, dass sie Weiße sind, also auch zu einer besonderen gesellschaftlichen Gruppe gehören. Dass es dabei um Macht geht, bemerkt man anscheinend eher, wenn man einer Gruppe angehört, die auf eine Art benannt wird, die für sie nicht akzeptabel ist« (Sow 2008: 29).

Da Rassismus auch immer mit politischer, sozialer und ökonomischer Macht verbunden ist (vgl. Arndt/Hornscheidt 2004: 11ff.), kann es keinen Rassismus von Schwarzen gegenüber *weißen* Menschen geben, sondern nur Vorurteile (vgl. Schultz 1999a: 170). *Weiße* sind demnach zwar in der Lage, ihre Privilegien zu reflektieren und ihre Machträume zu teilen, doch sie können diese nicht verlassen (vgl. Arndt 2005: 350). Grundlegend für die Erforschung von *Weiß*sein sind vielmehr die geschichtliche Nachvollziehbarkeit der Konstruiertheit von ›Rasse‹ und die Erforschung der Diskurse, die Menschen rassifizieren. Davon ausgehend wird an dieser Stelle erneut auf die Notwendigkeit verwiesen, aus postkolonialer Perspektive den Prozess der Um_Deutung von ›Rasse‹ fortzuführen, der auf eine Re_Historisierung von Schwarzer/n Geschichte(n) und damit einhergehend eine Re_Situierung von Schwarzem Wissen abzielt. Dazu ist jedoch eine doppelte Bewegung erforderlich, die weg von ›Rasse‹ als biologische Kategorie und hin zu ›Rasse‹ als kritischer Analyse- und Wissenskategorie führt (vgl. Arndt 2001: 342 f.). *Weiß*sein liefert demnach eine theoretische und begriffliche Perspektive, bei der ›Rasse‹ als eine von verschiedenen ineinander verschränkter Kategorien von Vergesellschaftung ausgewählt wird (ebd.). Die Diskurse, in denen *Weiß*sein benannt wird, geben folglich Auskunft über die biologistische Konstruktion des Konzepts ›Rasse‹.

> »In diesem Verständnis ist Weißsein keineswegs als biologistischer oder somatisierender Begriff zu lesen. Es ist weder über Pigmentierung oder Komplexion zu erfassen, noch als ›Natur‹ (im Sinne Roland Barthes' als Antithese zum Mythos) anzusehen. Der Begriff Weißsein bezieht sich nicht auf natürlich gegebene Sichtbarkeit, sondern auf hergestellte, intepretierte und praktizierte Sichtbarkeit« (Arndt 2005: 343).

Da Schwarze von der *weißen*, unmarkierten Norm abweichen und das marginalisierte ›Andere‹ bilden, wird ihre Subjektposition im Zuge sprachlicher Kolonialität ent_wahrgenommen, ebenso wie der Prozess ihrer Subjektwerdung, während ihre vermeintliche Objektposition nachhaltig markiert wird. Folglich genießen *weiße* Personen die Erfahrung, als ›normale Menschen‹ zu gelten, während Schwarze als Abweichung von der Norm entmenschlicht werden. Es ist daher notwendig, dass *weiße* Personen ihre eigene gesellschaftliche Position reflektieren, um die Verantwortung für ihr eigenes rassistisches Sprachhandeln (und Nichtsprechen) zu übernehmen (vgl. Sartre 1965: 20 ff.). Durch gezielte Benennungspraxen werden sie veranlasst, sich selbst zu beobachten, womit eine Beobachtung zweiter Ordnung einhergeht (vgl. Schmidt 2003: 46 f.).

Analog zu der linguistischen Strategie der Entnennung entwickelt die Kunstkritikerin und Wissenschaftlerin of Color Alanna Lockward die Strategie der ›Ent_Erwähnung‹ und zeigt damit einen weiteren Prozess in der linguistischen Ent_Wahrnehmungspraxis auf, in der Schwarze Menschen in Deutschland systematisch nicht erwähnt und in der Folge dessen ebenso ent_wahrgenommen werden. Obgleich die Begriffe ›Schwarze Deutsche‹ und ›Afrodeutsche‹ im Zuge der aufstrebenden postkolonialen und feministischen Bewegung in Deutschland der achtziger Jahre geprägt wurden und innerhalb der entstehenden Schwarzen Community fortlaufend Verwendung finden, belegt Lockward in *Schwarz – Black – Afro. Widerspieglung eines Wortfeldes im Tagesspiegel 2004–2006* (2006), inwieweit diese Selbstbenennungen in der *weißen* deutschen Mehrheitspresse ent_erwähnt sind, d.h. inwieweit *weiße* Medienschaffende in dem gewählten Zeitraum diese Begriffe verwenden – oder nicht. Lockwards Analyse verdeutlicht, dass die *weiße* Presse aktiv handelt, indem sie gezielt Begriffe ent_erwähnt und Fremdbenennungen vorzieht, womit eine sprachliche Diskriminierung einhergeht (vgl. Lockward 2010: 56 ff.). Zwar thematisiert Lockward nicht, inwieweit die Medienmacher:innen an redaktionelle Vorgaben gebunden sind, dennoch kann davon ausgegangen werden, dass eine sozialsystemische Institutionalisierung (im Sinne von S. J. Schmidt) in den verantwortlichen Medieninstitutionen ausbleibt. Vor dem Hintergrund von El-Tayebs historischen Anschauungen wird auch in Lockwards Analyse deutlich, dass die Vorstellung von ›Schwarz‹ als ›fremd‹ den Kolonialismus überlebt hat und gegenwärtige Denkstrukturen fortwährend bestimmt. Das Nichtverwenden einer bestimmten Terminologie hilft dabei, die Konstruktionen bei der Ent_Wahrnehmung von Schwarzen innerhalb der *weißen* deutschen Gesellschaft aufrechtzuerhalten. Auf diese Weise wird erneut Schwarzes Wissen sowie das Wissen um Schwarze Menschen, die ihren Lebensmittelpunkt in Deutschland verorten, ent_wahrgenommen, d.h. strategisch ausgeblendet und unsichtbar gemacht, indem die sich selbst bezeichnende Schwarze Community nicht zitiert oder die komplexe soziohistorische Identität dieser Gruppe komplett ignoriert wird (vgl. Lockward 2010: 59 f.).

> »Mit der unbedingten Bindung des ›Deutschtums‹ an ›Rasse‹ und ›Blut‹ wurde die Kombination ›schwarz‹ und ›deutsch‹ zur Unmöglichkeit und zwar nicht nur in den Kolonien, sondern grundsätzlich. Und dies umso mehr, als auch diese Überzeugung schon früh Eingang in den mainstream fand« (El-Tayeb 2001:121).

Die Begriffe ›Rasse‹ und ›Volk‹ werden in der Konstruktion einer deutschen Identität eng aneinander gekoppelt und fusionierten schließlich und letztendlich zur Kennzeichnung des Deutschseins als *weiß*. Eine Trennung von biologisiert-rassifizierter ›Blutsgemeinschaft‹ und ethnisch kultureller ›Volksgemeinschaft‹ existierte nie, wie El-Tayeb in ihrer Analyse der Debatte um die Neufassung des Reichs- und Staatsangehörigkeitsgesetzes von 1912/13 zeigt. »Deutsches Blut« impliziere demnach »*weißes* Blut« (El-Tayeb 2001: 133), womit Afrodeutsche aufgrund ihres »schwarzen Bluts« (ebd.) aus der Volksgemeinschaft ausgeschlossen und migratisiert[49]

49 In Anlehnung an die Schwarze Psychoanalytikerin Grada Kilomba (2008) beschreibt die *weiße* Genderforscherin Alyosxa Tudor (2010) ›Migratismus‹ als ein zentral verhandeltes Macht-/Diskriminierungsverhältnis, das über den Konstruk-

(vgl. Tudor 2010: 396 ff.) wurden und werden. Auf diese Weise wurde der Mythos vom ›deutschen Blut‹ ebenso wie eine vermeintlich afrikanische Fremdheit über Jahrzehnte hinweg weitervererbt, weshalb Schwarze Menschen in Deutschland des 21. Jahrhunderts noch immer aufgrund bestehender Rassifizierungen rechtliche und soziale Diskriminierung erleiden. Zeitgleich verlangte, so El-Tayeb weiter, der *Alldeutsche Verband* ein Immigrationsverbot für »Sprachen- und Rassefremde« (El-Tayeb 2001: 137), um »nichtdeutsches Blut von der Aufnahme in das deutsche Vaterland ab(zu)wehren«.[50] Tatsächlich ist außer Sprache kaum ein Faktor vorhanden, der die einzelnen Regionen Deutschlands miteinander verbindet, was de facto in der Bewegung der Romantik aufgegriffen wird und zum Mythos erwächst, der sich nicht an einer tatsächlichen gemeinsamen kulturellen und politischen Gegenwart und Vergangenheit orientiert, sondern eine »organische Meta-Ebene« (ebd. 134) schafft, die das deutsche Volk im Geiste zusammenwachsen lässt (vgl. El-Tayeb 2001: 131 ff.). Auf diese Weise wird das Deutschsein mit dem *Weiß*sein begründet, eine Konsequenz, die während des europäischen Kolonialismus in Bezug auf eine deutsche Selbstverfasstheit, vor allem aber auch im und durch Diskurse im heutigen Namibia etabliert werden.

In ihrem Essay *Vom Anderssein reden, ohne dem Rassismus zu widerstehen?* (1996) kritisiert bereits die Schwarze US-amerikanische Literaturwissenschaftlerin bell hooks, dass auf der sprachlichen Ebene Dinge entnannt würden und dadurch ›Rasse‹ häufig von Rassismus abgetrennt werde und demzufolge stets eine Angelegenheit von Nichtweißen bliebe (vgl. hooks 1996: 79 ff.). Gleichzeitig kritisiert sie den wissenschaftlichen Betrieb, dem sie strukturellen Rassismus unterstellt, da weiterhin *weiße* Wissenschaftler:innen den Diskurs über ›Rasse‹ setzten und mehr Aufmerksamkeit für ihre Forschung über People of Color erhielten, als dies umgekehrt der Fall wäre (ebd.). Darüber hinaus stehen die Medien in wechselseitigem Austausch mit den Diskursen, Werten und Normen der *weißen* deutschen Mehrheitsgesellschaft, sodass Wissen und Meinungen in und durch deutsche Medien transportiert und rezipiert werden und spezifische

---

tionsprozess der ›Migratisierung‹ Migration und Migrant:innen erst herstellt. Auf diese Weise werden soziale Positionierungen geschaffen, die über Zuschreibungsprozesse konstruiert werden und damit Privilegierungen sowie Deprivilegierungen in Bezug auf Migration produzieren (vgl. Tudor 2010: 396 ff.).

50 Zitiert nach Fatima El-Tayeb 2001, 137 (Hansen, *Frankfurter Rundschau*, 10.02.1999, 7)

Diskriminierungsverhältnisse wiederholt ent_wahrgenommen werden. So auch Rassismus, der als hegemoniales System nicht obsolet geworden ist, sondern in der nachkolonialen Phase als Klassifikationssystem verhandelt wird, das binär aufgebaut ist (vgl. Arndt 2001: 37) und als Grundlage für rassistische Nicht_Handlungspraxen dient (vgl. Hornscheidt 2005: 476 ff.). Werden Schwarze in den deutschen Medien dargestellt, dann oftmals im Kontext von Kriminalitätsstatistiken sowie in der Debatte um Zuwanderung und/oder Migration. Oder sie bewegen sich im Schatten alteingesessener Klischeevorstellungen, Rollen, die sie in der Gesellschaft zugeschrieben bekommen: Musiker, Tänzer, Model oder Sportler. Der Fokus liegt dabei auf der Körperlichkeit, selten auf der Intelligenz, was den kolonialrassistischen Fantasien der *weißen* Mehrheitsgesellschaft genügt. Laut Kilomba erfolgt ein Sichtbarwerden von Schwarzen Menschen in öffentlichen und akademischen Diskursen nur, wenn die *weiße* Normalität dabei nicht ›gestört‹ wird. Rassismuserfahrungen, so Kilomba weiter, würden daher verharmlost, da sie drohen, den »comfort of white society« (Kilomba 2008: 40) zu hemmen. Zudem bestimme eine *weiße* Perspektive, d.h. die Meinungsführung durch *Weiße*, das, was die deutsche Öffentlichkeit über Schwarze in Erfahrung bringt:

> »We become visible through the gaze and vocabulary of the *white* subject describing us: it is neither our words, nor our subjective voice printed on the pages of the magazine, but rather what we phantasmally represent to the *white* nation and its *real* nationals« (Kilomba 2008: 41).

Lockwards Analyse verneint die Frage, ob denn die Subalterne deutsch spreche (vgl. Steyerl/Gutiérrez Rodríguez 2003: 7 ff.), indem sie belegt, dass ihr Sprechen verunmöglicht wird und demzufolge ungehört bleibt, da auch ihr Wissen keine Verwendung im hegemonialen Diskurs findet. Die Ent_Erwähnung von Schwarzen Selbstbenennungen bescheinigt somit eine diskursive Abwesenheit des Schwarzen Subjekts, womit zeitgleich eine De_Platzierung des Schwarzen Objekts jenseits der *weiß*-zentrierten Norm einhergeht (vgl. Lockward 2006: 9 ff.). Durch seine Unmarkierung platziert sich das *weiße* Subjekt im Zentrum des Diskurses, von wo aus es Macht ausübt und die koloniale Ordnung bestimmt. Die so konstruierte Hie-rarchie beeinflusst, wer sprechen kann und wer nicht, und verunmöglicht eine eigene Interpretation der herrschenden Ideologie und andauernden Kolonialität (vgl. Kilomba 2008: 26 ff.). Durch eine rassistische Systematisierung werden auf diese Weise Schwarze Stimmen disqualifiziert und für ungültig erachtet (vgl. Collins 2000: xiii), während als *weiß* entnanntes hegemoniales Wissen hierarchisiert und re_produziert wird.

›Entnennung‹ (nach Hornscheidt) und ›Ent_Erwähnung‹ (nach Lockward) sind zwei verschiedene, aber häufig zusammen auftretende, komplementäre (rassistische) Sprachpraktiken, die sich darin unterscheiden, ob die hegemoniale angenommene *weiße* Norm entnannt oder die diskriminierte Gruppe ent_erwähnt wird, d.h. wer bzw. welche Gruppe das Ziel der sprachlichen Nichthandlung ist. Da Sprache im konstruktivistischen Sinn als Handeln verstanden wird, stellen die beiden Wissenschaftler:innen, das, was nicht ausgesprochen wird, ebenso wie das Gesagte als aktive Handlungen her, wenngleich beide Benennungspraktiken nicht auf derselben hierarischen Ebene liegen, sondern entweder die *weiße* oder die Schwarze Subjektposition in den Fokus der Analyse genommen wird. Wichtig ist, dass in beiden Fällen aktiv gehandelt wird, nämlich in dem Sinne, dass das Nicht_Gesagte eine spezifische Bedeutung erhält und eine gezielte Wirkung hat. Auf diese Weise werden aktiv Formen des Nicht_Sagens als rassistische Sprachpraktiken verstanden (vgl. Nduka-Agwu/Hornscheidt 2010: 42 ff., Lockward 2010: 58 f.). Diese linguistische Ent_Wahrnehmungsstrategien machen koloniale Dis_Kontinuitäten in der deutschen gesellschaftlichen Sprachordnung sichtbar und markieren einen Ort, der bislang als ›blinder Fleck‹ galt und deshalb unbeobachtbar zu sein schien. Erst auf der Grundlage von postkolonialen Ansätzen, die davon ausgehen, dass der Kolonialismus nicht nur Spuren bei den Kolonisierten, sondern auch bei den Kolonisierenden hinterlassen hat, ist es möglich, das Unmarkierte zu markieren und das Unbeobachtete zu beobachten, indem das Unbenannte benannt wird. Auf diese Weise ist es möglich, taktisch aufzuzeigen, wie sehr koloniale Denkmuster auf deutsche Kommunikationsprozesse einwirken und eingewirkt haben.

Spuren sprachlicher Kolonialität sind gegenwärtig in Toponymen wie der ›M-Straße‹ in Berlin-Mitte zu finden. Benannt wird die Straße und der später erbaute U-Bahnhof nach Afrikaner:innen, die seit dem 17. Jahrhundert als Versklavte des deutschen Adels und zunehmend auch des deutschen Bürger:innentums oder als Musiker:innen im preußischen Heer dienen und Ausdruck der gehobenen Klasse sind (vgl. Warnke 2009: 37 ff.). ›M.en‹ zu ›besitzen‹ gilt demnach als Statussymbol für Luxus und hohes gesellschaftliches Ansehen, weshalb in der gegenwärtigen Werbeindustrie der ›M.‹ immer wieder gerne als Synonym für Luxus und Wohlstand eingesetzt wird, was eine rassistisch tradierte Mediendarstellung ist und daher stets auf antirassistische Kritik stößt. Denn die ›M-Figur‹ verbindet Attribute des Dienens, wie eine gebückte Haltung und stereotypische Gestik und Mimik, mit der Fantasie des Bedientwerdens *weißer* durch Schwarze Menschen, womit eine rassistische Hierarchisierung einhergeht (vgl. Arndt/Hornscheidt 2004: 168 ff., Hamann 2010: 146 ff.). Seit vielen Jahren wird vonseiten der Black Community im Kontext einer postkolonialen Politdebatte die Umbenennung der ›M-Straße‹ in Berlin-Mitte gefordert, da durch die Straßeninschrift im gegenwärtigen Stadtbild rassifizierte Denkweisen aufrecht gehalten werden und in der deutschen Gesellschaft ungebrochen fortwirken. Schon May Ayim verweist in ihrem Aufsatz *Das Jahr 1990. Heimat und Einheit aus afro-deutscher Perspektive* (1993) darauf hin, »daß auch in den obersten weißen Rängen der neuen Republik rassistische Sprache und entsprechendes Denken geduldet und tradiert werden« (Ayim 1993/1999: 215). Ha argumentiert beispielsweise, dass eine Weigerung der deutschen Dominanzgesellschaft, sich mit den kolonialen Grundlagen ihrer eigenen Kulturgeschichte und politischen Identität auseinanderzusetzen, einen Prozess reflektiere, in dem weder die Unterwerfung des vermeintlich Anderen noch die koloniale Konstruktion der *weißen* deutschen Nation zur Sprache kämen (vgl. Ha 2005: 105 ff.), was im Sinne von Lockward und Horscheidt als strategisches Schweigen, Übergehen und Ignorieren und damit als sprachliche Nichthandlung verstanden werden kann (vgl. Hornscheidt 2005: 482). Dies belegt erneut, inwieweit sprachliche Nichthandlungen ebenso wie sprachliche Handlungen zu einer Spur in der kommunikativen Ordnung der Dinge werden, nämlich zur Spur dessen, was ent_erwähnt oder entnannt bleibt und demzufolge ent_wahrgenommen wird.

4.2. Visuelle Kolonialität: Entsehen und Ent_Visualisieren

Da Deutschland sich nicht mehr als Informationsgesellschaft, sondern als Wissensgesellschaft definiert (vgl. Hug/Heinze 2003: 37), besteht die Notwendigkeit, neben Sprache auch bildhafte Formen der Wissensre_produktion in die Analyse von Kommunikationsprozessen einzubinden, da die Ausdifferenzierung von modernen Gesellschaften nicht nur Sprechgemeinschaften, sondern auch bestimmte Sehgewohnheiten hervorgebracht hat. Wenngleich Europas wissenschaftliche Orientierung am Logos lange Zeit verhindert hat, dass dem Bild – und damit einhergehend visuell re_produziertes Wissen – die gleiche Aufmerksamkeit geschenkt wurde wie der Sprache, ermöglicht der *iconic turn* eine Wendung von der Sprache weg hin zum Bild, was als eine unvermeidbare Strategie der philosophischen Selbstbegründung verhandelt werden kann, da fortan Bilder eine prägende Rolle, nicht nur in Bezug auf Wissensvermittlung, sondern auch in Hinsicht auf Wissensre_produktionen einnehmen (vgl. Müller 2003: 123 ff.).

Auch im Kolonialismus wurden Bilder, v.a. Fotografien, instrumentalisiert, um das Wissen der Zeit nicht nur zu vermitteln, sondern primär zu re_produzieren und zu legitimieren, weshalb in der vorliegenden postkolonialen Diskursanalyse auch dem visuellen Kolonialdiskurs die gleiche analytische Aufmerksamkeit geschenkt wird, wie dem sprachlichen, ohne dabei jedoch die Korrelationen von Sprache und Bild zu vernachlässigen. Denn jenseits der Schnittstelle von Sprache und Bild, die sich in Topografien zeigen, wie am obigen Beispiel der ›M-Straße‹ dargestellt, weist die Wechselbeziehung zwischen Sprache und Raum eine dokumentierte visuelle Kolonialiät auf. So kann das sogenannte ›Afrikanische Viertel‹, das zwischen 1896 und 1908 in Berlin-Wedding errichtet wurde, als Symbol deutscher Kolonialkultur gewertet werden, da ab 1899 einige Straßen nach deutschen Kolonialverbrecher:innen benannt wurden. Die Benennung dieses Raumes gibt Anhaltspunkte für bestehende koloniale Machtverhältnisse, die sich in einem kolonialen Herrschaftsraum verfestigen, der noch heute fester Bestandteil deutscher Erinnerungskultur ist (vgl. Warnke 2009: 49). Dieses Beispiel zeigt, inwieweit visuelle Kolonialität als Prozess der Re_Produktion, der Rezeption und der Tradierung von kulturellen Differenzen und als Grundelement der gesellschaftlichen und subjektiven Bedeutungsproduktion gewertet werden kann, da der Raum selbst zum Medium wird, das kolonialisiertes Wissen verankert und über Jahrzehnte hinweg transportiert.

»(...) the meanings expressed by speakers, writers, printmakers, photographers, painters and sculptors are first and foremost social meanings even though we acknowledge the effect and importance of individual differences. They are meanings which arise out of the society in which individuals live and work. Given that societies are not homogeneous, but composed of groups with varying, and often contradictory, interests, the messages produced by individuals will reflect the differences, incongruities and clashes which characterize social life« (Kress/van Leeuwen 1996: 18).

Zu beachten gilt jedoch, dass Bilder nicht wie Texte ›gelesen‹, sondern ›gesehen‹ oder ›geschaut‹ und auf andere Art und Weise im persönlichen wie kollektiven Gedächtnis ›gespeichert‹ werden und ebenso eine andere Wirkung haben. In dieser Arbeit wird folglich weder von der weit verbreiteten Vorstellung ausgegangen, dass Sprache als System einem inneren ›Sprachcode‹ folgt und dem logisch analytischen Denken und der rationalen Steuerung des Verhaltens dient, noch, dass das bildliche System visuelle Reize in einem ›Bildercode‹ verarbeitet und diese mit dem intuitiven Denken und Fühlen und der emotionalen Steuerung des Verhaltens verknüpft (vgl. Müller 2003: 13ff.). Vielmehr werden in Anlehnung an das oben skizzierte konstruktivistische Sprachverständnis Bildre_produktionen in all ihren Realisierungsformen auch immer als kommunikative Handlungen verstanden. Vor allem Bildpostkarten, die den kolonialisierenden, *weißen*, männlichen Blick auf die Welt einfangen, der als universal hergestellt und massenhaft re_produziert wird, gilt als das zentrale Medium der visuellen Kolonialkultur:

»Die Bildpostkarte war um 1900 ein äußerst beliebtes Medium der Alltagskommunikation und zugleich ein bereits begehrtes Sammelobjekt. Zu jener Zeit beförderte die Deutsche Reichspost jährlich ca. 1 Millarde Postkarten innerhalb Deutschlands. In Großstädten wie Berlin oder Hamburg wurde die Post bis zu vier Mal am Tag ausgetragen – man konnte sich also per Postkarte für den nächsten Tag verabreden« (Kusser/Lewerenz 2007: 216).

Der Bildband *Weiße Blicke. Schwarze Körper. Afrikaner im Spiegel westlicher Alltagskultur* (2010) des *weißen* Historikers Joachim Zeller umfasst eine große Anzahl von kolonialisierten Bildern, meist Postkarten aus der Sammlung des *weißen* Hamburgers Peter Weiss, ihre Bilddeutungen werden jedoch in dem Bildband m. E. verkürzt behandelt – wieso, kann nur spekuliert werden. Fakt ist, dass das Sammeln und Präsentieren von Bildern noch immer ganz erheblich zum Akt der Vereinnahmung Afrikas durch die *weißen* Europäer:innen gehört. Auf diese Weise geben Bilder – ebenso wie Sprache – im diskursiven Kontext eine kommunikative

Richtung vor und verweisen auf bestimmte soziale Positionierungen – oder eben nicht –, da auch hier eine Ent_Wahrnehmung des Visuellen erfolgt. Da Gesellschaften sich sowohl in der Bildfrage als auch in der Blickpraxis unterscheiden, ist der bestätigte Blickwechsel notwendig, um visuelle Kolonialität zu erforschen. In *Black Skin, White Masks* (1986) schreibt der Schwarze postkoloniale Vordenker Franz Fanon bereits von der Ent_Fremdung der eigenen Schwarzen Selbstwahrnehmung, die *weiße* Blicke hervorrufen, was das vorliegende Forschungsinteresse am Verhältnis von Blick, Sehen und andauernde Kolonialität aus post-kolonialer Perspektive begründet. Wichtig ist hier die Argumentation, dass in der kolonialen Praxis Bedeutungen, ihre Kontextualisierung und Verbreitung auch in Bildern konstruiert werden, die bestimmte Subjekt- und/oder Objektpositionen hervorbringen (vgl. Fanon 1986: 109 ff., Bhabha 2000: 8 ff.). Denn das, was auf der sprachlichen Ebene entnannt oder ent_erwähnt bleibt, verunmöglicht auf der visuellen Ebene ebenso eine Sichtbarmachung als Bild(-gegenstand). Aus diesem Grund werden im vorliegenden Kapitel die visuellen Ent_Wahrnehmumgsstrategien Entsehen und Ent_Visualisieren vorgestellt, die das aktive Handeln im Kontext bildlicher Wissensre_produktionen zum Ausdruck bringen. Dabei wird unterschieden, wer im Bild aus welcher Perspektive aktiv ›zu-sehen-gegeben‹ wird, da das ›Zu-sehen-Geben‹, ebenso wie das ›Unsichtbarmachen‹ im konstruktivistischen Sinn, als visualisiertes Handeln verstanden wird (vgl. Schade/Wenk 2011: 53 ff.), da die Re_Produktion von kolonialen Bildmotiven stets intentional geschah und demnach bestimmte Absichten verfolgte, aber gleichzeitig unintentierte Effekte erzielte (vgl. Nduka-Agwu/Hornscheidt 2010a: 491 ff.). Es wird ersichtlich, inwieweit die hegemoniale Norm entsehen und der Schwarze Blick ent_visualisiert wurden, wenngleich beide Handlungsstrategien auf unterschiedlichen hierarchischen Ebenen ablaufen.

Das Entsehen ist hierbei als aktiver Bilder_produktionsprozess konzipiert, in dem die *weißen* Personen nicht ›gesehen‹, sondern universal ›entsehen‹ (invisible) werden (vgl. Jarenski 2010: 85 ff.), weshalb mit dem Entsehen ein »panoptischer Blick« (Foucault 1976: 259) verbunden ist, der eine Gesellschaftskontrolle ermöglicht. Der afrikanischen Ethnologin Diana Bonnelamé zufolge, gilt der *weiße* hegemoniale Blick auf die Welt als allgemeingültig, da alles von nirgendwo gesehen werden kann und durch eine Perspektive definiert wird, die selbst nicht bestimmbar zu sein scheint.[51] Eine Beobachtung zweiter Ordnung, also eine Selbstbeobachtung, entfällt, was El-Tayeb als »Farbenblindheit« (El-Tayeb 2005: 7) bezeichnet, da keine Selbstdarstellung als *Weiß* vollzogen wird (vgl. El-Tayeb 2005: 7 ff.). Dem gegenüber steht die Praxis des Ent_Visualisierens, bei dem der Schwarze Blick für die kolonialen Bildre_produzent:innen und Bildbetrachter:innen zwar inexistent war, aber aus postkolonialer Perspektive als widerständiger ›counter gaze‹ verhandelt werden kann. Durch das ›Zurückblicken‹ sind Schwarze in der Lage, nicht nur sich selbst, sondern auch *weiße* Menschen zu beobachten, womit auch an dieser Stelle Beobachtungen zweiter Ordnung verbildlicht werden. Darüber hinaus wird im Zurückblicken ein Wissensarchiv re_konstruiert, das aus Schwarzer Perspektive entsteht und Schwarze als Wissensre_produzent:innen und daher als aktiv handelnde Subjekte beobachtbar macht. Folglich trennt das obige Modell auf der visuellen Ebene die Strategie des Entsehens von der Strategie des Ent_Visualisierens, um den Fokus der Analyse auf die jeweiligen handelnden Subjekte zu legen.

Beide visuellen Ent_Wahrnehmungsstrategien gehen auf den Schwarzen Philosophen W. E. B. Du Bois zurück, der mit seiner Metapher des Schleiers *(the veil)* bereits darauf verweist, dass *weiße* Menschen nicht in der Lage seien, Schwarze als gleichwertige Menschen zu sehen, da ihr Blick durch den Rassismus ›getrübt‹ werde (vgl. Du Bois 1903/2003: 7 ff.). Gleichsam schauten aber, so Du Bois weiter, Schwarze durch denselben Schleier, wodurch auch ihr Blick auf sich selbst und auf *Weiße* verzerrt werde; ein Phänomen, das Fanon später als Ent_Fremdung beschreibt, da Schwarze nur in Relation zu *Weißen* Schwarz sein könnten (vgl. Fanon 1986: 110).

Denn der Schleier an sich symbolisierte für Du Bois (wie die Maske bei Fanon) die physische Abgrenzung, die durch (Haut-)Farbenunterscheidungen manifestiert werde und daher stets auf der kognitiven Ebene Stereotypisierungen und Prototypisierungen festschreibe:

51 Die afrikanische Ethnologin Diana Bonnelamé war die erste Wissenschaftlerin, die bereits in den 1980er Jahren das *Weiß*sein im deutschen Kontext aus der Schwarzen Perspektive analysierte. Ihr Dissertationsvorhaben kam jedoch nicht zustande, da sich kein:e Gutachter:in fand. Zusammen mit dem *weißen* deutschen Historiker Peter Heller dokumentiert Bonnelamé diesen Umstand in dem Film *Wie andere N. auch* (vgl. Piesche 2005a: 14 ff.).

»Then it dawned upon me with a certain suddeness that I was different from the others; or like, mayhap, in heart and life and longing, but shut out from their world by a vast veil. I had thereafter no desire to tear down that veil, to creep through; I held all beyond it in common contempt, and lived above it in a region of blue sky and great wandering shadows« (Du Bois 1903/2003: 8).

Somit habe der Schleier einen negativen Effekt sowohl auf Schwarze als auch auf *weiße* Menschen. Dennoch seien Schwarze (im Gegensatz zu *Weißen*) in der Lage, im Prozess ihrer Subjektwerdung die Welt durch beide Blickwinkel zu sehen. Denn Schwarze US-Amerikaner:innen sind »a sort of seventh son, born with a veil, and gifted with second-sight« (Du Bois 1903/2003: 9). Diese ›zweite Sicht‹ kann mit der Beobachtung zweiter Ordnung gleichgestellt werden, die, wie oben beschrieben, als Beobachtung von Beobachtungen verstanden werden kann. Demnach ist z.B. jedes Betrachten von Bildern eine Beobachtung zweiter Ordnung, da die fixierten Beobachtungshandlungen der Bildre_produzent:innen beobachtet werden können. Demgemäß machen Beobachtungen zweiter Ordnung den ›blinden Fleck‹ sichtbar, also das, was in der gewählten Beobachter:innenperspektive ent_wahrgenommen wird (vgl. Schade/Wenk 2011: 76 ff.). Dies führt zwangsläufig dazu, dass Schwarze sich in kolonialen Bildre_produktionen nicht jenseits des *Weiß*seins selbstbestimmt als Schwarz wahrnehmen können, sondern in eine fremdbestimmte Un_Sichtbarkeit geraten. D.h. das Schwarze Subjekt wird unsichtbar, weil das Schwarze Objekt sichtbar ist. Diese soziale Un_Sichtbarkeit führt gleichwohl zur Konstituierung von Nichtwissen, was ein komplementäres Verhältnis von Nichtwissen und Nichtsehen hervorbringt. Wissen beeinflusst demnach das Sehen und klassifiziert das, was gesehen oder nicht gesehen wird.

Da im Eurozentrismus das Verstehen mit dem Sehen gleichgesetzt wird, wurde – wie oben beschrieben – die eurozentrische ›Wahrheit‹ auf diese Weise ›augenscheinlich‹ an der (Haut-)Oberfläche des Menschen erkennbar (vgl. Sturken/Cartwright 2001: 299). Auf diese Weise wurde und wird Europa zur Produzentin der (einzig wahren) Wahrheit und der (einzig wirklichen) Wirklichkeit, in deren Rahmen außereuropäisches Wissen visuell eingefasst werden sollte (vgl. Conrad/Randeria 2002: 12). Durch die Konstituierung des Sehens und die Autorisierung des Un_Sichtbarseins, aber ebenso durch die konventionalisierte Art, gesehen zu werden, werden noch heute die Sehgewohnheiten der *weißen* deutschen Mehrheitsgesellschaft bestimmt und die Sichtweisen auf ›Andere‹ geprägt (vgl. hooks

1994: 162 f.). Diese rassifizierten visuellen Ent_Wahrnehmungsstrategien wurden bereits während der Versklavung institutionalisiert und politisiert, in der Form, dass z.B. Versklavte stets auf den Boden schauen mussten und den *weißen* Herrscher:innen beim Vorbeigehen nicht in die Augen sehen durften. Ihnen wurde sprichwörtlich das ›Hinsehen verboten!‹, dahingehend, dass der Schwarze Blick eine Widerstandhandlung darstellt (vgl. hooks 1994: 145 f.). Auf diese Weise wurde im Kolonialismus eine visuelle (Gesellschafts-)Ordnung etabliert, die das individuelle Handeln und menschliche Zusammenleben leiten und regeln sollte. Über das Sprachliche hinaus war die:der Beobachter:in in der Lage, den Kolonialismus als visualisierte Wissens- und Gesellschaftsordnung herzustellen, von der aus Schwarze markiert werden konnten; eine Markierungspraxis (vgl. Eggers 2005: 57), die eine Verwobenheit mit der dritten, kognitiven Ebene aufweist.

Durch die Ent_Visualisierung des Schwarzen Blicks wird hingegen eine aktive bildliche und/oder performative Inszenierung sichergestellt, sodass eine Verschleierung von eigenen Herrschaftsschwächen und -mängeln der dominierenden Klasse möglich wird. Auf diese Weise werden Eigen- und Fremdbilder konstruiert, um zum einen die deutsche koloniale Machtposition zu bestärken und zum anderen die Kolonialpolitik Deutschlands zu legitimieren und die Kolonialinteressen der Deutschen zu fördern. Schließlich wird (Haut-)Farbe als Blickregime eingesetzt, um z.B. die Überlegenheit der Europäer:innen über die Afrikaner:innen darzustellen. Bekannte Beispiele hierfür sind die Positionierung des afrikanischen Pagen als bildliches Zeichen von *weißer* Überlegenheit (vgl. Wolf 2004: 19 ff.). Auf diese Weise erfahren kognitive Vorstellungen des vermeintlich Fremden in materiellen Bildern eine Vergegenständlichung, weshalb bestimmte Bildpraktiken in der Re_Produktion von Wissen bestimmte Funktionen einnehmen. Aber es wird ebenso ersichtlich, dass Bilder auf die ›falsche Fährte‹ führen bzw. Erkenntnisse verschieben können, sodass im Sinne der vorliegenden Arbeit erneut Nichtbeobachtbares beobachtet werden kann.

Diese Herangehensweise unterstreicht jedoch, wie bereits oben ausdifferenziert, die Notwendigkeit, die eigene soziale Positionierung zu verorten, da diese mit dem eigenen Wissen und damit einhergehend mit den eigenen Sehgewohnheiten verknüpft ist (vgl. Schade/Wenk 2011: 76 ff.). Diese Tatsache erlaubt das, was im Kolonialismus nicht existent und demnach nicht verhandelbar ist, durch eine ›postkoloniale Linse‹ als Etwas zu beobachten und zu beschreiben. Es gilt, der sehenden Person bewusst zu machen, dass mit jeder visuellen Wahrnehmung auch eine visuelle Entwahrnehmung einhergeht, und dass mit jedem Ent_Wahrnehmungsprozess auf der visuellen Ebene ein machtvoller Herstellungsprozess auf der kognitiven Ebene abläuft, wie nachfolgend ausführlich dargelegt wird. Demnach liegt das Interesse am Visuellen darin, die Wirkungsmacht von Bildern kritisch zu hinterfragen, da im Kolonialismus die Vorstellung von einer vermeintlichen ›Objektivität‹ sprichwörtlich ›Bild geworden‹ ist (vgl. Schade/Wenk 2011: 49 f.). Denn mit jeder Bildbeschreibung geht auch immer eine Bilddeutung einher, die in bestimmten Deutungsmuster, sogenannte ›frames‹ gefasst ist (vgl. Meier 2010: 371 ff.). Deutungsvorgänge müssen demnach immer auch reflektiert werden, da sie ›umdeutend‹ wirken und sich gleichsam in die Geschichte des Bildes einschreiben. D.h., dass nichts außerhalb von sozial vermittelten bzw. vermittelnden, konventionellen Programmierungen beschreibbar ist, weshalb das Wissen um den jeweiligen kulturellen Kontext (oder Rahmen) die Voraus_Setzung für eine Bilddeutung ist und gleichzeitig in und durch die Bilddeutung re_produziert wird (vgl Schmidt 2003: 27). Eine Kontextualisierung ist demnach immer das Ergebnis einer Selektion, die aus der Perspektive der Rezipient:innen oder Interpret:innen getroffen wird und ebenfalls in die Reflexion der Deutung einfließt, da sie eine ›Rahmung‹ des Gegenstands festsetzt, die dessen Bildlichkeit mitbestimmt (vgl. Meier 2010: 371 ff.), aber ebenso auf diese Weise als Rahmen weiter verfestigt wird. So wird an dieser Stelle argumentiert, dass der ›blinde Fleck‹ der Selbstwahrnehmung der kolonialen Bildre_produzent:innen wie auch jener der kolonialen Bildbetrachter:innen sowie die kolonialisierte Ent_Wahrnehmung des ›Zu-sehen-Gegebenen‹ nicht mehr als selbstverständlich, konventionell oder natürlich verhandelt werden, sondern aus postkolonialer Perspektive zu Gegenständen eines Bildes werden. Folglich werden das Entsehen und das Ent_Visualisieren zu rassistischen Formen des Nichtsehens, die in kommunikativen Zusammenhängen sichtbar gemacht und durch bestimmte Bildpraktiken hervorgebracht werden, die sich v.a. in der Inszenierung von Kolonialbildern zeigen. Es wird evident, dass konstruierte Kolonialbilder mehr über die Bildproduzent:innen aussagen als über das ›Zu-sehen-Gegebene‹, das ins Visier der Betrachter:innen gerückt wird. Denn Fotografien sind laut der *weißen* Kunst- und Medienwissenschaftlerin Kerstin Brandes:

»… ein Bild von etwas und zugleich ein gemachtes *Bild.* Mit diesem doppelten Status steht vor allem die dem Medium zugeschriebene Evidenz zur Debatte. *Evidenz* meint Sichtbarkeit, den Vorgang des Sichtbarmachens (…) verbunden mit einer bestimmten Weise des In-den-Rahmen-Setzens: die Schaffung eines Bildes, das *zeigt* und mit diesem Zeigen *beweist* und *bezeugt*; ein Bild, das nicht weiter erklärt oder begründet werden muss, weil es für sich zu sprechen scheint (…)« (Brandes 2011: 160).

Die Evidenz des vermeintlich Sichtbaren wird demzufolge durch Fragestellungen herausgefordert, nämlich wo denn wem, was und wie ›zu-sehen-gegeben‹ wird und wo denn wem, was, wie nicht ›zu-sehen-gegeben‹ und daher ent_wahrgenommen wird, aber gleichsam inwieweit das Sichtbar_Unsichtbare ›sehbar‹ ist. Dabei wird im Anschluss an Schade und Wenk nicht ausschließlich nach der ›Macht der Bilder‹ gefragt, die eine Überwachungs- und Kontrollinstanz innehat (vgl. Schade/Wenk 2011: 53 f.), sondern gezielt nach Praktiken der Bildre_produktion und -rezeption, deren Funktionen in der strategischen Ent_Wahrnehmung von Wissensre_produktionsprozessen liegt. Es wird deutlich, welche soziale Positionierung auf welche Art und Weise ›dargestellt‹ oder ›hergestellt‹ wird und warum bestehende ›Afrikabilder‹ noch immer negativ konnotiert sind, aber auch inwieweit Schwarze Menschen in Kolonialbildern als ›blicklos‹ ent_wahrgenommen und dadurch objektiviert werden. Durch die Strategien des Entsehens und des Ent_Visualisierens können die bildlich realisierten Spuren konzeptuellen Wissens aufgezeigt werden, die dem Kolonialdiskurs zugeordnet werden. Dementsprechend erhalten das ›Zu-Sehen-Gegebene‹, das unsichtbar Gemachte und das Sichtbar_Unsichtbare (oder das Un_Sichtbare) Bedeutungen, die es ermöglichen, den ›blinden Fleck‹ der visuellen Wahrnehmung herauszufordern.

4.2.1 Dis_Kontinuitäten in kolonialen Bildre_produktionen

Der Kolonialismus kann auf der visuellen Ebene verstanden werden als eine spezifische Diskursformation, welche mit ihrem Hauptgegenstand, dem *weißen,* heterosexuellen Mann, verschmolzen ist (vgl. Schade/Wenk 2011: 11). Dieser ist, laut Zeller, nicht nur das zentrale Gebilde im visuellen Kolonialdiskurs, sondern zudem auch als Bildschaffender und Bildbetrachter Re_Produzent und Rezipient zugleich. Seine gesellschaftliche Vormachtstellung wird durch die bildhafte Ausdifferenzierung seiner gesellschaftlichen Position gestützt und legitimiert, denn es ist sein *weißer,* kolonialer Blick, der die Re_Produktion visuellen Wissens lenkt, ordnet und inszeniert (vgl. Zeller 2010: 10). Eine Ausdifferenzierung seiner als universell geltenden sozialen Positionierung erfolgt zum einen in Abgrenzung zur *weißen* Frau*, der im Kolonialsystem eine bestimmte Rolle zugeschrieben wird, wie in der Deutung der Bildlichkeit von Bild 4 bestätigt wird. Zum anderen grenzt sich der *weiße* Mann sowohl vom Schwarzen Mann (Bild 3) als auch von der Schwarzen Frau* ab (siehe dazu Kapitel 4.2.2.), die beide auf spezifische Weise für die Herstellung seiner eurozentrischen Machterhaltung instrumentalisiert werden. Auf diese Art werden Kolonialbilder signifiziert und die afrikanischen Kolonien medial angeeignet und vereinnahmt, sodass breite Teile der deutschen Bevölkerung aufgrund der aufsteigenden Mediatisierung in Deutschland zunehmend am Kolonialismus partizipieren (vgl. McClintock 1995: 33), aber eine ihnen vorgegebene ›Bildstellung‹ bzw. soziale (Blick-)Position einnehmen.

Im folgenden Kapitel geht es folglich darum, ausgewählte Kolonialfotografien zu analysieren, die koloniales Wissen hervorbringen und den *weißen*, kolonialen Blick auf die Welt zu sehen geben. Ziel dieser Analyse ist es, die andauernde Kolonialität, die sich beispielsweise in der tradierten visuellen Ent_Wahrnehmung von rassifizierten ›Afrikabilder‹ zeigen, aufzubrechen, indem die hegemoniale Lesart irritiert und die visuell konstruierten Machtverhältnisse, die un_sichtbar zu sein scheinen, beobachtbar werden. Durch den provozierten Blick durch eine postkoloniale Linse wird die *weiße* Norm entsehen und daher als universal verbildlicht, während ›Etwas‹ aus einer verunmöglichten Schwarzen Perspektive ent_visualisiert wird, da es unter bestimmten historischen Bedingungen inexistent und demnach nicht unmittelbar zu sehen war.

Die nachfolgenden Bilddeutungen werden aus diesem Grund an das von der *weißen* Kommunikationswissenschaftlerin Marion Müller herausgearbeitete dreistufige Analysemodell angelehnt, wenngleich alle drei Ebenen miteinander verwoben sind und sich gegenseitig bedingen: Die erste Ebene, die Produktionsebene, untersucht, wann, warum und wie ein Bild entstanden ist, d.h., welche Motivation die Bildproduzent:innen gehabt haben (könnten). Wie oben bereits erwähnt, lag die Intention der kolonialen Bildre_produzent:innen in der Verbreitung und Legitimisierung des kolonialen Auftrags, weshalb diese Ebene nur marginal besprochen wird. Bei der Produktanalyse hingegen – die nicht mit der Produktionsanalyse zu verwechseln ist – liegt der Fokus auf der Bedeutungsebene des

Bildmaterials, nämlich auf dem, was auf einem Bild wie ›dargestellt‹ oder ›hergestellt‹ wird und demnach welche soziale ›Stellung‹ die ›zu-sehen-gegebenen‹ Personen zugewiesen bekommen. Auf dieser zweiten Ebene wird zwischen Herstellungs- und Darstellungspraktiken unterschieden, da zum einen mittels Herstellungspraktiken das Eigene (*weiße)* über das ›fremd-gemachte‹ Schwarze hergestellt wird. Zum anderen werden Darstellungspraktiken analysiert, um weitläufige Kolonialvorstellungen des vermeintlich Fremden darzustellen, womit gleichsam eine Konnektivität zu scheinbar vorgelagerten rassistischen Denkmustern hergestellt wird. Auf diese Weise können diskriminierende und privilegierende Handlungsweisen expliziert werden.

In Darstellungspraktiken beispielsweise werden bestimmte Bildgegenstände aufgrund der binären Farbmetaphysik (Schwarz = böse, unterentwickelt, minderwertig und *weiß* = gut, fortschrittlich, überlegen) programmiert. Auf der Grundlage einer solchen Programmierung wird z.B. die westlich eingeschriebene (Haut-)Farbe als Blickregime missbraucht, indem rassifizierende Stereotypisierungen ›zu-sehen-gegeben‹ werden, während *weiße* Attribute nicht ›im Bilde sind‹, sondern entsehen und dadurch bestätigt werden. Im Gegensatz dazu werden von den Bildre_produzent:innen Herstellungspraktiken eingesetzt, um die gesellschaftspolitische Vormachtstellung des *weißen,* europäischen Mannes in Abgrenzung zu Afrikaner:innen zu konstituieren. Dabei werden beide Seiten des binären Codes sichtbar gemacht, sodass der *weiße,* männliche Kolonisator im direkten Vergleich zu den Kolonialisierten als ›überlegen‹, ›fortschrittlich‹ und ›herrschaftlich‹ hergestellt werden kann. Dementsprechend werden bestimmte Sinnschemata durch gezielte Praktiken herausgebildet, wodurch bestimmte Informationen akzentuiert, d.h. gezielt ent_visualisiert, andere ausgeblendet oder ignoriert, d.h. aktiv entsehen werden, sodass bestimmte Werturteile bestimmten Wissenskontexten zugeordnet werden und Bildinhalte nicht isoliert, sondern framebezogen ent_wahrgenommen und (weiter-)verarbeitet werden können. Dennoch können einzelne Bildre_produktionen sowohl Herstellungs- als auch Darstellungspraktiken aufweisen.

Die dritte Ebene, die Ebene der Wirkungsanalyse, fragt schließlich nach den Rezipient:innen eines Bildes und analysiert, auf wen ein Bild wie wirkt (vgl. Müller 2003: 13ff.). Es gilt auf dieser Ebene zu beachten, dass die meisten Bilder mehrdeutig sind und von unterschiedlichem Publikum ganz verschieden rezipiert und interpretiert werden, weshalb der mögliche Bedeutungswandel von einzelnen Bildelementen in die Analyse einbezogen werden muss. Denn wenngleich die Bildbetrachter:innen, für die diese Bilder ursprünglich re_produziert wurden, primär zum *weißen*, männlichen Bürgertum des Kolonialsystems zählen, ist zu berücksichtigen, dass ich aus meiner heutigen sozialen Positionierung als Schwarze Frau* in Deutschland die vorgelegten Bilder aus postkolonialer Perspektive analysiere, weshalb auch meine eigene soziale Realität teil des Rahmens wird. D.h. zum einen, dass meine Ergebnisse sich nicht notwendiger Weise mit denen meiner Leser:innenschaft decken müssen, und zum anderen, dass sie nicht mit der Intention der Bildre_produzent:innen übereinstimmen müssen (oder gar können), da jede Bildrezeption unabgeschlossen ist und über die Zeit neue Rezeptionsweisen hervorgebracht hat. So auch eine postkoloniale Lesart, die einen Bedeutungswandel des Materials ankündigt und ihre Umdeutung ermöglicht (vgl. Schade/Wenk 2011: 65 ff.). Später, wie in Bild 4 gezeigt werden wird, verschiebt sich der Fokus vom *weißen,* männlichen Bildbetrachter auf die *weiße,* weibliche Bildbetrachterin, die wie oben beschrieben im Lauf des Kolonialisierungsprojekts eine besondere Rolle zugeschrieben bekommt (vgl. Kundrus 2003, Walgenbach 2005, Dietrich 2007). Unerlässlich für das vorliegende Erkenntnisinteresse ist jedoch, dass die vorgelegten Fragestellungen auf allen drei Ebenen handlungs- und ent_wahrnehmungsrelevante Wirkungen eines Bildes nachweisen, die aufzeigen, inwieweit Schwarze Blickperspektiven ent_visualisiert und *weiße* Perspektiven wiederum entsehen werden, womit die vorliegende These, dass Schwarze Wissensre_produktionen in der deutschen Gesellschaft ent_wahrgenommen und *weißes* Wissen norm(alis)iert wird, erneut begründet werden kann.

Abbildung 1: Bild 1: »Der Missionar zeigt das bildgeschmückte Neue Testament (Ostafrika)« (Aufdruck Rückseite), vor 1914. Aus: Joachim Zeller (2010): *Weiße Blicke. Schwarze Körper. Afrikaner im Spiegel westlicher Alltagskultur.* Erfurt, S. 50.

Vorliegend ist in Bild 1 ein *weißer* Mann ›zu-sehen-gegeben‹, der in der rechten Bildhälfte erhöht vor einer Gruppe von Afrikaner:innen sitzt und ihnen aus einem Buch vorzulesen scheint. Drei Afrikaner:innen sitzen auf dem Boden vor seinen Füßen, sodass eine kindliche Vorleserunde initiiert wird. Der *weiße* Mann ist europäisch gekleidet, während seine Gegenüber in ihrer traditionellen afrikanischen Umkleidung nach westlicher Lesart nur teilverhüllt sind. Die Blicke zweier Afrikaner:innen sowie die des *weißen* Mannes sind auf das Buch gerichtet, das auf diese Weise eine zentrale Position im Bild einnimmt. Die:der dritte Afrikaner:in schaut den *weißen* Mann mit verschärfter Gestik ins Gesicht, was als counter gaze bewertet werden kann, wie unten weiter ausgeführt werden wird.

Die Bildkomposition weist eine Diagonale auf, wodurch der Kopf des *weißen* Mannes den höchsten Punkt im Bild einnimmt. Zwar lassen sich abstrakte Begriffe wie Kolonialismus nicht verbildlichen, dennoch kann der historische Kontext aufgrund des vom *weißen* Mann getragenen Tropenhelms inmitten des Kolonialen verortet werden. Die Aufschrift auf der Rückseite des Bildes: »Der Missionar zeigt das bildgeschmückte Neue Testament (Ostafrika)« bestätigt das koloniale Setting und weist darauf hin, dass die Aufnahme vor 1914 in der Kolonie ›Deutsch-Ostafrika‹ gemacht wurde, ein Gebiet, das in der Zeit zwischen 1885 und 1918 die heutigen Länder Tansania (ohne Sansibar), Burundi und Ruanda sowie einen Teil Mosambiks umfasste. Die Tatsache, dass es sich bei dem *weißen* Mann um einen Missionar handelt, lässt sich nicht notwendiger Weise auf dem Bild ›sehen‹. Dennoch kann aufgrund des Rückentextes davon ausgegangen werden, dass der *weiße* Mann ein Missionar ist, der im Auftrag der Kirche den Afrikaner:innen den christlichen Glauben aufzwingt, weshalb es sich bei dem Buch auch nur um eine Bibel handeln kann (vgl. Zeller 2010: 50 ff.). Dieses Beispiel verdeutlicht, wie Bilder durch Sprache umgedeutet werden können, da bestimmte Vorstellungen eingelesen und hergestellt werden und somit eine Wechselwirkung zwischen Sprache und Bild entsteht. Gleichsam wird deutlich, dass »(...) each medium has its own possibilities and limitations of meaning. Not everything that can be realized in language can also be realized by means of images, or vice versa« (Krees/van Leeuwen 1996: 17), weshalb in diesem Bild die Grenzen der visuellen Wissensre_produktion erreicht sind (vgl. Krees/van Leeuwen 1996: 15 ff.).

Erst eine postkoloniale Perspektivumkehr, die als ›Blickwechsel‹ beschreibbar ist, erlaubt die Asymmetrie des Bildes sichtbar werden zu lassen. Zwar wird mein erster Blick als Betrachterin auf den *weißen* Mann gelenkt, dieser wird aber sofort auf die Afrikaner:innen ›umgelenkt‹, d.h. mein Blick auf den *weißen* Mann wird beim weiteren Hinsehen auf die Schwarzen Personen verschoben. Durch diese Verschiebung werden die Afrikaner:innen in einer ihnen zugeschriebenen Positionierung ›zu-sehen-gegeben‹, nämlich als dem *weißen* Mann untergeordnet, womit gemäß den Vorstellungen der Zeit und entsprechend der Übertragung dieser Lesart in die Gegenwart ihre Infantilität ›zu-sehen-gegeben‹ wird. Aufgrund der Tatsache, dass der *weiße* Mann auf einem Sockel sitzt, die Afrikaner:innen ihm zu Füßen sitzen und sein Kopf am höchsten Punkt in der Bilddiagonale angelegt ist, wird – entsprechend kolonialer Imaginationen – der *weiße*

Mann als Träger *weißen* Wissens verbildlicht und ebenso seine vermeintliche Überlegenheit über die Afrikaner:innen hergestellt und gefestigt. Auf diese Weise wird die Schwarze Subjektposition ent_visualisiert, d.h., gemäß den Vorstellungen der Zeit wird die:der Schwarze als ›minderwertiges‹ und ›geschichtsloses‹ Objekt ›zu-sehen-gegeben‹, womit eine Rassifizierung einhergeht. Gleichzeitig wird auch der *weiße* Standpunkt entsehen, d.h. die *weiße* Position ›fällt aus dem Rahmen‹ und wird dergestalt hierarchisiert und als Subjekt individualisiert.

Darüber hinaus impliziert das Buch, vermutlich die Bibel, das vom *weißen* Mann gehalten und demonstriert wird, dessen Intellektualität (und Religiosität), während die Afrikaner:innen, die eine konsumierende Haltung einnehmen, zwar als wissensdurstig hergestellt werden, aber gleichzeitig eine mögliche Intellektualität abgeschrieben bekommen, was den kolonialen ›Erziehungsauftrag‹ begründet. Aufgrund ihrer vermeintlichen Teilnacktheit werden sie an eine Körperlichkeit gebunden – eine weitere Rassifizierung, die noch heute Gültigkeit besitzt und die Kontinuität des Kolonialismus belegt. So wird die Dichotomie Körper/Geist entsehen, d.h. Wissen wird über das Buch symbolisiert und durch die auf diese Weise hergestellte Bildlichkeit als *weiß* normalisiert und bestätigt, während eine Exotisierung (und Sexualisierung) auf den Schwarzen halbbekleideten Körper projiziert wird. Synchron dazu wird den Afrikaner:innen aufgrund der ihnen auf diese Weise zugeschriebenen Körperlichkeit eine eigenständige Wissenskultur ent_visualisiert, die nicht notwendigerweise (aber auch) über das geschriebene Wort vermittelt, und/oder z.B. durch Griots in der traditionellen oralen Sprechperformance des story telling übermittelt wird. Wissen wird demnach im obigen Bild als *weiß* und europäisch konzeptualisiert, während *Weiß*sein thematisch invisibilisiert und dadurch entsehen wird. D.h., *Weiß*sein wird über die Fokussierung auf die Afrikaner:innen als vermeintlich ›neutral‹ verhandelt und als ›gegeben‹ voraus_gesetzt. Es wird beobachtbar und beschreibbar, wie visuelle Kolonialität nicht nur Sichtbares, sondern auch unsichtbar Gemachtes entsehen kann und zeitgleich die Beziehungsgeschichte von *Weißen* und Schwarzen aus postkolonialer Perspektive auf der visuellen Ebene verhandelt:

> »Das ›Weiß-Machen‹ auf der einen Seite bedurfte des ›Schwarz-Werdens‹ auf der anderen Seite. Weiße Hautfarbe wurde mit Zivilisation, Schwarze Hautfarbe mit Primitivität identifiziert. In der ›Wildheit‹ der ›Anderen‹ ließ sich die eigene ›Zivilisiertheit‹ erst richtig erkennen« (Zeller 2010: 51).

Die auf diese Weise hergestellte Evidenz einer vermeintlich afrikanischen Minderwertigkeit wird in physiognomischen Studien von *weißen* Wissenschaftlern wie z.B. dem *weißen* schweizerischen Philosophen und Schriftsteller Johann Casper Lavater (1741–1801) u.a. und später in fotografischen Taxonomien des 19. Jahrhunderts inskribiert. Viele dieser tradierten Bilder leben in touristischen Klischees, aber auch in Mediendarstellungen und Werbeaufnahmen der Gegenwart fort. Durch den *weißen* Blick auf die ›Anderen‹ wird eine imaginäre Selbstvergewisserung impliziert, indem das Andere als ›anders‹ konstruiert, sogar erfunden wird, um das Eigene herauszubilden. Die Kulturwissenschaftlerin of Color Gayatri Spivak bezeichnet dieses Phänomen als die Politik des »othering« (vgl. Spivak 1988: 271 ff.), das in der vorliegenden Arbeit nicht ausschließlich als sprachliche, sondern auch als visuelle Herstellungspraxis verhandelt wird, die eingesetzt wird, um hegemoniale Wissensre_produktionen zu qualifizieren. Denn der vermeintlich Andere wird nicht nur als ›anders‹ aufgerufen, sondern im hegemonialen Rahmen aktiv als ›das Andere‹ ›zu-sehen-gegeben‹ und verbildlicht. Die Veranderung ist somit eine koloniale Handlung, die sich auch in Bildre_produktionsprozessen festschreibt und als aktive visuelle Strategie des »Zu-Anderen-gemacht-Werdens« (Zeller 2010: 76) beschrieben werden kann (vgl. Zeller 2010: 75 ff.). Auf diese Weise wird eine visuelle Distanzierung und Differenzierung geschaffen, um die eigene, *weiße* Normalität zu bestätigen und zu legitimieren, während das Wissen der vermeintlich Anderen disqualifiziert und als ›nichtig‹ ent_wahrgenommen wird (vgl. Steyerl/Gutierrez Rodriguez 2003: 7ff.).

Der *weiße* koloniale Blick wird jedoch nicht nur eingesetzt, um Afrikaner:innen als verandertes Gegenbild zum Eigenen herzustellen, sondern auch, um sie als ›minderwertig‹ darzustellen. D.h. Afrikaner:innen werden in Bildre_produktionen intentional bestialisiert, stigmatisiert und depersonalisiert, um die Schau- und Sensationslust sowie die erotischen Fantasien des *weißen* Publikums zu bedienen (vgl. Thode-Arora 2001: 90 ff.).

Abbildung 2: Bild 2: Les Progrès de la Civilisation au centre de l'Afrique, um 1900 Aus: Joachim Zeller (2010): *Weiße Blicke. Schwarze Körper. Afrikaner im Spiegel westlicher Alltagskultur*. Erfurt, S. 90.

Bild 2 beispielsweise zeigt einen Afrikaner, der auf einem Nachttopf sitzt und die Knie umklammert. Er ist splitterfasernackt und trägt lediglich einen europäischen Zylinderhut, wie ihn *weiße* Männer der herrschenden Klasse getragen haben. In seinen Händen hält der Afrikaner einen Fächer und im Mund eine lange, schmale Pfeife, die zwischen seinen Zähnen klemmt. Gleichzeitig hat er ein leichtes Grinsen auf den Lippen. Seine Fußnägel scheinen lackiert zu sein. Dieses lässt sich aber aufgrund der schlechten Bildqualität nicht eindeutig ›sehen‹. In der unteren linken Bilderecke ist eine rote Briefmarke ›zu-sehen-gegeben‹, die aus der ›Republique Francaise‹ stammt, wie die Inschrift verrät, die als einzige Farbkomponente aus dem Bild herausragt. Darüber ist ein Poststempel zweifach aufgedruckt, der vermutlich aus Philippeville, einer Stadt und

Gemeinde im heutigen Belgien, stammt. Das Datum lässt sich nicht eindeutig identifizieren.

Der Afrikaner schaut direkt in die aufnehmende Kamera, weshalb der Eindruck vermittelt wird, er schaue aus dem Bild heraus und gucke mich als Bildbetrachterin direkt an, was aus postkolonialer Perspektive ebenso wie in Bild 1 als counter gaze eingelesen und neben seinem Lächeln als widerständiges Handeln gewertet werden kann. Dennoch erscheint der Afrikaner auf den ersten Blick gemäß den Vorstellungen der Zeit für den:die *weiße*, europäische Bildbetrachter:in als groteske Figur, die nackt ›auf dem Topf gesetzt‹ und dabei beobachtet wird, wie er sein ›Geschäft‹ verrichtet. Es wird ersichtlich, dass Schwarze Menschen keinerlei Privatsphäre besitzen bzw. diese abgesprochen bekommen und im wahrsten Sinne des Wortes ›zur-Schau-gestellt‹ und gleichsam als hilfsbedürftig imaginiert werden, da sie erneut als ›infantil‹ und ›minderwertig‹ dargestellt werden. Durch visuelle Verzerrungen dieser Art werden Afrikaner:innen für ein *weißes* Publikum als abstruse Witzfiguren verunglimpft und verdinglicht, sodass sie durch inszenierte Bilder oder in szenische Performances Hohn und Spott bei den *weißen* Zuschauer:innen und/oder *weißen* Bildbetrachter:innen hervorrufen, da nicht eine Identifizierung, sondern eine abgrenzende und abwertende Differenzierung den nötigen Publikumsanreiz erzeugt (vgl. Thode-Arora 2001: 90 ff.) (siehe dazu auch Bild 3a).

Darüber hinaus symbolisiert der Zylinder eine *weiße* Männlichkeit, was als zentrales Thema des Bildes verhandelt werden kann. Denn indem der Schwarze Mann in männlich, heterosexueller Lesart weibliche Attribute wie den Fächer, den Nagellack oder auch die lange Pfeife, die meist von *weißen* Frauen* geraucht wird, zugeschrieben bekommt, wird er aus kolonialer Perspektive als unmännlich ent_visualisiert und ist damit keine Bedrohung für den *weißen* Mann und Herrscher. Zwar muss jeder dieser Gegenstände für sich allein verhandelt werden, dennoch stehen sie in starkem Kontrast zu dem *weißen* Mann und Kolonisator, dessen Männlichkeit gleichsam durch die minderwertige Darstellung des Schwarzen Mannes als herrschaftlich entsehen wird. Auf diese Weise wird der *weiße* männliche Blick eingesetzt, um den Schwarzen Mann herabzuwürdigen und Kontrolle über den Schwarzen männlichen Körper zu erlangen, aber auch um gleichzeitig das *weiße,* männliche, heterosexuelle Menschenbild des Kolonialismus zu stabilisieren (vgl. Zeller 2010: 90 f.).

An wen die Postkarte adressiert ist, kann nur spekuliert werden. Dennoch demonstriert die rote Briefmarke eine kommunikative Verbindung zwischen der:dem Empfänger:in, die:der vermutlich in Deutschland lokalisiert ist, mit der:dem Absender:in, die:der in der damaligen Französischen Republik verortet werden kann. Auf diese Weise werden internationale Beziehungen initiiert, die den Wunsch und das Bestreben Deutschlands nach einer bedeutenden Stellung im Weltsystem bestätigen und ›zu-sehen-gegeben‹. Denn das Selbstbewusstsein der *weißen* Europäer:innen gegenüber den Bewohner:innen anderer Länder und Kontinente erreichte, wie im folgenden Bild 3 dargestellt wird, v.a. durch den technischen Vorsprung im 20. Jahrhundert eine Dimension, die im 18. und 19. Jahrhundert undenkbar zu sein schien.

Abbildung 3: Bild 3: »Unsere Kolonien, Serie VII. 10. Eine photographische Aufnahme einer Eingeborenen-Familie in Deutsch-Ost-Afrika«, 1906/07, Fotograf: Otto Haeckel, Neue Photographische Gesellschaft A. G., Steglitz-Berlin. Aus: Joachim Zeller (2010): *Weiße Blicke. Schwarze Körper. Afrikaner im Spiegel westlicher Alltagskultur*. Erfurt, S. 9.

Bild 3 zeigt einen Fotografen, der im Begriff ist, eine afrikanische Gruppe abzulichten, die in der linken Bildhälfte vor einem Haus inmitten eines afrikanischen Dorfes sitzt. Bei der fotografierenden Person handelt es sich um einen *weißen* Mann, wahrscheinlich Otto Haeckel, wie der Aufdruck in der unteren rechten Bildecke verrät, einer der bekanntesten Pressefotografen seiner Zeit, der den Bildrezipient:innen anzusehen scheint, d.h. dass er selbst aus dem Bild herausschaut. In seinen Händen hält er eine Kamera, die vor ihm auf einem Stativ aufgestellt und auf die afrikanische Gruppe links im Bild gerichtet ist. Bekleidet ist der *weiße* Mann mit einem Anzug und einem Tropenhelm, was ihn – wie bereits den ›Missionar‹ in Bild 1 – in einem kolonialen Kontext verortet. Neben ihm steht ein afrikanischer Mann, der in ein *weißes* traditionelles afrikanisches Gewand gekleidet ist und eine eher europäisch anmutende Umhängetasche trägt. Dieser steht ein wenig versetzt zum *weißen* Mann neben der Kamera, schaut aber in die entgegengesetzte Richtung auf die in der linken Bildhälfte positionierte afrikanische Gruppe, deren Mitglieder in unterschiedliche Richtungen schauen. Im Gegensatz zum *weißen* Mann, dessen Schrittstellung eine mögliche Beweglichkeit inszeniert, steht der Schwarze Mann mit geschlossenen Beinen und somit ziemlich statisch da.

Ähnlich wie in Bild 1, erlaubt auch in Bild 3 erst der postkoloniale Blickwechsel, die Asymmetrie des Bildes sichtbar werden zu lassen, die jedoch im Vergleich zu Bild 1 auf unterschiedlichen Ebenen evident wird. So wird mein erster Blick als Betrachterin auch in diesem Bild direkt auf den *weißen* Mann gelenkt, der jedoch zurückzublicken und daher mit mir und der aufnehmenden Kamera zu kommunizieren scheint, was als aktive Handlung gewertet werden kann. Dadurch werde ich als Bildrezipientin prompt zu einem Bezugspunkt in der Bildkomposition und schlüpfe ungefragt in die Rolle der fotografierenden Person, welche die ›nicht-zu-sehen-gegebene‹ Kamera bedient. Daraus entsteht ein Verhältnis zwischen mir als Subjekt, vermeintliche Fotografin und Betrachterin, die gegenwärtig beobachtet, wie die *weiße* männliche Subjektposition das Geschehen zur Zeit der Bildre_produktion beobachtet hat. Folglich kann ich als Bildrezipientin beobachten, wie die Bildre_produktion im Kolonialismus betrachtet wurde, womit eine erste Beobachtung zweiter Ordnung einhergeht. Zeitgleich bin ich in der Lage, den *weißen* Blick des Kolonisators, der zwar entsehen, aber gleichzeitig universalisiert wird, aus meiner Schwarzen Perspektive wahrzunehmen. Da es sich beim kolonialen Bildbetrachter gemäß der Zeit um ein *weißes* männliches Publikum handelt, wird mit der Bildre_produktion eine Realisierung des kolonialen Selbst initiiert, da der *weiße* Bildbetrachter den *weißen* Mann im Bilde, der das Gesehene re_produziert, betrachtet, womit eine weitere Beobachtung zweiter Ordnung, nämlich eine Selbstbeobachtung des *weißen*, männlichen Bildbetrachters verbildlicht wird.

Wie in Bild 1 wird mein erster Blick als Bildbetrachterin rasch vom *weißen* Mann auf die afrikanische Gruppe ›umgelenkt‹, die z.T. ebenso aus dem Bild herausschaut und somit mich anzusehen scheint und demnach in die zweite ›nicht-zu-sehen-gegebene‹ Kamera guckt, während andere Mitglieder in die erste Kamera schauen, die auf dem Bild ›zu-sehen-gegeben‹ ist. Beide Blickrichtungen der Schwarzen Personen können als counter gaze begriffen werden, wodurch die Afrikaner:innen, wie auch in den Bildern 1 und 2, aktiven Einfluss auf die Re_Produktion der jeweiligen Bilder nehmen. Dadurch, dass einige von ihnen aus dem Bild herausschauen, wird die Betrachter:innenposition bestätigt, während gleichzeitig ihre eigene Schwarze Subjektposition re_konstruiert wird, die jedoch ent_visualisiert wird. D.h., durch die Konstruktion eines ›nicht-zu-sehen-gegebenen‹ Subjekts (die:der Bildbetrachter:in) wird die Subjektposition der Afrikaner:innen ent_wahrgenommen und objektifiziert. Erst durch meine Betrachtung des Bildes aus meiner Schwarzen (weiblichen) Perspektive, werden die Afrikaner:innen von Objekten zu Subjekten, die zurückblicken. Auf diese Weise wird erneut beobachtbar und beschreibbar, wie visuelle Kolonialität nicht nur Sichtbares, sondern auch unsichtbar Gemachtes entsehen und Un_Sichtbares ent_visualisieren kann, womit eine strategische Ent_Wahrnehmung einhergeht.

Erst auf den zweiten Blick wird die ›zu-sehen-gegebene‹ Kamera für mich sichtbar, die ähnlich wie das Buch in Bild 1, einen zentralen Stellenwert im Bild einnimmt. Neben der bebilderten Postkarte ist es nämlich, wie eingangs beschrieben, die Fotografie, die während des Kolonialismus das wohl wichtigste visuelle Medium ihrer Zeit war, da sie der vorgeblich faktischen Berichterstattung diente und einen authentischen *weißen* Blick zu sichern schien (vgl. Kusser/Lewerenz 2007: 215 ff.). Zudem vergrößerten technische Bildmedien die Partizipationsmöglichkeiten breiter Teile der Bevölkerung v.a. auf der Seite der Medienproduktion. Zu nennen ist an dieser Stelle neben der Fotografie auch der ethnografische Film, der bereits um die Jahrhundertwende eine zunehmende Bedeutung bei der Aufzeichnung deutscher Kolonialkultur hatte und dementsprechend zu wissenschaftlichen Zwecken missbraucht wurde/wird. In der vorliegenden Arbeit soll dennoch nicht näher auf dieses Thema eingegangen werden, wenngleich es aus postkolonialer Perspektive für die deutsche Kommunikationswissenschaft eine hohe Relevanz aufweist (vgl. Ballhaus/Engelbrecht 1995).

Im Rahmen der historischen Kontextualisierung von Bildern gewinnen Medientechnik und Mediennutzung an gesellschaftlichem Stellenwert, was das gezielte Ablichten der fotografierenden Person und der Kamera in Bild 3 erklärt. Diese symbolisieren den technischen Fortschritt und damit einhergehend das technische Know-how, womit der *weiße* Mann erneut als Träger *weißen* Wissens entsehen und als ›fortschrittlich‹ in Szene gesetzt wird. Fotograf und Fotoapparat werden gezielt im Bild platziert, um das technische Wissen zu demonstrieren. Dies geschieht m.E. intentional. Denn schon der *weiße* deutsche Kommunikationswissenschaftler Mathias Kepplinger beschreibt Pressefotografien als:

> »Geschehnisse, die eigens zum Zweck der Berichterstattung herbeigeführt werden und folglich ohne die Erwartung der Berichterstattung nicht geschehen würden. Ihre Ursachen liegen ausschließlich oder nahezu ausschließlich in der Berichtsebene« (Kepplinger 2001: 126).

Demzufolge geben koloniale Pressefotografien inszenierte Ereignisse wieder, die wie in Bild 3 aktiv ›zu-sehen-gegeben‹ werden, d.h. lediglich künstlich hergestellt werden, da sie bewusst geplant sind (ebd.). Darüber hinaus zwang die lange Belichtungszeit der damaligen Apparate zu einer bühnengerechten Inszenierung des Motivs, was erneut dafür spricht, dass sowohl die afrikanische Gruppe als auch der *weiße* Mann ›auf den Platz gestellt‹ worden sind.

Zeitgleich werden in Bild 3 neben Herstellungspraktiken auch Darstellungspraktiken eingesetzt, die den Schwarzen Menschen vor dem Haus in einer diskriminierenden sozialen Position zeigen, wie folgender Bildausschnitt zeigt.

Abbildung 4: Bild 3a: (Ausschnitt von Bild 3) »Unsere Kolonien, Serie VII. 10. Eine photographische Aufnahme einer Eingeborenen-Familie in Deutsch-Ost-Afrika«, 1906/07, Fotograf: Otto Haeckel, Neue Photographische Gesellschaft A. G., Steglitz-Berlin. Aus: Joachim Zeller (2010): *Weiße Blicke. Schwarze Körper. Afrikaner im Spiegel westlicher Alltagskultur.* Erfurt, S. 9.

Bild 3a ist ein von mir gewählter Ausschnitt von Bild 3, der das Motiv der ›zu-sehen-gegebenen‹ Kamera zeigt. In diesem Bildausschnitt ist lediglich die afrikanische Gruppe ›zu-sehen-gegeben‹, die vor einem Haus sitzt. Nicht ›zu-sehen-gegeben‹ wären durch die bewusste Wahl des Bildausschnitts zum einen der Fotograf, seine Kamera wie auch der *weiß* bekleidete Schwarze Mann mit seiner europäischen Tasche, die von der zweiten, ›nicht-zu-sehen-gegebenen‹ Kamera eingefangen werden. Der von mir ›zu-sehen-gegebene‹ Bildausschnitt steht somit nicht in beobachtbarer Relation zu dem Fotografen, der Fotografie und dem ›zu-sehen-gegebenen‹ Fotoapparat, die als Bestandteile der Konventionen einer visuellen Kultur ausgeblendet und daher ent_wahrgenommen werden. Vielmehr wird das augenscheinlich Sichtbare – oder in diesem Fall von mir aktiv sichtbar Gemachte – in diesem Bildausschnitt unabhängig von den Strukturen seiner Re_Produzierbarkeit ent_wahrgenommen, sodass die Rezipient:innen in eine ›Blickfalle‹ geraten (könnten), wenn sie sich auf das vermeintlich Erkennbare oder Evidente konzentrieren würden (vgl. Schade/Wenk 2011: 62 f.). Auf diese Weise möchte ich die Macht des *weißen* Mannes demonstrieren, die durch sein visuelles Handeln manifestiert wird. Diese liegt jedoch keineswegs ausschließlich in der Kontrolle oder der Schaulust der Kolonisierten, sondern ist hauptsächlich in der Konstruktion der eigenen *weißen* Identität zu suchen. Dennoch haben die *weißen* Machthaber:innen nicht die alleinige Gewalt über die Bilder und deren Rezeption, wie unten veranschaulicht werden wird (vgl. Zeller 2010: 9 ff.).

Darstellungen dieser Art werden wahrhaftig in sogenannten ›Völkerschauen‹ in Deutschland und Europa inszeniert und entwickeln sich rasant zu einer Form des kommerziellen Unterhaltungsgeschäfts, die sich im Europa des 19. und 20. Jahrhunderts großen Zulaufs des aufstrebenden Bildungsbürger:innentums erfreut und die kollektiv institutionalisierten Sehgewohnheiten der *weißen* Mehrheitsgesellschaft bestimmt. Der wohl bekannteste deutscher Unternehmer in diesem Bereich ist der *weiße* Hamburger Carl Hagenbeck (1844–1913), dessen erste ›Völkerschau‹ als Zufallsprodukt zustande kommt, weil der Tierhandel in der Wirtschaftskrise steckt. Die Tatsache, dass Afrikaner:innen eine vermeintliche Nähe zu Tieren zugeschrieben wird, rückt den Schwarzen Körper in den Mittelpunkt des Interesses. So entsendet Hagenbeck ›Völkerschauwerber‹ nach Afrika und andere Orte, die Menschen, gar ganze Familien, entführen und nach Europa verschleppen. In kolonialen Inszenierungen werden diese Menschen wie lebendige Fossilien z.T. bis an ihr Lebensende ausgestellt. Auf diese Weise kann die Dichotomie zwischen Kultur und Natur manifestiert werden und die gesamte Welt zweigeteilt werden, was die Ungleichheit der Machtverhältnisse in eine angeblich gesetzmäßige Ordnung übersetzt (vgl. Pokoyski 2006: 65 ff.) und koloniale Sehgewohnheiten bestätigt. Körperliche Erscheinungsbilder, die von europäischen Merkmalen abweichen, versprechen, Afrikaner:innen zu entmenschlichten Attraktionen werden zu lassen (siehe dazu auch Kapitel 4.2.2.).

Da Menschen nach ihrer Distanz bzw. Nähe zum Tierreich typisiert werden, eignen sich neben Theater oder Jahrmärkten vor allem Zoologische Gärten als Veranstaltungsorte dieser rassistischen Inszenierungen, da die Besucher:innen eine Assoziationskette zwischen den dort präsentierten Menschen, den Tieren und tierischen Eigenschaften herausbilden. Darüber hinaus dienen Zoos als Forschungseinrichtungen sowie Untersuchungsareale für das Bildungsbürger:innentum, das sich vermehrt für die (Pseudo-)Wissenschaft des Kolonialismus interessiert. Folglich stellt Hagenbeck Kontakt zu *weißen* Wissenschaftler:innen, wie Rudolf Virchow (1821–1902) her, dem Gründer der modernen Pathologie, denen er seine afrikanischen ›Schauobjekte‹ zu Forschungszwecken zur Verfügung stellt und im Gegenzug Ansehen und Glaubwürdigkeit erhält, da seine Schauen versprechen, nicht nur lehrreich, sondern auch wissenschaftlich fundiert zu sein (vgl. Thode-Arora 2001: 90 ff.). In diesem Zusammenhang dienen ›Völkerschauen‹, die häufig in Anlehnung an die Darstellung in Bild 3a re_konstruiert werden, als Instrument zur Popularisierung der *weißen* eurozentrischen Wissenschaft und stehen in direkter Verbindung zum Kolonialismus, Imperialismus und Rassismus. Noch heute gehören ›Völkerschauen‹ zum kollektiven und visuellen Gedächtnis der *weißen* deutschen Mehrheitsgesellschaft. Zwar scheitern vereinzelte Versuche deren Wiederbelebung in der breiten öffentlichen Ent_Wahrnehmung der deutschen Nachkriegsgesellschaft, z.B. auf dem Münchener Oktoberfest 1959. Dennoch zeigen vergleichbare Veranstaltungen des 21. Jahrhunderts, welche aus Schwarzer Perspektive analog zu den ›Völkerschauen‹ des 19. und 20. Jahrhunderts eingelesen werden, dass der deutsche Kolonialismus noch nicht genügend aufgearbeitet wurde und demzufolge ungebrochen fortwirkt. So fungiert bei der Veranstaltung *African Village*, die 2005 im Augsburger Zoo veranstaltet wird, noch immer die Anziehungskraft des scheinbar Fremden als Publikumsmagnet, was in konzeptioneller wie praktischer Hinsicht in direkter Tradition der ›Völkerschauen‹ rassistische Klischees bedient und die kontinuierliche rassistische Grundhaltung der *weißen* Mehrheitsgesellschaft in Deutschland belegt. Trotz einer breit angelegten Protestaktion vonseiten Schwarzer Organisationen wie der *Initiative Schwarzer Menschen in Deutschland e. V.* und *Der Braune Mob e. V.* findet die Veranstaltung statt, in der sich die mehrheitlichen *weißen* Besucher:innen sprichwörtlich ›ein Bild machen‹ von den ungebrochenen, stereotypischen Vorstellungen ihrer Zeit.

Dennoch soll an dieser Stelle vermerkt werden, dass es nicht die früheren ›Völkerschauen‹ sind, die stereotypische ›Afrikabilder‹ hervorrufen, sondern vielmehr knüpfen diese Veranstaltungen an bereits vorhandene Vorstellungen an, die Besucher:innen durch die Rezeption von Büchern,

Zeitungsberichten und Fotografien verinnerlicht haben und die nun durch diese praktische Anschauung verfestigt und verstärkt werden. ›Völkerschauen‹ dienen demnach der Vertiefung und Festigung bestehender Vorurteile, weshalb Bildmedien, wie die Fotografie in Bild 3a, als Voraus_Setzung für die Produktion einer visuellen Kolonialkultur verhandelt werden können. Nichtsdestotrotz hält die ›zu-sehen-gegebene‹ Kamera genau dieses Bild fest, sodass Bild 3a als ›Bild im Bild‹ verhandelt werden kann, das eine eigenständige Bildlichkeit aufweist und demnach einer eigenen Deutung bedarf.

Zum einen wird die afrikanische Gruppe gezielt vor dem Haus platziert. Wem das Haus gehört oder ob die ›zu-sehen-gegebenen‹ Afrikaner:innen eine Familie sind und dort wohnen, bleibt ungewiss, weshalb Bild 3a als dargestellte Inszenierung einer kolonialen ›Völkerschaukulisse‹ verstanden werden kann. Die Afrikaner:innen erscheinen beim ersten Hinsehen sehr passiv, auf ›ihren Platz gesetzt‹, beschäftigt mit dem Nichtstun. Diese Darstellung entspricht aus kolonialer Perspektive dem imaginären Bild der ›faulen Afrikaner:innen‹ (um an dieser Stelle das N-Wort zu vermeiden). Aus postkolonialer Perspektive kann das Nichtstun jedoch als widerständige Handlung gesehen werden, wie unten veranschaulicht werden wird. Zum anderen steht das Haus in Kontrast zur europäischen Architektur, womit ›Rückstand‹, ›Überschaubarkeit‹ und ›Primitivität‹ als Gegenentwürfe zu einer europäischen ›Zivilisiertheit‹ und vermeintlichen ›Hochkultur‹ aktiv entsehen werden. Des Weiteren konstruiert das ›Bild im Bild‹ eine vermeintliche Realität, welche die Ent_Wahrnehmung der *weißen* Rezipient:innen, für die das Bild re_produziert wurde, beeinflusst und bestätigt, da sowohl die westlich eingelesene (Haut-)Farbe als auch das Haus (und keine ›Hütte‹) als koloniale Blickregime missbraucht werden. Auf diese Weise wird die Ent_Wahrnehmbarkeit von Bildgegenständen instrumentalisiert, da ihre Rezeption nur durch jene Mechanismen ermöglicht wird, die für ihre Ent_Wahrnehmung zur Verfügung stehen. D.h. aber auch, dass Eigenschaften des Bildgegenstandes unkritisch als Eigenschaften realer Gegenstände aufgefasst werden und nicht als konstruierte Darstellungen, da die Rezeption eines Bildgegenstandes auf der Fähigkeit beruht, diesen Gegenstand wahrzunehmen (vgl. Müller 2003: 121 ff.), aber auch zu re_signifizieren.

Als tragendes Beispiel hierfür kann aus meiner postkolonialen Perspektive die Gegenstände angeführt werden, welche die zweite Person von rechts in den Händen hält: Es handelt sich um einen Zettel und einen Stift, was impliziert, dass diese Person entgegen den Vorstellungen der Zeit schreiben und lesen kann. Diese Tätigkeit wird aus postkolonialer Perspektive als Voraus_Setzung für die eurozentrische Wissensre_produktion und -vermittlung verhandelt, die aus eurozentrischer Perspektive Afrikaner:innen nicht zuteil werden. Folglich werden Fotografien, wie sie hier demonstrativ bearbeitet werden, als »Dokumente einer Mentalitätsgeschichte« (Zeller 2010: 11) im Kolonialismus instrumentalisiert, da sich Bild und Gedächtnis gegenseitig bedingen, d.h., dass das übergreifende Verhältnis von Bildern und kulturellen Gedächtnis und von Bildern und sozialen Praktiken visuell dokumentiert wird. Demnach wird aus kolonialer Perspektive nicht zwangsläufig angenommen, dass es sich tatsächlich um Schreibwerkzeug handeln könnte, da dieses als Werkzeug von Afrikaner:innen ent_wahrgenommen wird.

Betrachten wir erneut Bild 3, so bleibt mein letzter Blick auf dem afrikanischen Mann haften, der schräg neben der ›zu-sehen-gegebenen‹ Kamera in traditioneller Kleidung die Zielgruppe beobachtet, weshalb auch er nur den Ausschnitt vor Augen hat, der in Bild 3a hervorgehoben wird. Da er leicht versetzt zum *weißen* Mann positioniert ist, entsteht der Eindruck, dass er eine gewisse Nähe zum Fotografen, aber gleichermaßen eine klare Distanz zur afrikanischen Gruppe einhält, da er durch seine statische Haltung unbeweglich zu sein scheint. Das *weiße* Gewand auf seiner dunklen Haut ruft sogleich die binäre Farbmetaphysik auf, schwarz sei ›böse‹, *weiß* hingegen ›gut‹ und ›hochwertig‹. Seine europäisch wirkende Tasche symbolisiert, dass er ein Träger europäischer Kultur ist, eventuell ein Vermittler, Dolmetscher oder culture broker, der über die nötigen Sprachkenntnisse verfügt, um den Fotografen zu assistieren (vgl Jezewski 1995, Jezewski/Sotnik 2001). Als culture broker wirkt er direkt in Prozesse der Wissensre_produktion ein, wie bereits am Beispiel von Audre Lorde veranschaulicht. In seinem *weißen* Gewand und in seiner Rolle als Mediator durchbricht der Schwarze Mann zwar die starre Entgegensetzung von Kolonisator:innen und Kolonialisierten, gut und böse, höherwertig und minderwertig, dennoch befindet er sich in einem Spannungsfeld zwischen lokalen und kolonialen Traditionen, Normen und Ideologien. Seine Einflussmöglichkeiten als handelndes und handlungsfähiges Schwarzes Objekt sind in Anbetracht des herrschenden Regimes enorm, da er dem kolonialen System des *weißen* Mannes angehört, der ohne Dolmetscher:in keinen

Zugang zu seinen Unterworfenen besitzt. Dennoch müssen culture broker im Kolonialismus sowohl als (Mit-)Gestalter:innen als auch als Opfer ihrer Zeit betrachtet werden, da die koloniale Herrschaft darauf hinausläuft, ihre Dienste obsolet zu machen (vgl. Jezewski 1995: 14ff.).

Eine Sonderrolle im kolonialen Herrschaftssystem tragen fernerhin *weiße* Frauen*, die – entgegen der weit verbreiteten Vorstellung, Frauen* seien vom männlichen Eroberungsprojekt ausgeschlossen – aktiv am Kolonialismus beteiligt sind und denen eine »weibliche (Mit-)Täter:innenschaft« (Dietrich 2007: 237) attestiert werden muss. In ihrem 1913 erschienenen Buch *Die deutsche Frau im Auslande und in den Schutzgebieten* plädiert die *weiße* Kolonialaktivistin Leonore Nießen-Deiters für eine aktive Beteiligung der bürgerlichen Frauen*bewegung am deutschen Kolonialprojekt, die sie als beste Möglichkeit sieht, die eigenen Forderungen nach sozialer und rechtlicher Gleichberechtigung der *weißen* Frauen* durchzusetzen und beschreibt die deutschen Kolonien als Orte, wo *weiße* Frauen* ihre emanzipatorischen Lebensentwürfe »frei« entfalten könnten (vgl. Nießen-Deiters 1913: 295). Die kritische *weiße* Wissenschaftlerin Anette Dietrich geht in ihrer Forschungsarbeit genau dieser Verbindung zwischen den von der *weißen* bürgerlichen Frauen*bewegung erhobenen Emanzipationsforderungen und dem deutschen Kolonialismus nach und analysiert »wie emanzipative Konzepte in rassifizierte und koloniale Strukturen eingebunden waren und dadurch bestimmte Identitätsangebote bereitstellten« (Dietrich 2007: 17). Dabei richtet Dietrich ihren Fokus auf den weiblichen Körper, den sie als »elementare[n] Ort der Einschreibung bzw. Materialisierung rassifizierender, kolonialer, vergeschlechtlichter und klassifizierter Herrschaftspraxen« (ebd.) und als »Paradigma der Moderne« (ebd.) begreift (vgl. Dietrich 2007: 7ff.). Der materialisierte Körper der *weißen* Frau* ist analog zu Dietrichs sprachlich-diskursiven Beobachtungen demnach ein zentrales Politikum der visuellen Kolonialität, wie im Folgenden anhand von Bild 4 für die Ent_Wahrnehmung der *weißen* Frau* veranschaulicht und anhand der instrumentalisierten Körperpolitik der Schwarzen Frau* ausführlicher in Kapitel 4.2.2. vorgestellt wird.

Abbildung 5: Bild 4: »Deutsch-Südwestafrika, heute Namibia, um 1910, Ernst Hecker, Windhuk« Aus: Joachim Zeller (2010): *Weiße Blicke. Schwarze Körper. Afrikaner im Spiegel westlicher Alltagskultur*. Erfurt, S. 34.

So fällt in Bild 4 mein erster Blick auf die *weiße* Frau*, die in der rechten Bildhälfte mit dem linken Arm in der Hüfte und dem rechten Arm seitlich hängend schräg zu mir als Bildbetrachterin steht. Sie trägt ein knöchellanges, helles, hochgeschlossenes Kleid und eine Kittelschürze. Ihre Haare sind im europäischen Stil der Jahrhundertwende hochgesteckt. Gerichtet ist ihr Blick nach unten auf drei Afrikaner:innen, die in der linken Bildhälfte ›zu-sehen-gegeben‹ sind. Diese sind es auch, auf die mein zweiter Blick ›umgelenkt‹ wird. Beim ersten Betrachten scheinen sie alle vor einem aus Lehm gebauten Haus inmitten eines namibischen Dorfes zu sitzen, wie die Bildunterschrift verrät. Beim näheren Hinsehen ist jedoch zu erkennen, dass die linke Schwarze Frau* auf der Erde hockt, während die anderen beiden auf Steinen sitzen. Ihre Körperhaltung unterscheidet sich stark von den anderen beiden. Die in der Mitte sitzende Frau* hat eine stolze, gar königliche Sitzhaltung, während die rechte Afrikanerin gebückt der *weißen* Frau* den Rücken zugekehrt.

Zwar sind alle drei Afrikaner:innen in hochgeschlossenen, europäischen Kleidern von Kopf bis Fuß bedeckt und tragen zudem alle ein Kopftuch, das jeweils unterschiedlich gebunden ist. Dennoch entsteht durch die Wahl der dunklen Kleider im Kontrast zu der hellen Kleidung der *weißen* Frau* ein auffälliger optischer Unterschied, wenngleich es sich um eine Schwarz-Weiß-Fotografie handelt. Auffällig ist, dass alle drei Schwarzen Frauen* den Blick der *weißen* Frau* nicht erwidern, sondern aus dem Bild heraus in die fotografierende Kamera blicken und somit mich als Bildbetrachterin anschauen. Aus einer *weißen*, männlichen, wahrscheinlich heterosexuellen Perspektive fotografiert (und rezipiert), wird Weiblichkeit in diesem Bild in Szene gesetzt, was es dem Re_Produzenten ermöglicht, seine Kolonialmacht visuell zu demonstrieren. Gleichzeitig wird die herrschende Hierarchie zwischen den Schwarzen Frauen* und der *weißen* Frau*, die gegenwärtig ungebrochen fortwirkt, re_konstruiert, womit im Sinne von Kilomba eine »koloniale Ordnung« (Kilomba 2008: 25) aufgerufen wird.

Die Körpersprache der *weißen* Frau* kann aufgrund ihres ›Herabblickens‹ als abwertend gedeutet werden und verrät gleichzeitig eine unüberbrückbare Kluft zwischen ihr und den Schwarzen Frauen*, womit eine genderspezifische Differenzierung von Schwarz und *Weiß* verbildlicht wird. In ihrer stehenden Position kommt der *weißen* Frau* eine höhere Ordnung zu. Zudem symbolisiert das Stehen der *weißen* Frau* sowohl ihre Mobilität als auch ihre Abilität, während die unterschiedlichen Sitzpositionen der Schwarzen Frauen* als statisch gedeutet werden können. Der *weiße* Kittel der *weißen* Frau* symbolisiert ihre ›Sauberkeit‹ und ›Reinheit‹, was die kolonialen Vorstellungen von einzuhaltender ›Rassenhygiene‹ widerspiegelt. Ebenso kann der Kittel als Symbol für ihre berufliche Tätigkeit angesehen werden, da die Teilhabe der *weißen* Frauen* am deutschen Kolonialprojekt mit ihrer Tätigkeit in der militärischen Krankenpflege beginnt. Vermutlich handelt es sich bei der *weißen* Frau* also um eine Krankenschwester (vgl. Dietrich 2007: 254 ff.). Auf diese Weise wird der Aktivismus der *weißen* Frau* aus dem Blickwinkel des *weißen*, männlichen Kolonisators ›zu-sehen-gegeben‹ und beworben, da es die *weiße*, deutsche Frau* ist, die den kolonialen Gedanken in die deutsche Kolonien hineintragen soll. Obgleich *weiße* Frauen* ununterbrochen das koloniale Projekt mittragen und ab 1897/98 organisiert in die deutschen Kolonien auswandern, werden sie selten in Fotografien ›zu-sehen-gegeben‹. Bild 4 zeigt dennoch, wie *weiße* Frauen* – ebenso wie *weiße* Männer – als *weiß* entsehen und damit als Teil einer eurozentrischen Überlegenheit ent_wahrgenommen werden, die noch heute die gesellschaftliche Norm der *weißen* deutschen Mehrheitsgesellschaft bestimmt. Es wird deutlich, wie der Bezug auf ›Rasse‹ und *Weiß*sein zu ihrer Ermächtigung führt:

> »Diskurse der bürgerlichen Frauenbewegung korrespondierten mit den kolonialrassistischen Konstruktionen weißer Weiblichkeit und verbanden mittels der Thematisierung von Sittlichkeit, Sexualmoral und Hygiene die Sorge um den gesunden ›Volks‹- und ›Gesellschaftskörper‹ mit sozialdarwinistischen und rassenhygienischen Motiven« (Dietrich 2007: 379)

Geschlechterdifferenz wird auf diese Weise als kulturelle Ordnung ausgewiesen und anhand der Konstruktion der *weißen* Frau* im kolonialen Diskurs re_produziert. Als »Trägerin deutscher Kultur« (Dietrich 2007: 261) kommt ihr eine klassen- und ›rassenspezifische‹ Dominanz zuteil (vgl. Dietrich 2007: 261 f.), sodass sie in kolonialen Bildern »das Privileg der Unsichtbarkeit« (Amesberger/Halbmayr 2008: Titel) genießt, da sie aufgrund ihres *weißen* Erscheinungsbildes ent_wahrgenommen und Schwarzen Menschen gegenüber als gesellschaftlich bevorzugt positioniert werden. Auf diese Weise bleibt eine Reflexion ihrer sozialen Positionierung und damit einhergehend ihrer tatsächlichen Rolle im Kolonialdiskurs aus, weshalb die als *weiß* konstruierte Norm erneut unhinterfragt und somit entsehen wird. So wird auf der visuellen Ebene bestätigt, dass *Weiß*sein ein Ort kreiert, von dem aus *weiße* Personen sich selbst, andere und die Gesellschaft nicht nur bestimmen (vgl. Hornscheidt 2010: 14 ff.), sondern auch betrachten und beobachten. Dabei gilt die (Haut-)Farbe als visuelles Differenzmerkmal und Defizit zugleich. Während die Ent_Wahrnehmung der *weißen* Frau* zu ihrer (Mit-)Täter:innenschaft beiträgt, wird die »Last der Differenz« (Schade/Wenk 2011: 115) dem Schwarzen auferlegt, denn ›anders‹ ist nur, wer dem Eigenen nicht entspricht (vgl. Schade/Wenk 2011: 115 ff.).

Wie oben angekündigt, soll der counter gaze der Afrikaner:innen nicht außer Acht gelassen werden, denn er wird in der vorliegenden Arbeit als widerständiges Handeln und dementsprechend als erste Spur Schwarzer Wissensre_produktion in kolonialen Bildre_produktionen gewertet, da er eine Blickbeziehung attestiert, die weit über den Akt des Sehens hinausgeht. Vielmehr impliziert der Begriff ›gaze‹ ein Blickverhältnis, was als aktive Handlung beschrieben werden kann, da ein aktives Subjekt im Gegensatz zu einem passiven Objekt wahrnehmbar wird (vgl. Kaplan 1997: xviii). Im Kolonialismus gab es zahlreiche antikoloniale Widerstandsbewegungen, die sich auf der linguistischen Ebene beispielsweise in Petitions- und Propagandaschriften äußerten. Doch auch mittels Bildre_produktionen gerieten zunehmend Bilder Schwarzer Selbstrepräsentation in Umlauf, die ebenso von der Entstehung einer transnationallen Schwarzen Kultur auf der visuellen Ebene zeugen (vgl. Kusser/Lewerenz 2007: 228). Dementsprechend zeigen die hier gewählten Fotografien (1–4), inwieweit antikolonialer und antirassistischer Widerstand über den counter gaze in Kolonialbilder eingeschrieben sind und auf welche Weise hegemoniale Repräsentationen aufgebrochen werden können. Wenngleich koloniale Fotografien vom Blickwinkel der fotografierenden und sehenden Personen abhängig sind, die gezielt eine *weiße* Überlegenheit herstellen (die jedoch entsehen wird) und Schwarze Menschen und/oder das Konstrukt ›Afrika‹ negativ darstellen und auf diese Weise den Schwarzen Blick ent_visualisieren, wirkt das aktive ›Zurückblicken‹ der Afrikaner:innen als direkte Bedrohung für die Kolonisator:innen. Denn durch das hegemonial kritische Gegenblicken, z.B. ›aus dem Bild heraus‹ auf die *weißen* Bildbetrachter:innen und/oder auf die *weißen* Bildproduzent:innen oder ›in das Bild hinein‹ auf die ›zu-sehen-gegebenen‹ *weißen* Protagonist:innen, nehmen die fotografierten Afrikaner:innen direkten Einfluss auf die Bildre_produktionsprozesse, an denen sie aktiv beteiligt werden, wenngleich sie nicht selbst die Kamera bedienen. Das Zurückblicken kann demzufolge als widerständiges Handeln im Re_Produktionsprozess gewertet werden, da die kolonialen Täter:innen demaskiert und die ›koloniale Lüge‹ aufgedeckt wird. Auf diese Weise unterläuft der counter gaze den kolonialen Diskurs und verunsichert den *weißen*, männlichen, hegemonialen Blick, da er das System herausfordert und gleichsam die Afrikanner:innen als handelnde Subjekte in die Bildlichkeit einschreibt (vgl. Zeller 2010: 17 ff.).

Das subversive Lachen des in Bild 2 ›zu-sehen-gegebenen‹ Afrikaners kann außerdem als widerständiges Handeln gewertet werden. Da Humor weitgehend von dem Kontext, der Persönlichkeit und der Haltung des Publikums abhängt, sind Witze nie neutral, sondern wie sprachliche Handlungen und Bildre_produktionen immer in soziale Strukturen eingebunden. So werden groteske Fotografien im Kolonialismus zur Unterhaltung des *weißen* Publikums eingesetzt und gleichzeitig ›gerahmt‹. Auf diese Weise wird Rassismus in die Humorkonstruktionen der normativen Kultur eingebettet und bis in die Gegenwart beispielsweise durch ›N-Witze‹ weitertransportiert (vgl. Hughes 2003: 1437 ff.). Ein Blick durch die ›postkoloniale Linse‹ wirft jedoch die Frage auf, wer hier eigentlich wen persifliert. Denn einen Nachttopf zu benutzen, einen Zylinderhut zu tragen oder die Luft mit einem Fächer zu kühlen, sind Eigenschaften, die sicherlich nicht zur afrikanischen Mentalität gehören, weshalb aus postkoloniale Perspektive eine karnevaleske Umkehrung vollzogen wird, die ein subversives Lachen hervorbringt, was als Widerstandsstrategie gegen den rassifizierten Blick der *weißen* Bildbetrachter:innen verhandelt werden kann (vgl. Zeller 2010: 91.).

Auffällig ist auch, dass sich alle ›zu-sehen-gegebenen‹ Afrikaner:innen bis auf den Schwarzen Mann in Bild 3, der als Träger *weißen* Wissens die afrikanische Gruppe anschaut, in einer sitzenden Position befinden. Auch diese Körperhaltung kann meines Erachtens als widerständiges Handeln gewertet werden. Zum einen ist das Sitzen ein Ausdruck der desinteressierten Verweigerung an der Bildre_produktion teilzunehmen. Zum anderen kreieren die Afrikaner:innen in ihren Sitzkreisen einen eigenen Ort, an dem sie die Möglichkeit der Transformation des rassifizierten Selbst und ebenso eine mögliche Re_Historisierung verhandeln (vgl. hooks 1995: 54ff.). Auf diese Weise wird aus postkolonialer Perspektive ein Handlungsraum eröffnet, in der die kolonialen Bildbetrachter:innen entortet werden, da sie nicht die Fähigkeit haben, diesen Raum zu denken. Durch den postkolonialen Blick wird hingegen ein sozialer Raum geschaffen, der vorher nicht existierte und daher in der Lage ist, die Grenzen der Sehgewohnheiten zu sprengen. Dementsprechend unterbrechen visuelle Widerstandsstrategien in kolonialen Bildre_produktionen die koloniale Lesart und ermöglichen eine Partizipation der ›Zu-sehen-Gegebenen‹ am kolonialen Diskurs. Auf diese Weise wird das koloniale Machtsystem erneut unterlaufen, sodass die *weißen* Bildbetrachter:innen nicht mehr den ›Anderen‹, sondern einen anderen zu sehen bekommen, womit gleichzeitig die Ordnung *weißen* Wissensre_produktionen verunsichert werden (vgl. Zeller 2010: 7).

Trotz dieser und anderer unterschiedlicher Widerstandsstrategien wird eine oppositionelle Teilkultur der deutschen Kolonialgesellschaft in den dominanten Rahmen ent_wahrgenommen, was dazu führt, dass der Prozess der Dekolonialisierung, die in diesen Aufnahmen festgehalten wird, unbeobachtet bleibt. Diese fotografischen Spuren des Widerstands führen die postkolonialen Beobachter:innen dennoch zurück in die Vergangenheit und eröffnen einen Weg, um in der Gegenwart Kulturprogramme zu re_konstruieren. Über die Grenzen der Kolonisierung hinaus können die Betrachter:innen ihre Paradigmen verschieben und ihre Sehgewohnheiten transformieren. Auf diese Weise geraten Schwarze Blicke nicht mehr in die Kompliz:innenschaft der *weißen* Ästhetik, sondern in den Vordergrund von visuellen Wissensre_produktionen, die afrodeutsche Zusammenhänge aufzeigen und wiederherstellen (können) (vgl. hooks 1995: 57 ff.). Schwarze Widerstandsgeschichten und -bilder, ebenso wie das Eingreifen in *weiße* Wissensre_produktionsprozesse, zeugen folglich von einer gemeinsamen kollektiven Vergangenheit, die in Raum und Zeit verwoben sind. Aus diesem Grund erlaubt der postkoloniale Blick aus Schwarzer Perspektive, das Bild ›neu‹ zu betrachten und zu bewerten:

> »Das ›Hinsehen‹ war und ist weltweit eine Geste des Widerstands für kolonialisierte Schwarze. Menschen, die Machtbeziehungen unterworfen sind, lernen durch Erfahrung, daß es ein kritisches Hinsehen gibt, das ›sieht‹, um zu dokumentieren, das oppositionell ist. Im Widerstandskampf liegt die Macht der Beherrschten darin, ihre Handlungsfreiheit zu behaupten, indem sie ›Bewusstheit‹ für sich in Anspruch nehmen und pflegen. Das wiederrum politisiert die ›Sichtverhältnisse‹ – wir lernen auf eine bestimmte Art zu sehen, um Widerstand zu leisten« (hooks 1994: 147).

Darüber hinaus zeigt Campt in *Image Matters. Archive, Photography, and the African Diaspora in Europe* (2012), dass »[p]hotography also provides a means of challenging negative stereotypes and assumptions about [B]lack people in ways that create a counterimage of who they are, as well as who they might be or become« (Campt 2012: 5), da Fotografien sich in der Nachkolonialzeit zu einem Medium des antirassistischen Protests und Widerstaands entwickelt haben (vgl. Campt 2012: 5 ff.). Gegenwärtig in der Wanderausstellung *Homestory Deutschland. Schwarze Biografien in Geschichte und Gegenwart* der Initiative Schwarzer Menschen in Deutschland eingesetzt, zeigen kollektive Selbstportraits zum einen auf, in welcher Weise sich gesellschaftliche und damit strukturelle Rahmenbedingungen in einzelne Lebensgeschichten einschreiben, diese formen und prägen. Zum anderen zeigt die Sammlung, inwieweit individuelle Verhandlungen und Entscheidungsfähigkeiten und der ihnen innewohnende Gestaltungswille in Auseinandersetzung mit der *weißen* deutschen Mehrheitsgesellschaft stehen.[52] Nichtsdestotrotz sind diese widerständigen Strategien nur aus

52 Siehe dazu das Vorwort der Katalog der Ausstellung *Homestory Deutschland. Schwarze Biografien in Geschichte und Gegenwart* (2004) herausgegeben und kuratiert von der Initiative Schwarzer Menschen in Deutschland.

postkolonialer Perspektive wahrnehmbar, da eine Selbstermächtigung des Schwarzen außerhalb jeglicher kolonialen Vorstellung liegt und daher im historischen Kontext ent_wahrgenommen wird. Zudem zeigen die Bilder 1–4, inwieweit historische Fotografien als normative Quellen des Kolonialismus gedeutet werden können, weshalb sie in der vorliegenden Arbeit herangezogen werden, um aus postkolonialer Perspektive koloniale Sehgewohnheiten zu entnormieren. Folglich zeigen diese Medien, inwieweit autorisiertes *weißes* Wissen und die damit verbundenen visuellen Praktiken der Wissensre_produktion beobachtet werden können, sodass in den Prozess der visuellen Wissensbildung und -vermittlung interveniert werden kann. Eine solche Perspektivumkehr ist für die vorliegende Diskursformation von Bedeutung, da diese Vorgehensweise erlaubt, die Funktionsmechanismen des Rassismus, die eine andauernde visuelle Kolonialität in Deutschland bedingen, zu erforschen. Es wird deutlich, dass Bilder in der Lage sind, gesellschaftliche Transformationen zu veranschaulichen und irritierende Gegendiskurse in Gang zu setzen, und gleichzeitig selbst als irritierender Diskurs fungieren (vgl. Schade/Wenk 2011: 104ff).

4.2.2 Exkurs: Die Schwarze Frau* im visuellen Kolonialdiskurs

Ein verantwortungsvoller Umgang mit visueller Kolonialität schließt eine Reflexion des eigenen Standortes und der eigenen Perspektive mit ein (vgl. Schade/Wenk 2011: 10), weshalb im folgenden Unterkapitel auf die Verortung der Schwarzen Frau* im visuellen Kolonialdiskurs eingegangen wird. Oft in historischen und theoretischen Diskursen ent_wahrgenommen, wird der Schwarzen Frau* eine Nichtexistenz zugeschrieben, da sie als ›nichtig‹ und unmenschlich verhandelt wird (vgl. hooks 1994, Kilomba 2008). In ihrem Aufsatz *Heiße Möse zu verkaufen. Der Kulturmarkt und seine Bilder von der Sexualität [S]chwarzer Frauen* (1994) schreibt bell hooks über die sexuelle Ausbeutung Schwarzer Frauen* während der Versklavung. Diese waren gezwungen, Kinder zu gebären, um den personellen Besitz ihrer vermeintlichen Eigentümer:innen zu vergrößern. In Werbeanzeigen wurde ihre Geburtsfähigkeit und -fertigkeit angepriesen, bevor sie auf dem ›Sklavenmarkt‹ klassifiziert und kategorisiert und schließlich veräußert wurden. Auf diese Weise wurde die Schwarze Frau* ihrer menschlichen Subjektivität beraubt, was ungebrochen zu ihrer Ent_Wahrnehmung führt.

> »Anläßlich von Kostümbällen in Paris, im ›zivilisierten‹ Herzen europäischer Kultur, wurden [S]chwarze Frauen zur Schau gestellt. Meistens richtete sich die

> Aufmerksamkeit nicht auf die ganze Person. Mit ihrem nackten Bild des Andersseins sollten sie die Gäste unterhalten. Diese sollten sie nicht als ganze Menschen wahrnehmen, sondern nur bestimmte Teile. Ähnlich zum Objekt gemacht wie die [S]chwarzen Sklavinnen auf den Auktionspodesten, während Besitzer und Aufseher ihre wichtigen, verkaufsträchtigen Körperteile anpriesen, galten [S]chwarze Frauen, deren nackter Leib Weißen bei gesellschaftlichen Anlässen gezeigt wurde, als nicht anwesend« (hooks 1994: 82).

Das wohl bekannteste Beispiel des kolonialen ›Zurschaustellens‹ eines Schwarzen Frauen*körpers ist die ca. 1789 in Südafrika geborenen Saartjie Baartman, im anglophonen Raum auch als Sara oder Sarah Bartman bekannt. Als 20-Jährige wird die Khoikhoi-Frau von einem *weißen*, männlichen Arzt nach Großbritannien gelockt, in dem Glauben, als Gegenstand seiner medizinischen und anthropologischen Untersuchungen reich und berühmt zu werden. Den einzigen Erfolg, den sie allerdings erleben darf, ist, als entmenschlichtes Ausstellungstück in privaten wie öffentlichen Inszenierungen in ihrer vollen Nacktheit vorgeführt zu werden. Ihre Physiognomie, ihre (Haut-)Farbe sowie die anormalisierte Form ihrer Genitalien, die rassistisch als ›Hottentottenschürze‹ bezeichnet werden, markieren sie als inhärent ›anders‹, weshalb sie ihrem *weißen*, europäischen Publikum als faktischer Beleg einer animalischen Sexualität vorgeführt wird. Laut dem *weißen* US-amerikanischen Germanisten und Historiker Sander Gilman wird auf diese Weise die allgemeine Vorstellung von weiblicher Sexualität im Kolonialismus als pathologisch reflektiert. Denn es sind vor allem ihre Sexualorgane, die die *weißen*, männlichen wie weiblichen Blicke auf sich ziehen und durch das gesamte Jahrhundert hindurch bis in die Gegenwart als zentrales Image der Schwarzen Frau* dienen (vgl. Gilman 2010: 15 ff.). Nachdem Baartman einige Jahre als ›zur-Schau-gestelltes‹ Sexualobjekt durch London tourt, wird sie 1814 an einen Wanderzirkus in Paris verkauft. Dort bleibt das Interesse der anatomischen und anthropologischen Forscher:innen nicht aus, deren (pseudo-)wissenschaftliche Artikel die Überlegenheit der *weißen* Europäer:innen bestätigen sollen. Baartmans Anatomie inspiriert überdies eine französische komische Oper, namens *The Hottentot Venus*, in der die Komplexität der rassistischen Vorurteile und sexuellen Fantasien der *weißen* Europäer:innen eingeschrieben und entgrenzt werden. Es wird vermutet, dass Baartman bis zu ihren Tod im Jahr 1816 als Sexarbeiterin in Paris tätig gewesen ist. Dennoch bleiben Baartman selbst nach ihrem Ableben rassistische Erniedrigungen nicht erspart. Weniger als

24 Stunden nach ihrem Tod wird sie eingewachst, ihr Gehirn und ihre Genitalien entnommen und im *Museé de l'Homme* ausgestellt, wo sie bis 1974 ›zu-sehen-gegeben‹ werden. Erst nach Jahren der Verhandlungen werden 2002 auf Forderung zivilgesellschaftlicher Organisationen, Einzelpersonen und nicht zuletzt durch die Aufforderung von Nelson Mandela Baartmans Überreste nach Südafrika zurückgeführt (vgl. Willis 2010).

Während Saartjie Baartman als die lebendige Verkörperung der kolonialen Differenz markiert ist (vgl. Mitchell 2010: 32 ff.), wird über ihre visuelle Ent_Wahrnehmung eine soziale Norm hergestellt, die zeitgleich den *weißen*, ableisierten Mann als Menschen konstruiert und prototypisiert. Diese Verallgemeinmenschlichung geht historisch mit der Entmenschlichung von Schwarzen Menschen einher, die aus einem *weißen*, männlichen Blick heraus als normabweichend ent_visualisiert und aufgrund kolonialrassistischer Zuschreibungen stereotypisiert werden (vgl. Kilomba 2008: 71 ff., Hornscheidt 2012: 86 ff.). Auf diese Weise werden Schwarze innerhalb der *weißen* deutschen Mehrheitsgesellschaft ent_ableisiert, d.h. der Schwarze Körper wird stets als entmenschlichtes Defizit re_produziert, über dessen Grenzen das Konzept der Menschlichkeit verhandelt wird. So wird über den Körper der Schwarzen Frau* beispielsweise die *weiße* Frau* als Gegenkonstrukt imaginiert und als frauisierter Prototyp entsehen, deren Funktion innerhalb der Familie lokalisiert wird (vgl. Hornscheidt 2012: 107). Zudem befähigt der Schwarze weibliche Körper die *weißen* Frauen*, ihre Welt zu sexualisieren. Denn indem Schwarze Frauen* pornografisch dargestellt werden und unterdrückte Sexualfantasien zugeschrieben bekommen, wird die *weiße* Frau* auf der Basis rassistischer und sexistischer Denkmuster als asexuell ent_konzeptualisiert und kann als begehrendes Subjekt eine sexuelle Freizügigkeit für sich beanspruchen. Auf diese Weise mutiert der Schwarze Frauen*körper zu einem »Diskursterrain« (hooks 1996: 87), auf dem Rassismus und Sexualität aufeinandertreffen. Kilomba zufolge wird das Schwarze weibliche Subjekt in der *weißen* Vorstellungswelt noch immer zum Objekt der rassifizierten und sexualisierten Begierde stilisiert, an deren Körper widersprüchliche kolonialisierte Imaginationen, wie die ›Schwarze Venus‹ oder die ›Schwarze Sklavin‹, geheftet werden (vgl. Kilomba 2008: 54 ff.). Lediglich den *Weißen* – Männern wie Frauen – wird die Fähigkeit zugestanden, eine sexuelle Ordnung zu halten, an deren Einhaltung die Schwarzen v.a. nach eurozentrischer Vorstellung scheiterten, da sexuelle Aggression ihrer vermeintlich abweichenden Sexualität inhärent sei. Ihre so konstruierte sexuelle Andersartigkeit wird im gegenwärtigen Alltagsdiskurs weitgehend als absolut und naturgegeben angenommen. Die Verknüpfung und Gleichzeitigkeit anderer Faktoren, wie z.B. die Intersektionalität von ›Rasse‹ und ›Geschlecht‹, bleibt weitgehend unberücksichtigt und ebenso die historisch wissenschaftliche Tatsache, dass Sexualität im westlichen Denken nach dem Konzept ›Rasse‹ modelliert wurde. So werden Schwarze Frauen* selten als ›normale Frauen*‹ klassifizeirt, weshalb ihre sozialen Positionen auch aus dem Genderdiskurs ausgeblendet und damit ent_wahrgenommen werden. Vielmehr bestimmt die soziale, kulturelle und ökonomische Position der *weißen* Frau* den Rahmen der gegenwärtigen Genderforschung in Deutschland (vgl. El Tayeb 2003: 130 ff.). Demzufolge wird die Mehrfachdiskriminierung [Rassismus&Sexismus], die für Schwarze Frauen* untrennbar miteinander verbunden ist und fortwährend ihre gesellschaftliche Position und Lebenserfahrungen bestimmt, über die visuelle Ent_Wahrnehung Schwarzer Weiblichkeit verhandelt. Diese doppelte Anklage wird markiert und signifiziert und tief in das Bewusstsein der *weißen* Europäer:innen eingeschrieben (vgl. Gilman 1986: 35 ff.), während gleichzeitig die *weiße* Frau* über Entnennungs- und Entsehstrategien als ›hygienisch‹ und ›rein‹ ent_konzeptualisiert und folglich als eurozentrisches Sinnbild der Weiblichkeit invisibilisiert wird.

Das amerikanische Pendant zu der stereotypisierten Ent_Wahrnehmung von Saartjie Baartman bildet im 18. Jahrhundert *Aunt Jemima*, die alsbald Europas tradierte Vorstellung der sexualisierten Afrikanerin ablöst und das Image der Schwarzen Frau zu re_konzeptualisieren versucht. Da Sexualität synonym zur Schwarzen Frau verhandelt wird und mit ihrer Ent_Wahrnehmung als Sexarbeiterin verschmilzt, erlebt die Schwarze Frau* in der Darstellung als Aunt Jemima eine Entsexualisierung, da sie eine Bedrohung für die bürgerlichen Konventionen ihrer Zeit darstellt (vgl. Harris 2010: 163 ff.). Denn als imaginierte unkeusche Rivalin der *weißen* Frau* kommt der Schwarzen Frau* als sexualisiertes Objekt kein Platz innerhalb der *weißen* US-amerikanischen ›Versklavtengesellschaft‹ zu, weshalb sie fortan als asexuelle, großmütterliche *Mammy* entsehen wird: Aunt Jemima ›mutiert‹ zu einer großen, runden, unattraktiven Amme, die meistens lächelnd dargestellt wird. Vor allem aber ist sie von Kopf bis Fuß bekleidet.

> »Within sexist racist iconography, [B]lack females are most often represented as mammies, whores, or sluts. Caretakers whose bodies and beings are empty vessels

to be filled with the needs of others. This imagery tells the world that the [B]lack female is born to serve – a servant – maid – made to order. She is not herself but always what someone else wants her to be« (hooks 1995: 97).

In dieser nach *weißer* Imagination herausgebildeten Darstellung stellt Aunt Jemima keine Bedrohung mehr für die *weiße* Hausherrin dar, was sich alsbald in der Vorstellungswelt der *weißen* Frau durchsetzt und kulturell programmiert wird. Folglich wird das Image der Schwarzen Frau von der *weißen* Dominanzgesellschaft vereinnahmt und kontrolliert und von Schwarzen Frauen* verinnerlicht, sodass sie fortan bestrebt sind, so *weiß* wie möglich zu werden (vgl. Mama 1995: 145) – ein Trauma, das viele Schwarze Frauen* erleiden, die innerhalb von *weißen* Mehrheitsgesellschaften sozialisiert werden, wie beispielsweise May Ayim, die durch das Essen von Seife erhofft, sich ›reinzuwaschen‹ und so *weiß* wie möglich zu werden. Erst durch die Schriften Schwarzer Wissenschaftlerinnen, meist aus den *Literary Studies* der Vereinigten Staaten, wurden die Existenz, die kollektiven Erfahrungen und das Unterdrückungssystem, das ihre soziale Realität bestimmt, aus der Un_Sichtbarkeit geholt, sodass eine kolonialisierte Manifestation der Schwarzen Weiblichkeit wahrgenommen werden konnte. Das Manifest des *Combahee River Collective* (1977/1982), das heute als der klassische und exemplarische Text Schwarzer und feministischer Identität gilt, verband erstmals die Einsichten und Forderungen der (Schwarzen) Bürgerrechtsbewegung mit denen der (*weißen*) Frauenbewegung. Die Autorinnen kritisierten somit die Androzentrik der Schwarzen Befreiungs- und Bürgerrechtsbewegung, welche die spezifische Exklusionserfahrungen Schwarzer Frauen* nicht wahrnehme, sowie die Frauen*bewegung selbst, die sich an den Bedürfnissen *weißer* Mittelschichtfrauen orientiere. Das Manifest verstand sich dementsprechend als erster Versuch, die Erfahrungen Schwarzer Frauen* sichtbar zu machen, und erlaubte dem Kollektiv, sich der Eindimensionalität von Analysen zu widersetzen, die sich entweder nur auf die Kategorie ›Frau‹ oder nur auf die Kategorie ›Rasse‹ bezogen. Auf diese Weise war das Schwarze Frauen*kollektiv in der Lage, auf die Vielschichtigkeit ihrer Erfahrungen hinzuweisen und die Auswirkungen des patriarchalen Wertesystems zu analysieren, welche auch die Sehgewohnheiten der *weißen* europäischen Frau* bestimmen. Zum ersten Mal konnten Schwarze Frauen* durch das Schreiben eine eigene selbstbestimmte soziale Position innerhalb der *weißen* Mehrheitsgesellschaft für sich behaupten (vgl. Smith 1998: 4 ff.), die zahlreiche Schwarze Autorinnen und

Kritikerinnen hervorbrachte, die sich als Schwarze Feministinnen *(Black Feminists)* bezeichne(te)n. Die für sie untrennbare Verwobenheit von [Rassismus&Sexismus] als spezifische Form der Intersektionalität ermöglichte es ihnen, die politische, soziale und wissenschaftliche Landschaft der Frauen*bewegung aus eigener Perspektive zu verhandeln. Die Ent_Wahrnehmung ihrer Intelligenz, Emotionen und Person lieferte die Grundlage, auf der sich gegenwärtig kreative und kritische theoretische Beiträge zum Wissenschaftssystem stützen – auch in Deutschland.

> »The major source of difficulty in our political work is that we are not just trying to fight oppression on one front or even two, but instead to address a whole range of oppressions. We do not have racial, sexual, heterosexual, or class privilege to rely upon, nor do we have even the minimal access to resources and power that groups who possess anyone of these types of privilege have« (Combahee River Collective 1982)[53].

Um gegen diese Ent_Wahrnehmung anzuschreiben, reiht sich die vorliegende Arbeit in die Tradition Schwarzer Feministinnen ein, die sich zum Ziel gesetzt haben, die Lebenserfahrungen von Schwarzen Frauen* sowohl in deutscher Geschichte als auch in der deutschen Wissenschaft sichtbar werden zu lassen und in einen globalen Kontext einzubinden. So zeichnet sich auf der visuellen Ebene die sozialpolitische Realität der Schwarzen Frau* dadurch aus, dass ihre Perspektive aufgrund kolonialisierter Sehgewohnheiten ent_visualisiert wird, d.h. dass eurozentrische Vorstellungen – bewusst oder unbewusst – auf ihren Körper reflektiert werden und sie als aktive Beobachterin aus dem *weißen* Blick herausfällt. Aus einer *weiß*-europäischen Perspektive wird die Schwarze Frau* zur Trägerin einer vermeintlich ›minderwertigen‹ Kultur mit den ihr zugeschriebenen negativen ›Rasseneigenschaften‹, da über ihre vermeintliche (Haut-)Farbe ihr Körper als geopolitischer Ort markiert ist und mit Afrika gleichgesetzt wird (vgl. Kuria 2010: 227). Die folgenden Bilder zeigen jedoch exemplarisch, dass Schwarze Frauen* in der Lage sind, ihren eigenen Körper zu re_inszenieren und auf diese Weise die eigene Perspektive auf sich selbst durch eine postkoloniale Selbstbeobachtung reifizieren können.

53 Onlinequelle: http://circuitous.org/scraps/combahee.html (30.11.2012)

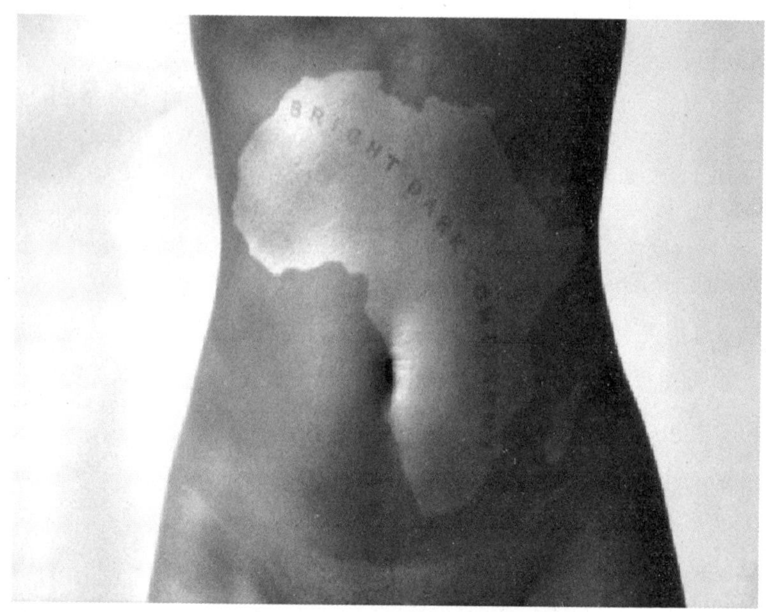

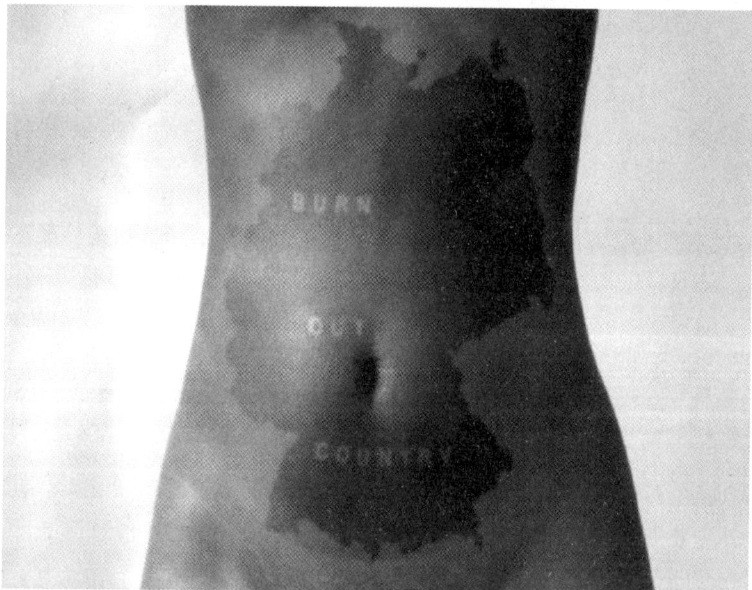

Abbildung 6: Bild 5a + b: Serie: »static drift« von Ingrid Mwangi 2001. Quelle: http://www.ingridmwangiroberthutter.com/ingrid_mwangi_robert_hutter/static_drift_2001.html (11.01.2013)

Bild 5a + 5b sind aus der Sammlung der zeitgenössischen afrodeutschen Künstlerin Ingrid N. Mwangi, die ihren Körper als Medium einsetzt, um soziale und politische Konventionen infrage zu stellen. Bild 5a zeigt Mwangis Torso, auf dem die Silhouette von Afrika in einem helleren Hautton abgebildet ist als der Rest des Körpers. Innerhalb dieser geografischen Linien schreibt sie von oben nach unten gewölbt: *Bright Dark Continent.* Bild 5b hingegen zeigt den gleichen Torso allerdings ist die Silhouette diesmal von Deutschland, dunkler im Ton als der Rest des Körpers und losgelöst von seinen europäischen Nachbarstaaten. Innerhalb dieser geografischen Grenzen schreibt Mwangi in hellem Ton von links nach rechts: *Burn Out Country.* Bei einem Vergleich dieser Bilder wird deutlich, dass Deutschland größer dargestellt wird als der afrikanische Kontinent. Es scheint, als ob Deutschland in allen Richtungen über die Haut gestreckt wird. Das Bild von Afrika auf der anderen Seite erscheint kleiner als Deutschland und weniger bedrohlich, wenngleich es sich um einen ganzen Kontinent handelt. Durch diese Herangehensweise re_konstruiert die Künstlerin ihre eigene Identität als Schwarze Deutsche, indem sie ihren Körper als Ort des Diskurses vergegenständlicht. Mit dieser Instellation ist sie in der Lage, den Bedeutungszusammenhang zwischen Nationalismus, Rassismus und ethnischer Identität zu hinterfragen und auf den deutschen Kolonialismus zurückzuführen. Durch eine Verschiebung von (Haut-)Farbe, die Deutschland dunkel erscheinen lässt, während Afrika ›im Licht erstrahlt‹, was durch die Wahl der Texte noch unterstrichen wird, erinnert Mwangi an die Ängste vor der vermeintlichen ›Rassenmischung‹. Mwangi experimentiert mit dem eigenen weiblichen Schwarzen Körper und vergleicht diesen mit einem offenen Buch, auf dem ihre eigene ›Bindestrichidentität‹ (im Sinne von Audre Lorde) als in Kenia Geborene und seit ihrer Pubertät in Deutschland Lebende rassistisch eingeschrieben und eingelesen wird. Innerhalb der Dichotomie ihrer persönlichen Biografie ruft sie die historische Beziehung zwischen Deutschland und Afrika, Kolonisator:innen und Kolonisierten, Unterdrücker:innen und Unterdrückten hervor, die je nach geografischer Verortung unterschiedlich verstetigt wird (vgl Haberl 2003: 32 ff.).

»The [B]lack body is a surface of traces. Outwardly it bears the mark of exclusion upon the skin. But the [B]lack skin which bounds the body is an enclosure of a special kind for it is not only what differentiates. It is also what identifies.

The [B]lack body is thus a mark of exclusive difference and also the basis upon which identification – and the claims to identity – can be formed« (Cambridge 1992: 110).

Lediglich die Vorstellungen und Assoziationen, die eine eurozentrische Ent_konzeptualisierung von ›Afrika‹ hervorbringen, stehen Mwangi in Deutschland als Identifikationsangebote bereit, weshalb sie gezwungen ist, ihren Körper durch eine ›koloniale Linse‹ ent_wahrzunehmen, was dazu führt, dass sie sich auf diese Weise selbst (fremd-)beobachtet und dementsprechend ent_fremdet wahrnimmt (vgl. Fanon 1986: 109 ff.). In ihrer Bildserie thematisiert die afrodeutsche Künstlerin, inwieweit Schwarze Frauen* neben Afrika auch andernorts zu verorten sind, so z.B. in Deutschland, wo sie von der *weißen* Mehrheitsgesellschaft als nicht-deutsch ent_wahrgenommen werden. Zahlreiche biografische Schriften von Schwarzen deutschen Frauen*, wie *Daheim Unterwegs* (2001/2012) von Ika Hügel-Marschall, *Die Farbe meiner Haut: Die Anti-Rassismus-trainerin erzählt* (2009) von Manuela Ritz oder *Kalungas Kind. Wie die DDR mein Leben rettete* (2009) von Stefanie-Lahya Aukongo u.a., zeugen bereits auf der linguistischen Ebene von der strukturellen Dimension rassistischer Diskriminierungen, die individuelle Effekte auf die Lebenserfahrungen Schwarzer Frauen* in Deutschland – Ost wie West – haben (vgl. Hornscheidt 2012: 142). Wie Kilomba in Anlehnung an Fanon in ihrer episodischen Kompilation zum alltäglichen Rassismus in Deutschland, *Plantation Memories. Episodes of Everyday Racism* (2008) beschreibt, wird durch den *weißen* Blick (*white gaze*) auf den Schwarzen weiblichen Körper im deutschen Alltag eine Aufdringlichkeit provoziert, die durch die Projektion *weißer* Fantasien auf den Schwarzen Körper ausgelöst wird. Diese Fantasien beschreibt Kilomba im Anschluss an hooks (1994) und Fanon (1986) als die ungebrochene Tradierung einer visuellen Kolonialität, die dazu führt, dass die Schwarze Frau* sich selbst in diesen Images nicht wiedererkennt:

»The moment the Black subject is inspected from the outside as a fetish object, an object of obsession and desire, is described by Frantz Fanon as a process of ›absolute depersonalization‹ (1967: 63), for one is forced to develop a relationship to the self and give a performance of the self that has been scripted by the colonizer, producing in oneself the internally divided condition of depersonalization« (Kilomba 2008: 68).

Dieses Phänomen liegt im Kolonialismus begründet und hält als visuelle Kolonialität bis in die Gegenwart an. Über rassistische Körperkonstruktionen werden medizinisch konstruierte Festschreibungen von Genitalien, genetischen Prädispositionen und – ganz allgemein – optischen Merkmalen wie Haarstruktur, (Haut-)Farbe oder Gesichtszüge hergestellt. Körper und körperliche Merkmale werden demnach als machtvolle von medizinischen Diskursen getragene Konstruktionen von ›Natur‹ biologisiert und verstetigt (vgl. Hornscheidt 2012:121 ff.). Folglich ist der Schwarze weibliche Körper nicht nur ein rein physischer Körper, sondern wird darüber hinaus als politischer und kultureller Körper verhandelt, auf dessen Oberfläche schon viele historische Unterwerfungen eingeschrieben wurden. Daher ist die Schwarze Frau* seit jeher unfreiwillig eine (Mit-)Produzentin des *master narratives*, wenngleich sie lange Zeit keine eigene Stimme besitzt, fremd bestimmt ist und demzufolge ent_wahrgenommen wird. Aus diesem Grund ist es wichtig, Schwarze Frauen* im Kontext des postkolonialen Diskurses zu verorten, da sie – wie Saartjie Baartman oder Aunt Jemima – Schwarze Geschichte(n) seit Anbeginn (mit-)schreiben.

4.3. Kognitive Kolonialität: Entäußern und Ent_Innern

In deutschen Enzyklopädien (vgl. Hornscheidt 2010b: 456 ff.), Geschichts- und Schulbüchern (vgl. Hamann 201 0: 478 ff.) wird Wissen als *weißes* Wissen verhandelt, wenngleich es nicht explizit als solches benannt wird. Neben der geografischen Verortung wird häufig die Frage danach gestellt, wann welches Wissen re_produziert wird, womit eine Historisierung einhergeht. Eine Schwarze Perspektive auf Wissen hingegen ist in Deutschland nicht in konventionellen Enzyklopädien, Geschichts- oder Schulbüchern zu finden, wenngleich seit den 1980er Jahren historische Spuren Schwarzer Wissensre_produktionsprozesse im deutschsprachigen Raum analysiert und hergestellt werden und Schwarze Menschen, die ihren Lebensmittelpunkt in Deutschland verorten, ihre Gegenwart und Geschichte(n) in Abhängigkeit von ihrer Person und gesellschaftlichen Position ›neu‹ schreiben. Dies macht deutlich, dass nicht jede Form der Wissensre_produktion Zugang ins kollektive Gedächtnis der *weißen* deutschen Mehrheitsgesellschaft findet. Im Gegenteil: die Tatsache, dass Schwarzes Wissen aufgrund sprachlicher und visueller Strategien von der *weißen* Hegemonie ent_erwähnt oder ent_visualisiert und auf diese Weise ent_wahrgenommen wird, wurde bereits veranschaulicht. Im vorliegenden Unterkapitel wird nun dargestellt, inwieweit bestimmte Handlungsstrategien der Ent_Wahrnehmumg die Herausbildung und Etablierung von Schwarzen Wissensre_produktionsprozessen auf der kognitiven Ebene verunmöglichen, sodass koloniale Mentalitätsgeschichte(n) ungehindert (fort-)geschrieben und hegemoniale Machtverhältnisse fortwährend konstituiert werden können.

Wenngleich Kognition und Kommunikation in unterschiedlichen Bereichen operieren und keine Direktübertragung von einem Bereich auf den anderen möglich ist, können beide Bereiche durch einen dritten selbstständigen Bereich, nämlich die Medien (und dazu gehören auch Sprach- und Bildre_produktionen), strukturell miteinander gekoppelt werden, weil in beiden Bereichen kollektives Wissen zur Re_Produktion, Rezeption und Verarbeitung von Sprache und Bildern in vergleichbarer Form genutzt werden (vgl. Schmidt 2003: 70f.). Da kollektives Wissen in der Sozialisation erworben wird und weitgehend unabhängig von individuell gemachten Erfahrungen ist, kann es als allgemeines Wissen der deutschen Gesellschaft beschrieben werden, das als soziale Grundlage dient und von (fast) allen Gesellschaftsmitgliedern geteilt wird. Daher bestimmt in Wissensgesellschaften das kollektive Gedächtnis, was als Wissen angenommen oder abgelehnt wird, weshalb S. J. Schmidt in Anschluss an den *weißen* Biophysiker und Kybernetiker Heinz von Foerster das Gedächtnis als »den jeweiligen Stand der Wahrnehmungsgeschichte« (Schmidt 1997: 22) beschreibt, der Bedeutungszuweisungen durch Schemata steuert, die sich im Laufe der Zeit verändern (können) (vgl. Schmidt 1997: 22f.). Soziales Wissen stellt demnach Konzepte zur Verfügung, die in sprachlichen wie auch in bildlichen Wissensre_produktionsprozessen herausgebildet werden, um individuelles Handeln zu orientieren und zu regulieren. Auf diese Weise ermöglicht das Gedächtnis den Erwerb von Erinnerung und Wissen und funktioniert im Sinne von Foucault als Dispositiv, das die Gesamtheit des Sagbaren und Unsagbaren, aber ebenso die Gesamtheit des Sichtbaren und Unsichtbaren umfasst. Dabei ist nicht entscheidend, welche Gegenstände das Dispositiv ausmachen, sondern inwieweit Diskurse und Praktiken bestätigt werden können, um Gegenstände und soziale Gegebenheiten wieder hervorzubringen, die entweder das bestehende Dispositiv re_produzieren oder ein neues hervorbringen (vgl. Foucault 1971, 1991). Damit erfüllt das kollektive Gedächtnis eine zentrale Funktion im kognitiven Ent_Wahrnehmungsprozess und programmiert das, was innerhalb der *weißen* deutschen

Mehrheitsgesellschaft in Abhängigkeit zu den bestehenden gesellschaftlichen Machtverhältnissen auf der strukturellen Ebene als relevant und angemessen bewertet wird – oder eben nicht.

Laut S. J. Schmidt muss das Gedächtnis jedoch strikt von der Erinnerung differenziert werden, die nicht als Zugriff auf Gedächtnisinhalte zu sehen ist. Denn wie Gedächtnisbildung, so wird auch Erinnerung prozessual über erzählte Geschichte(n) herausgebildet. Erzählschemata – verbal wie oral oder auch bildlich – regeln die Kohärenz von Geschichte(n) (vgl. Schmidt 1997: 23 f.) und koordinieren das, was ent_wahrgenommen wird, wie bereits in den vorangegangenen Unterkapiteln veranschaulicht. Ent_Wahrnehmungsprozesse stehen somit in einem komplexen Verhältnis zu einer vermeintlich gegebenen Wirklichkeit, da der kulturelle und gesellschaftliche Kontext, in den Menschen hineingeboren werden, bereits von einem Erfahrungshintergrund geprägt ist. Erfahrungen gründen demzufolge auf Wahrnehmungen und Entwahrnehmungen gleichermaßen, was die in der vorliegenden Arbeit verwendete Schriftsprachlichkeit in Form des Unterstrichs reflektiert. Erfahrungswissen als soziales Wissen benötigt demnach Vermittlungsformen, z.B. Sprache und Bilder, aber auch Denkmuster, da die Darstellung dieses Wissens nicht in bestimmten Regeln, sondern in Erzählungen von Fallbeispielen erfolgt (vgl. Sexl 2002: 91). Diese werden, wie eingangs beschrieben, in Enzyklopädien festgehalten, in Geschichts- oder Schulbüchern verfestigt oder in Kinderbüchern (un-)kreativ verstetigt, in denen Afrika noch immer außerhalb jedweder Geschichtlichkeit stehend als Bedrohung für Deutschland oder Europa dargestellt wird.

Da jedes kollektive Gedächtnis eine zeitlich und räumlich begrenzte Gruppe von Träger:innen hat, muss an dieser Stelle erneut die Notwendigkeit betont werden, die soziale Positionierung von Akteur:innen wie Aktant:innen zu verorten, was nur durch Selbstbeobachtungen oder Fremdbeobachtungen (Beobachtungen zweiter Ordnung) möglich ist (vgl. Schmidt 1994: 248). Denn Geschichte(n), die erzählt wird/werden, resultieren aus Ent_Wahrnehmungsvorgängen, weshalb Schwarze Geschichte(n) nicht zum kollektiven Gedächtnis der *weißen* deutschen Mehrheitsgesellschaft gehört/gehören. Demzufolge werden Deutschlands Straßen nicht nach Schwarzen Menschen und/oder Ereignissen benannt. Vielmehr werden Schwarze Geschichte(n) ent_wahrgenommen, was zusätzlich die These bekräftigt, dass Deutschland sich in einer andauernden kognitiven Kolonialität befindet. Denn für die Funktion der Ent_Wahrnehmung, des Denkens und Erinnerns bildet die Imagination die entscheidende Schnittstelle von innen nach außen, d.h. vom Selbst zur Welt, und sie ist gleichzeitig die Schnittstelle von außen nach innen, d.h. von dem Ent_Wahrgenommenen über die Re_Produktion von Sinnschemata hin zu deren Begrifflichkeiten und Bezeichnungen, womit eine Reflexivität einhergeht. Die reproduktive Imagination (*gr. phantasiae*) stellt sich vergangene Ereignisse noch einmal vor und ist damit Teil der Erinnerung. Die produktive Imagination (*gr. phantamata*) ist dagegen der konstruierende Bestandteil des kreativen Denkens, in der Bilder, Mythen oder Allegorien konzeptualisiert und hervorgebracht werden, um etwas wahrnehmbar und erfahrbar zu machen (vgl. Huber 2008: 61 ff.). Folglich wird im Folgenden zwischen zwei kognitiven Handlungen unterschieden. Auf der einen Seite wird die re_produktive Imagination in Anlehnung an Ha (2005) als Ent_Innerung verhandelt, was als die aktive Re_Produktion von Geschichte(n) aus der *weißen* Erzählperspektive beschrieben werden kann und zur Ent_Historisierung von Schwarzer(n) Geschichte(n) führt. Dem entgegen steht die produktive Imagination, welche nach Hegel (1807) als Entäußerung beschreibbar ist, in der Konzepte von Europa und Europäer:innen in Abgrenzung zur Vorstellung von Afrika und Afrikaner:innen über Sprache oder Bilder ent_konzeptualisiert werden.

Das Konzept der Entäußerung wird auf der kognitiven Ebene eingesetzt, um das produktive Denken innerhalb der *weißen* deutschen Mehrheitsgesellschaft und Wissenschaft zu verhandeln. Bereits durch Hegel geprägt, umfasst der Begriff die Vergegenständlichung des menschlichen Geistes. Hegel provoziert mit diesem Ideal eine Form des Bewusstseins, was später durch Marx aufgegriffen und in einem ökonomischen und gesellschaftlichen Kontext ›neu‹ besetzt wird (vgl. Lukács 1970: 551 ff.). Wenngleich Marx (im Gegensatz zu Hegel) ›Rasse‹ und Rassismus in seinen Theorien entnennt und auf diese Weise eine aktive Handlung vollzieht, verwendet bereits Du Bois später ebendiese Leerstelle, um die ›Rassensituation‹ in den Vereinigten Staaten zu analysieren, da Marx' Essenzialismus seiner Meinung nach eine notwendige Grundlage und gleichzeitig genügend Raum für das kritische Verständnis von Schwarzen Erfahrungen biete, wie Du Bois in seinen Aufsätzen *Karl Marx and the Negro* (1933) und *Marxism and the Negro Problem* (1933) verhandelt. In *The World and Africa* (1965) vergleicht Du Bois die Bourgeoisie, die Marx in *Das Kommunistische Manifest* (1848) beschreibt, mit der Versklavung der Vereinigten Staaten (vgl. Collins/Makowsky 1999: 195 ff.) und konstruiert auf diese Weise eine Schwarze Perspektive auf den Marxismus. Die Möglichkeit, sich im entäußerten Produkt der Arbeit wiederzuerkennen und sich so selbst zu bestätigen und zu verwirklichen, erhält auf diese Weise auch für Schwarze Menschen eine (neue) Bedeutung (vgl. Wolf 2002: 436 ff.), da Du Bois den Zusammenhang zwischen dem Produkt Arbeit und den Schwarzen Versklavten als Zwangsarbeiter:innen herzustellen in der Lage ist. Als ökonomische Grundlage der Klassengegensätze habe Hegel zwar die Dichotomie arm/reich erkannt, er selbst beschreibe aber die Vergesellschaftung der Arbeit und der menschlichen Praxis als entäußerte gesellschaftliche Gegenständlichkeit. Marx hingegen geht, laut Lukács, von der tieferen Auffassung der ökonomischen Tatsachen selbst aus, die zur Entfremdung des Menschen in die Arbeit führen. Marx beschreibt das Produkt der Arbeit, die Arbeit selbst, als Vergegenständlichung der Arbeit und vollzieht damit eine Trennung zwischen der:dem Arbeiter:in und dem Produkt der Arbeit als einem fremden Gegenstand (vgl. Lukács 1970: 565).

Da sich im Laufe der Entwicklung von der Industrie- zur Wissensgesellschaft auch die Rolle des Menschen von einem Waren produzierenden zu einem Wissen produzierenden Wesen wandelt[54], ist es demnach möglich (notwendig), dass Schwarze sich selbst als entäußertes Objekt in Abgrenzung zu einem verstetigten Subjekt erkennen (müssen). Indem beispielweise kognitive Vorstellungen des vermeintlich Fremden (Schwarzen) in Sprach- und Bildre_produktionen eine Vergegenständlichung als irrationales Objekt erfahren, erfassen *weiße* Europäer_innen das Eigene, das jedoch ›invisible‹ bleibt und daher ent_wahrgenommen, aber dennoch als ›gegeben‹ angenommen wird. Auf diese Weise konzeptualisiert Hegel bereits das Afrikanische als Antithese zum *weißen* Europäischen bzw. Deutschen und leugnet die bedeutungsvolle Existenz der Afrikaner_innen, obgleich über ihre vermeintliche ›Minderwertigkeit‹ eine entnannte *weiße* europäische ›Überlegenheit‹ konstruiert wird (vgl. Wright 2004: 8). Indem Hegel also das vermeintlich Andere als ›anders‹ konstruiert, sogar erfindet, und abwertet, wird die imaginäre Vorstellung von Deutsch als *weiß*, ›überlegen‹ und ›fortschrittlich‹ in Abgrenzung zum vermeintlich Fremden herausgebildet. Dieses paradoxe Phänomen wird in der vorliegen-

54 Onlinequelle: http://avbstiftung.de/fileadmin/public/Thomas_Helfer_Wissensarbeit.pdf (30.06.2014)

den Arbeit als Ent_Konzeptualisierung verhandelt, was als eine mögliche Form der Entäußerung zu verstehen ist. In der *weißen* Vorstellungswelt wird das Schwarze Subjekt als ›charakterloses‹ und ›irrationales‹ Objekt entäußert, sodass *Weiße* sich selbst als ›moralisch‹, ›ideal‹ und ›rational‹ erleben können. In der Ent_Wahrnehmung und sozialen Realität der:des Schwarzen erfolgt durch das strategische Entnennen und Entsehen, die als kollektive und historische Paradigmen verhandelt werden, die Ent_Konzeptualisierung von *weiß* als deutsch und europäisch, eine Vorstellung, die den Kolonialismus überlebt hat und gegenwärtige Denkstrukturen fortwährend bestimmt (vgl. Kilomba 2008: 94f.).

Das wohl bekannteste Beispiel dieser kognitiven Handlungsstrategie bildet das ›N-Wort‹, das sich rasant zu einem Produkt eurozentrischer Ent_Wahrnehmung entwickelte und gleichsam einen Teil der europäischen Identität als ›herrschaftlich‹ stilisiert. Laut Kilomba beispielsweise handele es sich dabei um ein koloniales Konzept, das während des Kolonialismus erfunden wurde, um Afrikaner:innen südlich der Sahara zu kennzeichnen und negativ zu bewerten:

> »We could actually say that the white conceptual world, it is as if the collective unconscious of Black people is pre-programmed for alienation, disappointment and psychic trauma, since the images of Blackness we are confronted with are neither realistic nor positive« (Kilomba 2008: 19).

Aus diesem Grund weise der Begriff, so Kilomba weiter, eine Historizität auf, die Erfahrungsgeschichte(n) von Versklavung und Kolonialismus in die Gegenwart transportiere, weshalb mit seiner Verwendung kollektive Erinnerungen an rassistische Unterdrückung, Brutalität und Leid aufgerufen würden. Sie beschreibt dieses Phänomen als »a reactualization of history« (Kilomba 2008: 95), das eine koloniale Ordnung re_konstruiert, in der die koloniale Vergangenheit zur Gegenwart und die Gegenwart zur Vergangenheit wird. Hergestellt wird diese Ordnung über die biologisierte Kategorie ›Rasse‹, der in der Herausbildung von Bewusstsein und in der Ordnung von Gesellschaftsstrukturen eine folgenschwere Funktion zukommt, die sich letztlich in Form von Rassismus zeigt. Fortan wird mit der Verwendung dieser rassistischen Fremdbezeichnung nicht mehr lediglich (Haut-)Farbe konstruiert, sondern gleichsam eine Kette von Negativeigenschaften aufgerufen, die mit dem Wort selbst assoziiert werden und bestimmte imaginäre Vorstellungen hervorrufen:

»We become the embodiment of each one of those terms, not because they are physically inscribed on the surface of our skin and not because they are real, but because racism (...) is discursive rather than biological; it functions through discourse, through a chain of words and images that become associatively equivalent, holding identities in their place. Thus, being called ›N.‹ is never simply being called Black; it is all the other analogies that define the function of the N-word« (Kilomba 2008: 95).

Stets anhand von defizitären körperlichen Darstellungen und mit mangelnder Intelligenz beschrieben, führt der Begriff den zeitgenössischen ›Rassendiskurs‹ nicht nur auf der linguistischen Ebene, sondern auch auf der kognitiven Ebene an, wie nachfolgend ersichtlich wird. Akteur:innen und Aktant:innen sind dabei sowohl Individuen als auch gesellschaftliche Institutionen, aber vor allem *weiße* Wissenschaftler:innen, die im Namen und in der Kontinuität des Kolonialismus agieren. Dabei bieten Wissensfelder wie die Zoologie, Ethnologie, Anthropologie, Botanik und Geografie, die als »Expeditionswissenschaften« (Warnke 2009: 44) gelten und von Theorien der Eugenik und/oder Ansätzen der ›Rassenforschung‹ durchzogen sind, den notwendigen Nährboden, um das ›N-Konzept‹ zu einem Teil der europäischen Identität zu stilisieren. Körperliche Merkmale werden zu Bedeutungsträgern einer Differenz, die als Gegenkonstruktion zu dem Eigenen hergestellt wird. Auf diese Weise wird im kolonialen Kontext nicht nur in der sprachlichen Wissensre_produktion über Andere und damit auch über die Herstellung des Eigenen ein Wechselspiel von Macht und Wissen geäußert, sondern auch im Zusammenhang mit den entstehenden Wissenschaften, die ein vermeintliches universales Wissen konstruieren, ein kolonialrassistisches Wissens(chaft)system formiert und die Kolonien als »Laboratorien der Moderne« (Dietrich 2007: 173) eingerichtet und etabliert (vgl. Dietrich 2007: 137 ff., Warnke 2009: 44 ff.). Fremdbenennungen wie das ›N-Wort‹ wirken auf diese Weise pathologisierend und stellen Menschen afrikanischer Herkunft ins gesellschaftliche Abseits, womit zeitgleich eine *weiße* Normativität diskursiv hergestellt wird. Auf diese Weise werden rassistische Denkmuster ›gewortet‹ (vgl. Tudor 2011: 57 ff.) und durch den vermeintlich philosophischen Nachweis unhinterfragt in die Bücherwelten der *weißen* Deutschen eingeschrieben. So zeige ich beispielsweise in meiner Analyse von Wörterbucheinträgen, dass das ›N-Wort‹ seit vielen Generationen Teil des deutschen Wortschatzes ist, wenngleich es nur sehr wenige Verweise darauf gibt, dass das Wort rassistisch diskriminierend ist, und in keinem der Einträge der Bezug zur Wissenskategorie ›Rasse‹ hergestellt wird (vgl. Kelly 2010: 157 ff.).

Zeitgleich mit der Ent_Konzeptionalisierung kann die Ent_Fremdung (im Sinne von Fanon) ebenso als kognitive Strategie der Entäußerung verhandelt werden. Die Tatsache, dass das soziale Gedächtnis wie »das Immunsystem für den Körper« (Schmidt 1994: 317) funktioniert, indem Eigenes vom Fremden unterschieden wird, führt dazu, dass Schwarze sich selbst ent_fremdet wahrnehmen, ein Phänomen, das Fanon als »a real dialectic between my body and the world« (Fanon 1986: 111) beschreibt. Fanon beschreibt dieses Phänomen als aktive Handlung, in der visuelle Darstellungen und Herstellungen von Afrikaner:innen konstruiert werden, um traditionelle und tradierte Ent_Konzeptualisierungen aus dem kollektiven Gedächtnis der *weißen* Europäer:innen zu bestätigen:

> »And so it is not I who make a meaning for myself, but it is the meaning that was already there, pre-existing, waiting for me. It is not out of my bad [n.]'s misery, my bad [n.]'s teeth, my bad [n.]'s hunger that I will shape a torch with which to burn down the world, but it is the torch that was already there, waiting for that turn of history« (Fanon 1986: 134).

Demnach geht es immer auch um eine diskursive Beziehung, wenn Schwarze als Fremde verhandelt werden, d.h., Diskurse werden geführt, um eine Fremdheit zu bestimmen. Dabei werden Vorurteile fingiert, um die Herrschaft bestimmter Menschengruppen abzusichern, da diskursiv auf das Fremde geschaut wird. Interpretationsmuster, nach denen das Fremde geordnet wird, sind jedoch einseitig und begrenzt und bieten demzufolge nur eine beschränkte Weltsicht aus einer bestimmenden *weißen* Perspektive.

> »He [Fanon] reminds us that it is not the Black subject we are dealing with, but *white* fantasies of what Blackness should be like. Fantasies, which are not of our concern. They do not represent us. They do not describe us. They are the denied aspects of the white self which are re-projected onto us, as if they were authoritative and objective pictures of ourselves« (Kilomba 2008: 19).

Auf diese Weise wird das Fremde angeeignet, in das deutsche Selbstverständnis übernommen und als Ärgernis oder Bedrohung verbucht (vgl. Reich 2002: 173 ff.). Durch die Anordnung zwischen dem Eigenen und dem Fremden wird aus einer vermeintlich ›objektiven‹ Wahrnehmung Fremdheit konstruiert und der Boden für hierarchisierende Machteffekte bereitet.

Folglich wird eine strukturelle Differenz über symbolische Ordnungen und Leistungen hergestellt, sodass bestimmte Bilder erwartet werden, die als ›fremd‹ erscheinen, so auch Schwarze Deutsche, die auf diese Weise als »Fremd im eigenen Land«[55] personifiziert und ent_wahrgenommen werden. Als logische Konsequenz daraus entsteht, wie Fanon feststellt, soziale Ungerechtigkeit, da Schwarze von *Weißen* markiert und entmenschlicht werden. Laut dem Schwarzen französischen Psychoanalytiker befinden sich Schwarze demzufolge in »a zone of non-being« (Fanon 1986: 10), aus der es nicht zu entkommen gilt, sondern deren Struktur, die ihnen die Menschlichkeit abspricht, aufgebrochen werden muss (vgl. Fanon 1986: 12 ff.). Denn im Gegensatz zu Hegel, der in seiner Vorstellungswelt das Fremde in Afrika lokalisiert, ist für Fanon das Fremde eine Fremdbeschreibung seines Selbst, das aus *weißer* Perspektive ent_erwähnt und ent_visualisiert bleibt. Folglich kann die Ent_Fremdung im Sinne von Fanon als aktiver Prozess des ›Fremd-gemacht-Werdens‹ beschrieben werden, da sie Fremdheit voraus_setzt und Befremdung hervorruft (vgl. Zeller 2010: 75 f.).

Diese oben genannten Entäußerungsprozesse entspringen jedoch nicht »aus dem Nirgendwo« (Farr 2005: 42). D.h., der »privilegierte Blick« (ebd.) der *weißen,* männlichen Philosophen wird durch ein Interesse motiviert, das nur in ihrer materiellen Welt begründet liegt, die von strengen Denkmustern vorbestimmt ist und erkenntnistheoretische Fragestellungen formuliert. Auf diese Weise wird ein Ort kreiert und bestätigt, der nur im Bewusstsein des *weißen* Mannes existiert. Um diese ›Ortlosigkeit‹ zu überwinden, müsse sich laut dem Schwarzen US-amerikanischen Philosophen Arnold Farr der fragende Blick der *weißen* männlichen Philosophen auf das philosophische Selbst richten und beispielsweise untersuchen, was denn das Eigene ist und nicht das Fremde. Bislang haben es *weiße* Philosoph:innen jedoch versäumt, sich selbst zu beobachten, was Farr als »die Blindheit der Philosophen« (Farr 2005: 51) beschreibt, die das Privileg hätten, sich selbst als Menschen und nicht als rassifizierte Wesen oder als rassische Kategorie zu erfahren, da sie nicht tagtäglich an ihre (Haut-)Farbe erinnert würden. Im Gegensatz zu Schwarzen seien *weiße* Philosoph:innen nicht gezwungen, ihr Menschsein zu bestätigen, so Farr weiter, weshalb ihre Fragen und Anliegen in keinem Zusammenhang mit ihrer eigenen Position als rassifizierte Wesen stünden (vgl. Farr 2005: 40 ff.). Durch seine Verortung im

55 Songtitel der deutschen Rap-Formation, *Advanced Chemistry*, 1992

Nirgendwo postuliert Hegel demnach mit seinen für die *weiße* europäische Wissenschaft als klassisch geltenden Hypothesen, dass Schwarze außerhalb eines vorgegebenen analytischen Diskurses stünden, da sie keinerlei Ratio besäßen (vgl. Wright 2004: 8ff, Farr 2005: 46 ff.). Folglich seien Schwarze, laut Hegel, nicht in der Lage, Wissen zu re_produzieren, da der intellektuelle, technische, moralische und kulturelle Fortschritt durch die Vernunft geleitet würde, die ausschließlich den *weißen* Europäer:innen vorbehalten sei. Auf diese Weise wird im hegelianischen Sinn Europa als Ort der ›einzig wahren‹ Wissensre_produktion verhandelt. Schwarzem Wissen aus Europa hingegen wird jegliche Wissenschaftlichkeit abgesprochen, wie bereits am Beispiel von Anton Wilhelm Amo zu Beginn dieses Kapitels veranschaulicht wurde. Hegel selbst berücksichtigt seine eigene *weiße*, männliche und heterosexuelle Positionierung, die entnannt bleibt, nicht, weshalb im Anschluss an die afrodeutsche Wissenschaftlerin Peggy Piesche an dieser Stelle die These aufgegriffen und bestätigt wird, dass *Weiß*sein eine bedeutungproduzierende Wirklichkeitskonstruktion ist, deren Ausdifferenzierung im Diskurs erfolgt. D.h., nicht die ›Rassen‹ formen das Bild der Geschichte, sondern die Geschichte(n) formt/formen das Bild der ›Rassen‹ durch die Zuschreibungsmacht der *Weißen* (vgl. Piesche 2005: 30 ff.).

Zudem werden die wenigen Schwarzen Schriften, die im deutschen Kontext entstehen, häufig ent_lokalisiert, d.h., ihr geografischer Ursprung wird häufig ent_kontextualisiert, womit zeitgleich Schwarze Protagonist:innen aus deutschen Geschichte(n) herausgeschrieben und auf diese Weise ent_wahrgenommen werden. Nach Ansicht des Schwarzen US-amerikanischen Wissenschaftlers und Afrozentristen Molefi Kete Asante handelt es sich dabei um eine »cultural, historical, social and biographical dislocation«[56], die allerdings nicht in der Selbstwahrnehmung der Afrodeutschen liegt, sondern in deren Fremdwahrnehmung durch die *weiße* deutsche Mehrheitsgesellschaft, womit erneut die soziale Realität der Ent_Wahrnehmung in Deutschland bestätigt wird. Erst durch Du Bois, der Hegels reaktionäre These widerlegt, werden Schwarze innerhalb der analytischen Geschichtsschreibung positioniert, da er Hegels Dialektik umkehrt und auf diese Weise einen historischen (geografischen wie temporalen) Kontext aufruft, in dem sich fortan Schwarze selbst positionieren, Schwarzes Wissen institutionalisieren und demnach eigene Teilkulturprogramme re_konstruieren

56 Onlinequelle: http://www.asante.net/articles/17/afro-germans-and-the-problems-of-cultural-location (10.08.2012)

können. Bis zu diesem Zeitpunkt werden Hegels Vorurteile gegen Schwarze in den philosophischen Diskurs Europas (und des Westens) eingeschrieben und stereotypisiert und gleichzeitig sein *weißes*, männliches, heterosexuelles Welt- und Menschenbild als Voraus_Setzung für das Menschsein im ausgehenden 19. Jahrhundert prototypisiert. Bereits in seinen *Vorlesungen über die Philosophie der Geschichte* (1837) werden Stereotypisierungen von Afrika und Afrikaner:innen gefestigt, die sich rasant zur Realisierungsform der kognitiven Entäußerung von Schwarzen Menschen als Objekte entwickeln. Folglich wird über die Stereotypisierung der Afrikaner:innen die Prototypisierung der *weißen* Europäer:innen ent_konzeptualisiert, was den deutschen Kolonist:innen zur Verfestigung ihrer Machtexpansion unerlässlich wird. Auf diese Weise wird Differenz fixiert, sodass Schwarze auf bestimmte Negativeigenschaften reduziert werden. Diese und/oder andere über Sprache und Bildern aufgerufenen Entäußerungen werden immer wieder neu konnotiert und denotiert, negativ und positiv bewertet und umgewertet. Sie bilden die kulturelle Substanz für Identifikationen und Ausgrenzungen einzelner und sind für die Konstitution oder den Niedergang von widerständigen Communitys verantwortlich (vgl. Arndt/Hornscheidt 2004: 47 ff.).

Mit dem aus eurozentrischer Perspektive imaginären Ende des Kolonialismus finden diskriminierende und rassifizierende Stereotypisierungen und Prototypisierungen jedoch keineswegs das Ende ihrer Wirksamkeit, sondern befähigen die Kognition der linguistischen und visuellen Ent_Wahrnehmungen und sie befördern diese verinnerlichten Beobachtungsmodi bis in die gesamtdeutsche Gegenwart, was die These einer andauernden kognitiven Kolonialität untermauert. So lässt sich beispielweise das eurozentrische Image der Schwarzen Frau als Sexualobjekt des *weißen* Mannes und vermeintliche Sexarbeiterin in gegenwärtigen Mediendarstellungen ohne explizite Suche wiederfinden. Noch immer wird sie auf ihre Körperlichkeit reduziert, selten wird ihr Intelligenz zugeschrieben. Im Gegenteil: in der Tradition Hegels stehend, wird Afrikaner:innen noch immer das Menschsein abgesprochen, da es ihnen zum einen angeblich an Ratio fehle. Zum anderen werden sie ent_ableisiert, da sie aufgrund ihres Schwarzseins jenseits der *weißen* körperlichen Normvorstellung ent_ortet sind. Auch zweifelt Hegel an ihrer Menschwerdung, da er sie als Lernunwillige klassifiziert. Nur durch deren Versklavung, so Hegel weiter, könnten Schwarze eine Wertschätzung für die Freiheit entwickeln und damit einhergehend die disziplinierte Fähigkeit zu denken, Gedanken auszusprechen und danach zu handeln (vgl. Wright 2004: 15).

> »And the human mind with all its visions and possibilities is today deliberately distorted and denied freedom of development by people who actually imagine that such freedom would endanger civilization« (Du Bois 1985: 236).

Die Ent_Konzeptualisierung Europas löst demzufolge v.a. durch die technologischen Re_Produktionsmedien, wie z.B. die Fotografie, aber auch die performative ›Zur-Schau-Stellung‹ der Kolonisierten in sogenannten ›Völkerschauen‹ gegen Ende des 19. Jahrhunderts einen Rausch des Sichtbarwerdens von kolonialen Fantasien aus. So wird noch während der Kolonialzeit damit begonnen, dem deutschen Kolonialismus ein Denkmal im kollektiven Gedächtnis zu setzen, indem beispielsweise, wie oben veranschaulicht, Straßen nach Kolonialverbrecher:innen benannt werden und mit dem ›Afrikanischen Viertel‹ in Berlin das geopolitische Zentrum der kolonialen Machtherrschaft errichtet wird. Dabei kommt es zu einer Grenzüberschreitung zwischen dem Fiktiven und dem Ent_Wahrgenommenen, da nicht nur die Imaginationen selbst, sondern auch die Re_Produktionsbedingungen dieser Imaginationen koloniale Vorstellungs- und Lebenswelten konstruieren (vgl. Ha 2005: 105 ff.). Denn während das Gedächtnis das Denken der Zeit ermöglicht und das Vergangene als Gegenwärtiges erfahrbar macht, kann auch das Erinnern als kognitive Handlung bestimmt werden, die bewusst und bildlich formuliert werden muss, um die Vergangenheit hervorbringen zu können. Demnach kann die diesem Unterkapitel zugrunde liegende These einer andauernden kognitiven Kolonialität als »die alltägliche Gegenwart der kolonialen Vergangenheit« (Aikins 2004: Titel)[57] verhandelt werden, die sich, wie oben beschrieben, z.B. in kolonialen Straßennamen zeigt. Denn Straßennamen dienen nicht nur als geografische Orientierungshinweise, sondern sind auch Träger von Geschichte(n) und damit Teil des gesellschaftlichen Diskurses (vgl. Aikins/Hoppe 2011: 521 ff.).

Da Deutschland nach dem Ersten Weltkrieg nach Maßgabe des Versailler Vertrags seine Kolonien abgeben musste, sind, laut Ha, nach dem Ende der nationalsozialistischen Ära koloniale Argumentations- und Denkmuster in

57 Onlinequelle: Joshua Kwesi Aikins (2004): *Die alltägliche Gegenwart der kolonialen Vergangenheit* http://www.bpb.de/gesellschaft/migration/afrikanische-diaspora/59394/gegenwart-kolonialer-vergangenheit?p=all (05.05.2012)

Deutschland trotz aller gesellschaftlichen Umbrüche virulent geblieben. Dies habe dazu geführt, dass das koloniale Denken sich in Form einer Kolonialromantik manifestiert habe. Durch eine nationale Heroisierung von Kolonialverbrecher:innen sei *Weiß*sein auf diese Weise fortlaufend mit politischer Bedeutung aufgeladen worden, sodass durch ent_historisierende Geschichtsnarrationen, deren Bedeutungen sich in der deutschen Kultur-, Erinnerungs- und Wissenschaftslandschaft eingeschrieben haben (vgl. Ha 2005: 110 f.), Schwarze postkoloniale Geschichte(n) ent_wahrgenommen worden seien. Demnach manifestiert sich deutsche Geschichtsschreibung stets im Rückgriff auf eine kognitive Kolonialität, da Kolonialismus im kollektiven Gedächtnis verankert ist. Deshalb besteht das vorliegende Interesse am Kognitiven darin, das Ent_Innern ebenso als eine aktive, rassistische Handlung auf der kognitiven Ebene zu verorten, die gegenwärtig die Vorstellungswelt der *weißen* deutschen Mehrheitsgesellschaft (mit-) bestimmt und historisch im deutschen Kolonialismus lokalisiert werden kann. Die Tatsache, dass das Gedächtnis soziale Gruppen konstruiert bzw. die Bedingungen für die Konstruktion liefert und durch diese konstruktivistische Leistung eine soziale Funktion erhält, bedeutet, dass Täter:innen erst zu Täter:innen werden, wenn sie sich der Opfer und der Tat erinnern. Da deutsche Kolonialgeschichte(n) bislang ausschließlich aus der Perspektive der *weißen* ›Erober:innen‹ erzählt wird/werden, die sich ihrer Untaten und Verbrechen gegen die Menschlichkeit nicht bewusst sind (oder werden wollen), sondern den Kolonialismus noch immer glorifizieren und Kolonialverbrecher:innen rühmen, gibt es folglich keine Täter:innen und so auch keine Tat und/oder Opfer (vgl. Ha 2005: 105 ff.). Dergestalt wird die erzählerische Widerstandsperspektive ent_wahrgenommen. Vergangene Ereignisse können demnach nur Geschichten und Diskurse hervorbringen, die vom Gedächtnis der *weißen* deutschen Mehrheitsgesellschaft gelöst werden, die sie in Erinnerung behalten (vgl. Halbwachs 1984: 341). Denn um einen sozialen Wandel vollziehen zu können, ist ein Wandel der Beobachtungsperspektive notwendig und dessen erfolgreiche kommunikative Thematisierung innerhalb der *weißen* deutschen Mehrheitsgesellschaft (vgl. Schmidt 1994: 248 ff.), was auch auf der kognitiven Ebene nur in postkolonialer Beobachtungsinstanz erfolgen kann. Es wird deutlich, dass *weiße* philosophische Zuschreibungen nicht nur die Wirklichkeitskonstruktionen der europäischen Moderne prägen, sondern auch für die Herausbildung deutscher Kultur- und Identitätsvorstellungen bis in die Gegenwart hinein fundamental sind. Demzufolge entwächst das kollektive Gedächtnis der *weißen* deutschen Mehrheitsgesellschaft aus einer ent_wahrgenommenen Adaptierung der *weißen* Gruppe heraus und wird in der kolonialen Bewusstseins- und Erinnerungspolitik fortgeführt.

> »Bisher hat das gesellschaftliche Schweigen, das Verschweigen, das Totschweigen das Feld des notwendig Sagbaren weitgehend verdrängt. Das Schweigen ist eine bewusste Amnesie, und die Amnesie ist eine politische Ausdrucksform des kollektiven Gedächtnisses. Daher ist das konsensuale Schweigen eine dominante Machtartikulation, die sich der Aufarbeitung und Sichtbarmachung imperialer Praktiken und Bilder durch *Entinnerung* aktiv widersetzt und nur durch Gegen-Erzählungen aufgebrochen werden kann« (Ha 2005: 105).

Dabei darf jedoch weder das Erinnern noch das Ent_Innern mit dem Vergessen gleichgesetzt werden. Im Alltag wird häufig davon geredet, dass ›etwas vergessen wurde‹, was als unbeabsichtigte Aktivität verstanden werden kann, bei der ein Gedächtnisinhalt ›gelöscht‹ worden ist. Die komplementäre Redewendung ›sich nicht erinnern können‹ sagt wiederum aus, dass der Zugang zum Gedächtnis und dessen Inhalten (aus welchen Gründen auch immer) nicht möglich ist (vgl. Schmidt 1997: 19 ff.). Die Erinnerung an den Kolonialismus jedoch wird aktiv ausgeblendet; nicht weil sie in Vergessenheit geraten ist, sondern vielmehr, weil sie ›blockiert‹ wird. Die Folge davon ist, dass koloniale Machtverhältnisse sowie die koloniale Konstruktion von Bild- und Sprachre_produktionen ungebrochen bis in die Gegenwart fortwirken. Auf diese Weise entsteht eine uneindeutige Korrelation zwischen Vergangenheit und Gegenwart, was sich zu einer »sekundären Kolonialisierung« (Ha 2005: 105) verfestigt, die sich auf das politische Handeln in Deutschland auswirkt. Demzufolge sei, so Ha weiter, die deutsche Kolonialpolitik lediglich in eine revisionistische Phase überführt worden, die er als »Kolonialismus ohne Kolonien« (Ha 2005: 109) beschreibt. Diese Phase hat bereits Du Bois vorausgesehen, als er von den Folgen des »semicolonialism« (Du Bois 1945) schriebt. Damit in Deutschland Wissen aus einer Schwarzen Perspektive wahrnehmbar und erfahrbar wird und rassifizierte und vergeschlechtlichte Denkstrukturen dauerhaft durchbrochen werden können, bedarf es demnach der Entabjektivierung von Schwarzem Wissen durch Schwarze Wissensre_produzent:innen, sodass »eine Transformation des kollektiven Gedächtnisses, als Neukonstruktion der Gegenwart und der Zukunftserwartungen« (Schmidt

1996: 248) und eine Re_Konstruktion des gesamtdeutschen Kulturprogramms erfolgen kann (vgl. Schmidt 1996: 248 ff.). Demzufolge muss der postkoloniale Status in Deutschland konsequent ausgebaut und erweitert werden, um die gelebten Erfahrungen und Lebenswelten der Schwarzen Menschen aus Schwarzer Perspektive re_konzeptualisieren zu können.

5. Fazit

Wissenskulturen, die Wahrheitsgehalte zum Ausdruck bringen, sind nicht nur auf Unternehmen beschränkt, sondern erstrecken sich auf die gesamte deutsche Gesellschaft, die sich noch immer in einer ›diskursiven Verfasstheit‹ (vgl. Hornscheidt 2010a: 448) befindet. Folglich entscheiden der Wert von Wissen, der Umgang damit und die Rahmenbedingungen, unter denen Wissenserwerb, -bewahrung und -nutzung stattfinden, in welchem Maße kulturprogrammiertes (Teil-)Wissen für die Erhaltung und Entwicklung der gesamten Gesellschaft genutzt werden kann. Dieses Wissen kann jedoch nur in der Interaktion und Kommunikation beobachtet werden, d.h., es ensteht aus gemeinsamen Handeln jeder Art und wird im gemeinsamen Handeln reflexiv bestätigt (vgl. Schmidt 2004: 7).

In der *weißen* deutschen Mehrheitsgesellschaft wird Schwarzes Wissen als Nichtwissen und/oder nichtwissenswert verhandelt und verbucht. Da es jenseits der vermeintlichen *weißen* Norm re_produziert wird, liegt Schwarzes Wissen für die *weiße* deutsche Mehrheitsgesellschaft in der Regel im Bereich des Undenkbaren, während gleichzeitig *weißes* Wissen als ›neutral‹ und ›objektiv‹ verhandelt wird. Durch diese vermeintlichen Norm(al)-vorstellungen wird versucht, eine Eindeutigkeit der Wahrnehmung herzustellen. Dabei wurde bislang jedoch außer Acht gelassen, dass mir jeder Wahrnehmung eine Entwahrnehmung einhergeht – und umgekehrt. Ent_Wahrnehmungen prägen demnach weitere Ent_Wahrnehmungen (ebenso wie Wahrnehmungen, weitere Wahrnehmungen prägen) und verändern die bisherigen eigenen Erfahrungen. Erfahrungswissen gründet demzufolge auf den Kompetenzen einzelner Individuen und deren Handlungen – wie dargestellt am Beispiel von W. E. B. Du Bois, Audre Lorde und May Ayim. Werden ihre Wissensre_produktionen in einen Sinnzusammenhang gebracht, so können sie in laufende Konventionalisierungs-, Autorisierungs- und Normalisierungsprozesse eingebunden und als Afrokultur verstetigt werden. Folglich etablieren Schwarze Subjektivierungsprozesse neue (teil-)kulturelle Ordnungen, in denen neue Wissensre_produktionen möglich sind. Da die jeweilige soziale Positionierung auf der Mikroebene auf verschiedene Weise für die Re_Produktion von Wissen konstituierend ist (vgl. Tudor 2011: 57 ff.), wird auf der Metaebene eine für die *weiße* Mehrheitsgesellschaft ent_wahrgenommene Subjektposition beobachtbar und analog dazu auf der Makroebene – z.B. über die Selbstbenennung als ›Schwarze Deutsche‹ oder ›Afrodeutsche‹ – die jeweilige Diskursposition als ideologischer Ort bestimmt, von dem aus eine Beteiligung am hegemonialen Diskurs erfolgt. Indem Geschichte(n) von diesen Orten neu geschrieben und/oder verhandelt wird/werden, ergeben sich neue Geschichtszugänge, da in bestimmten Handlungszusammenhängen Geschichte(n) konstruiert wird/werden, die an weitere(n) Geschichte(n) anschließt/anschließen und als Kommunikationszusammenhang/Kommunikationszusammenhänge in bestimmte Diskurse eingebettet werden kann/können (vgl. Schmidt 2003: 13).

Afrokultur (das Wissen um die Vergangenheit, Gegenwart und Zukunft Afrikas) stellt demnach als Wissenskultur einen integralen Bestandteil der deutschen Vergangenheit, Gegenwart und Zukunft dar, womit auch hierzulande im Sinne der Sankofa-Philosophie eine intellektuelle Tradition fortgeführt wird. Als diasporischer Ansatz macht Afrokultur nicht an nationalen (oder kontinentalen) Grenzen Halt und bedarf auch keiner Über_Setzung, sondern kann über die Re_Produktion von Schwarzem Wissen über nationale Grenzen hinweg verstetigt werden. Denn ebenso wie die Verarbeitung von *weißem* Wissen an ein *weißes* Bewusstsein gebunden ist, so nimmt ein Schwarzes Bewusstsein Bezug auf Afrokultur, die einen Referenzrahmen für die Re_Konstruktion des deutschen Hauptkulturprogramms bietet. Auf diese Weise ist es möglich, die Gesamtheit der Bewusstseinserfahrungen der afrodeutschen Teilkultur zu explizieren, sodass kulturelle Verschiebungen erfolgen können (vgl. Schmidt 2003: 38 ff.). Denn erst eine Re_Historisierung deutscher Geschichte aus Schwarzer Perspektive erlaubt es, die sozialpolitischen Beziehungen von Schwarzen Menschen in und zu Deutschland in beobachtbarer Wahrnehmung erfahrbar zu machen. Durch kritische Selbstbeobachtung und Selbstreflexion können sich Schwarze Menschen auf diese Weise aus einer (neuen) Subjektposition heraus artikulieren und ihre Um_Welt von einem anderen Standpunkt aus bestimmen. Folglich rückt das Schwarze Objekt in die Position des Schwarzen Subjekts ›vor‹ und das *weiße* Hypersubjekt in die Position des *weißen* Subjekts ›zurück‹, sodass Afrokultur sich als deutsche (Teil-)Identität erweisen und kontingenzfähig werden kann.

Demnach wird Afrokultur nicht durch Politik legitimiert, sondern es ist eben diese Kultur, die Politik emporbringt. So auch in der aktuellen politischen Debatte um ›Rasse‹. Denn das prozessorientierte Kulturkonzept wird von der Sinndimension ›Rasse‹ geleitet, weshalb ›Rasse‹ einen kategorialen Rahmen bildet, der eine gesellschaftliche Orientierung entlang der vermeintlichen Dichotomie und hegemonialen Wertbesetzung Schwarz/*weiß* überhaupt erst hervorbringt. Gleiches gilt für deren Verschränkung mit anderen Kategorien wie z.B. Gender. Aus diesem Grund ist im Sinne von W. E. B. Du Bois ein racial turn notwendig, da ›Rasse‹ und Rassismus die biologisierten Ordnungsdeterminanten sind, die die *weißen* Hierarchien des Weltsystems strukturieren und manifestieren. So scheint Rassismus nur dann relevant zu sein, wenn Schwarze Personen anwesend sind, und wird demzufolge als Problem Schwarzer Menschen, nicht aber als Problem *weißer* Menschen verhandelt. Selten wird hinterfragt, welche Normen und Werte dazu führen, dass Schwarze Personen rassisch diskriminiert werden. Kritisch betrachtet, beginnt hier im Hinblick auf ›Rasse‹ bereits die Ent_Wahrnehmung von sozialen Positionen, was die Notwendigkeit impliziert, die Perspektive zu wechseln und statt des Schwarzseins das *Weiß*sein zu betrachten, sodass die zugrunde liegende kolonialisierte Beobachtungsordnung entgrenzt werden kann. Denn das, was *weiße* Deutsche heute über Schwarze (allgemein-)wissen, wurde aus der Kolonialzeit unhinterfragt in die Gegenwart transportiert und verstetigt. So wurde bereits im Kolonialismus rassifiziertes Wissen funktionalisiert, weshalb der Kolonialismus als die organisatorische und politische Dimension von Rassismus in der westlichen Vorstellungswelt angesehen werden muss.

Es ist daher entscheidend, dass die rassifizierte Eigenständigkeit der deutschen Wortbedeutung nicht ›ausradiert‹ oder ›ersetzt‹ wird, sondern dass die Signifikanz der sozialen Dimension von ›Rasse‹ für Schwarze Menschen im Kampf gegen Rassismus erkannt und dementsprechend unterstützt wird. Dies setzt voraus, dass ›Rasse‹ zum einen als soziokulturelle Konstruktion des Rassismus und zum anderen als politische Analysekategorie verhandelt wird, sodass die Konstruiertheit von Schwarzen und *weißen* Gruppen, ihre jeweiligen sozialpolitischen Realitäten und soziohistorischen Erfahrungen möglich wird. Dementsprechend erlaubt die hier vorgelegte postkoloniale Forschungsperspektive, den Blick auf Kolonialrassismus umzukehren, sodass Postkolonialismus als »global frame« (Kavoori/Chadha 2009: 336) entsteht, der eine kritische Reflexion von kolonialisierten Denkmustern und eine Ausdifferenzierung von hegemonialen Naturalisierungen und Normalisierungen erlaubt. Dabei bezieht sich der Begriff ›postkolonial‹ weder auf eine vergangene historische Periode, noch beinhaltet er eine regionale Beschränkung. Vielmehr dekonstruieren postkoloniale Forschungsansätze binäre Oppositionen und werden zum Ausgangspunkt von Kritik am Kolonialismus, dessen Fortwirken sich in der Auseinandersetzung mit westlich geprägten Interpretationsmustern niederschlägt. Im Vordergrund stehen dabei die postkolonialen Interaktionsformen zwischen der *weißen* deutschen Mehrheitsgesellschaft, deren *Weiß*sein als soziale und kulturelle Norm gilt, und dem rassifizierten ›Anderen‹ – dem Schwarzen Subjekt/Objekt. Dieses Subjekt/Objekt wird in *weißen* Diskursen (Sprache und Blick) zugleich sichtbar und unsichtbar gemacht: Es ist sichtbar, weil es aufgrund der (Haut-)Farbe als ›anders‹ markiert und mit stereotypen, häufig infantilisierenden und sexualisierenden Zuschreibungen versehen wird. Und es ist unsichtbar im Sinne von geschichtslos – ohne Vergangenheit und Zukunft. Demzufolge führt Postkolonialismus epistemologisch zu einem Neuverständnis dessen, was Wissensre_produktionen sind, methodologisch zur Eröffnung einer neuen gesellschaftlich relevanten Beobachtungsperspektive und theoretisch zur Neufokussierung von Diskursforschung aus kommunikationswissenschaftlicher Forschungsperspektive. Dennoch bleibt das koloniale Erbe bis heute als andauernde Kolonialität spürbar, da die *weiße* deutsche Mehrheitsgesellschaft sich nicht mit ihrer kolonialen Vergangenheit auseinandersetzt. Erste Signale im Umgang mit Kolonialismus geben Straßenumbenennungen, die als Interventionen in die alltägliche Gegenwart der kolonialen Vergangenheit bewertet werden können (vgl. Aikins 2008: 47 ff.). Mit der Umbenennung des Gröben-Ufers in May-Ayim-Ufer ist eine erste postkoloniale Perspektivumkehr erfolgt und in die deutsche Nationalgeschichte eingeschrieben worden.

Und ebenso wie die Kolonialgesellschaft rassistisch gegenüber Schwarzen Menschen und ihre Wissensre_produktionen war, koloniale Wissenschaftler:innen biologische ›Rassen‹ herstellten und die disziplinäre ›Rassenforschung‹ des ausgehenden 19. Jahrhunderts herausbildeten (vgl. Arndt 2001: 18ff.), kann auch das gegenwärtige deutsche Wissenschaftssystem beschrieben werden als noch immer von einer andauernden Kolonialität durchzogen, die in Gesellschaft und Medien widergespiegelt wird. Folgerichtig trennt sich die vorliegende Arbeit weitgehend von diesen rassifizierten Annahmen und sucht, selbstbestimmtes Schwarzes Wissen zu akkreditieren. Dieses Wissen um Schwarze Geschichte(n) macht es möglich, sozialpolitische Handlungsempfehlungen zu generieren, die sowohl in der Wissenschaft, als auch in der Gesellschaft Anwendung finden und an die Kommunikationen der Schwarzen Wissenschaffenden und Schwarzen Wissenschaftler:innen weltweit anschließen. Die Frage, inwieweit Schwarze Wissensre_produktionen auch in Deutschland durch Schwarze Wissenre_produzent:innen konstruiert und im gemeinsamen Umgang mit Wissenschaft und Medien konstatiert werden können, bleibt jedoch unbeantwortet. Denn wenngleich mit der Selbstbenennung ›Afrodeutsche‹ in der Publikation *Farbe bekennen* (1986) eine theoretisierte Bewegung in Deutschland beginnt und damit die Möglichkeitsbedingung für die oben geführten diskursiven Verhandlungen gesetzt wird (vgl. Tudor/Hornscheidt 2011: 182), geht ihre Institutionalisierung nur sehr zögerlich voran. Obwohl Schwarze deutsche Forscher:innen diesbezüglich historio-grafische und konzeptionelle Pionier:innenarbeit geleistet haben, werden ihre Wissensre_produktionen nach wie vor im *weißen* deutschen Wissenssystem ent_wahrgenommen. Die Tatsache, dass eine Forschungsgruppe zu *Black Knowledge* an der Universität Bremen ohne Schwarze Wissenschaftler:innen geplant war, ist – trotz Einstellung des Vorhabens – skandalös.[58] Dennoch werden traditionelle Strategien der Schwarzen Wissensbildung im deutschsprachigen Raum in akademischen wie kulturellen Kontexten zunehmend sichtbar. Dazu zählen nicht nur Schwarze Literaturproduktionen (vgl. Kelly 2008, 2009), sondern auch Schwarze Filmproduktionen wie z.B. *Alles wird gut* (Fatima El-Tayeb/Angelina Maccarone 1997), *Dreckfresser* und *Tal der Ahnungslosen* (Branwen Okpako 2000/2003) und *Black Deutschland* (Oliver Hardt 2005) u.a. ebenso wie die oben benannten Konferenzen, Seminare oder Tagungen.[59]

---

58 Während in den USA Black Studies Institute einst ins Leben gerufen wurden, um die Wissensre_produktionen über und vor allen Dingen von Schwarzen Menschen anzuerkennen, sind Schwarze Wissenschaftler:innen im deutschen Kontext von institutionalisiertem Rassismus im Bildungs- und Hochschulsystem betroffen. Im Zuge der Gestaltung der Black Knowledge Unit an der Universität Bremen beispielsweise wurden sie weder persönlich konsultiert, noch wurden ihre Arbeiten verwendet. Dennoch tauchen diverse Namen von Schwarzen Wissenschaftler:innen im Antrag auf, wo sie ohne ihre Zustimmung als mögliche Kooperationspartner:innen gelistet wurden. Diese Vorgehensweise bekräftigt das kolonialisierte Modell der Ent_Wahrnehmung: Schwarze Wissensre_produktionen werden von *weißen* Akademiker:innen entäußert und Schwarze Wissensre_produzent:innen als *native informants* objektifiziert. Das Community Statement zur geplanten Institutionalisierung kann online eingesehen werden: https://blackstudiesgermany.files.wordpress.com/2015/02/communitystatement_blackstudiesbremen_dt_unterz815.pdf

59 Siehe zu den Mediendarstellungen von Schwarzen im deutschen Film Tobais Nagl (2009): *Louis Brody and the Black Presence in German Film Before 1945*, Heide

Um den Prozess der Institutionalisierung zu unterstützen, ist es notwendig, dass selbstgewählte Benennungen im öffentlichen und akademischen Diskursen Verwendung finden, nicht bloß, um ›political correct‹ zu sein, denn auch die politische Korrektheit blendet rassifizierte Entnennungen und Ent_Erwähnungen sowie das Konzept der Verantwortung aus, sondern, um aus der vermeintlichen ›Objektivität‹ herauszutreten und die ignorierte Tatsache auf die Ebene der kritischen Reflexion zu bringen (vgl. Hayn 2010: 337 ff.). Wenn Eigennennungen dennoch immer ent_kannt und fortwährend ent_wahrgenommen werden, dann sollten *weiße* Medienschaffende und -wissenschaftler:innen nicht davor zurückschrecken, die bloße Frage zu stellen, wie denn eine Schwarze Person genannt werden will. Ein Ratgeber mit sprachlichen Handlungsanweisungen, der speziell für *weiße* Medienprofis entwickelt wurde, ist auf der Internetplattform der Schwarzen Media Watch Organisation *Der Braune Mob* zu finden.[60] Das *AntiDiskriminierungsBüro (ADB) Köln* hat jüngst einen Leitfaden als Handreichung für Journalist:innen herausgegeben, der exemplarisch aufzeigt, wie rassismuskritisch mit Sprache umgegangen werden kann (vgl. ADB 2013). Denn nur mit einem veränderten Sprachgebrauch sowie der expliziten Benennung von *Weiß*sein können sich Konzeptualisierungen verschieben und Normalitätsvorstellungen herausgefordert werden, sodass mit Rassismus gebrochen werden kann und Schwarze Wissensre_produktionen in Deutschland ›sprechbar‹ werden (vgl. Nduka-Agwu/Hornscheidt 2010: 19 f.).

Im Kontext einer ›afroistischen‹ Debatte kann folglich über Sprache und über das Nichtsprechen, über das Sehen und über das Nichtsehen und über das Denken und über das Undenkbare nicht nur Afrokultur kommuniziert, sondern auch bestehende hegemoniale Bedeutungsstrukturen und -gehalte verunsichert werden, sodass ein Konsens über das Richtige und das Mögliche ›neu‹ verhandelt werden kann. Die vorgelegte Analyse wird jedoch auf diese drei genannten Ebenen beschränkt. Weitere mögliche Ent_Wahrnehmungspraxen wären das Prinzip des Ent_Hörens, geleitet von der Frage, inwieweit die *weiße* deutsche Mehrheitsgesellschaft

---

Fehrenbach (2009): *Narrating »Race« in 1950's West Germany: The Phenomenon of the Toxi Films* und Randall Halle (2009): *Will Everything Be Fine? Anti-Racist Practice in Recent German Cinema*; alle in: Mazón, Patricia/Steingröver, Reinhild (Hrsg.) (2009): *Not So Plain as Black and White. Afro-German Culture and History, 1890–2000.* New York.

60 Siehe hierzu: http://www.derbraunemob.de

in der Lage ist, dem veranderten Subjekt zuzuhören, oder das Prinzip des Ent_Lesens, das aufzeigt, inwieweit ›zwischen den Zeilen« gelesen werden muss oder kann (vgl. Ndukw-Agwu/Hornscheidt 2010: 42ff.) und demnach welche Interpretationen Schwarzer Texte ermöglicht oder verunmöglicht werden. Es bleibt zu hoffen, dass das vorliegende Projekt als wissenschaftliche Arbeit dazu beiträgt, den antirassistischen Diskurs in Deutschland fortzuführen und gemäß den Zeichen der Zeit die Untrennbarkeit von [Rassismus&Sexismus], welche die soziale Realität von Schwarzen Frauen* weltweit bestimmt, zu ›ent_intelligibilisieren‹ (vgl. Hornscheidt 2012). Auf diese Weise ist es möglich, die strukturelle Ungleichheit von Wissen, die durch die Medien transportiert, durch die Wissenschaft institutionalisiert und in der Gesellschaft verankert wird, zu überwinden. Darüber hinaus verstehe ich meine Arbeit als den Versuch, als Schwarze Wissenschaftlerin die *weiße,* männlich dominierte Wissenschaftssprache und Wissenschaftsmethode, welche die deutsche Kommunikationswissenschaft durchziehen, herauszufordern. Denn die (Wieder-) Aneignung von Sprache als Form des antirassistischen Widerstands ist eine fundamentale Strategie, um Zugang zur eigenen Un_Sichtbarkeit zu bekommen, die von der *weißen* Norm systematisch verweigert wird und gleichsam eine Verzerrung des Blicks bewirkt, wodurch die wenigen Schwarzen Frauen*, die in der deutschen Wissenschaft und Forschung tätig sind, als übermächtige und bedrohliche Schwarze Feministinnen angesehen und ihrer wissenschaftlichen Eigenständigkeit beraubt werden (vgl. hooks 1993, Schultz 1999a). Aus diesem Grund möchte ich mit meinen Forschungsergebnissen dazu anregen, über die sozialpolitische Realität von Schwarzen Wissenschaftlerinnen und ihre Bedeutung für die Zukunft der europäischen Wissen(sgemein)schaften zu reflektieren. In diesem Sinne verstehe ich die vorliegende Arbeit als Denk- und Handlungsanleitung des afrodeutschen Kulturteilprogramms, auf deren Grundlage Schwarze Wissensre_produktionen, wie z.B. die Konzepte ›Afrodeutsche‹ und ›Schwarze Deutsche‹, innerhalb der deutschen Gesellschaft verstetigt und über die deutschen Medien operationalisiert werden können. Zudem bin ich bemüht, Schwarze Wissensre_produktionsprozesse und -momente im deutschen Wissenschaftssystem zu verankern, sodass im deutschsprachigen Raum Schwarzes Wissen institutionalisiert und die Bemühungen um ein Institut für Schwarze (Europäische) Studien *(Black (European) Studies)* in Deutschland gestützt werden können. Infolgedessen wird in der vorgelegten Arbeit mit einer ›afroistischen‹ Selbstbegründung der Weg zu einem racial turn in Deutschland aufgezeigt, durch den die soziale Integration und damit der Eingang der afrodeutschen Community in Gesellschaft und Kultur ermöglicht werden kann. Denn im Umgang mit Wissen macht der Paradigmenwechsel von der Informations- zur Wissensgesellschaft einen Wechsel von Sprachhandlungen, Sehgewohnheiten und Denkmustern erforderlich, was jedoch nur erreicht werden kann, wenn das deutsche Hauptkulturprogramm im Verhältnis zu dem, was Schwarze Deutsche wissen, »reflexiv nachjustiert bzw. verändert« wird (Schmidt 2003: 39).

6. Literaturverzeichnis

Adams, Anne (2005): The Souls of Black Volk. Contradiction? Oxymoron? In: Mazón, Patricia/Steingröver, Reinhild (Hrsg.): *Not So Plain as Black And White. Afro-German Culture and History, 1890–2000.* New York, 209–232

AntiDiskriminierungsBüro (ADB) Köln/Öffentlichkeit gegen Gewalt e.V. (Hrsg.) (2013): *Leitfaden für einen rassismuskritischen Sprachgebrauch. Handreichung für Journalist_innen.* Köln

Adolf, Marian (2006): *Die unverstandene Kultur: Perspektiven einer kritischen Theorie der Mediengesellschaft.* Bielefeld

Aikins, Joshua Kwesi (2008): Die alltägliche Gegenwart der kolonialen Vergangenheit – Entinnerung, Erinnerung und Verantwortung in der Kolonialmetropole Berlin. In: Däubler-Gmelin, Herta/Münzig, Ekkehard/Walther, Christian (Hrsg.): *Afrika – Europas verkannter Nachbar.* Frankfurt a. M., 47–68

Aikins, Joshua Kwesi/Franzki, Hannah (2010): Postkoloniale Studien und kritische Sozialwissenschaft. In: *PROKLA. Zeitschrift für kritische Sozialwissenschaften,* Heft 158, 40 Jg., Nr. 1, 9–28

Aikins, Joshua Kwesi (2012): Für eine postkoloniale Erinnerungskultur. Rede zur Einweihung der May-Ayim-Gedenktafel am 29.8.2011. In: *Leben nach Migration. Newsletter des Migrationsrats Berlin-Brandenburg e. V.* Ausgabe 2, Februar 2012, 3–5. Online: http://www.migrationsrat.de/dokumente/pressemitteilungen/MRBB-NL-2012-02-Special%20Leben%20nach%20Migration.pdf (21.01.2014)

AK Feministische Sprachpraxis (Hrsg.) (2011): *Feminismus schreiben lernen.* Frankfurt a. M.

Amesberger, Helga/Halbmayr, Brigitte (2008): *Das Privileg der Unsichtbarkeit. Rassismus unter dem Blickwinkel von Weißsein und Dominanzkultur.* Wien

Appiah, K. Anthony (2000): Racial Identity and Racial Identification. In: Back, Les/Solomos, John (Hrsg.): *Theories of Race and Racism: A Reader.* London, 607–615

Arndt, Susan (2001): Impressionen. Rassismus und der deutsche Afrikadiskurs. In: Arndt, Susan/Hornscheidt, Antje (Hrsg.): *Afrikabilder. Studien zu Rassismus in Deutschland.* Münster, 11–68

Arndt, Susan/Hornscheidt, Antje (Hrsg.) (2004): *Afrika und die deutsche Sprache. Ein kritisches Nachschlagewerk.* Münster

Arndt, Susan (2005): Mythen des weißen Subjekts: Verleugnung und Hierarchisierung von Rassismus. In: Eggers, Maureen Maisha/Kilomba,

Grada/Piesche, Peggy/Arndt, Susan (Hrsg.): *Mythen, Masken, Subjekte. Kritische Weißseinsforschung in Deutschland.* Münster, 340–362

Arndt, Susan/ Ofuatey-Alazard, Nadja (Hrsg.) (2011): *Wie Rassismus aus Wörtern spricht. (K)Erben des Kolonialismus im Wissensarchiv deutsche Sprache. Ein kritisches Nachschlagewerk.* Münster

Arndt, Susan (2011): Racial Turn. In: Arndt, Susan/Ofuatey-Alazard, Nadja (Hrsg.): *Wie Rassismus aus Wörtern spricht. (K)Erben des Kolonialismus im Wissensarchiv deutsche Sprache. Ein kritisches Nachschlagewerk.* Münster, 185–189

Arndt, Susan (2011a): »Mohr_in«. In: Arndt, Susan/Ofuatey-Alazard, Nadja (Hrsg.): *Wie Rassismus aus Wörtern spricht. (K)Erben des Kolonialismus im Wissensarchiv deutsche Sprache. Ein kritisches Nachschlagewerk.* Münster, 649–653

Asante, Molefi Kete (2009): *Afro-Germans and the Problems of Cultural Location.* Online: http://www.asante.net/articles/17/afro-germans-and-the-problems-of-cultural-location (10.08.2012)

Aukongo, Stefanie-Lahya (2009): *Kalungas Kind. Wie die DDR mein Leben rettete.* Reinbek

Austin, John Langshaw (1962): *How to Do Things with Words.* Oxford

Ayim, May (1992): Rassismus im Therapiebereich (Auszüge aus einem Vortrag). In: Ayim, May/Prasad, Nivedita in Kooperation mit der Frauenstiftung Hamburg (Hrsg.): *Wege zu Bündnissen (Eine Kongreßdokumentation).* Berlin, 56–62

Ayim, May (1993): Deutsch-deutsch Vaterland...Täusch-täusch Vaderlan...Tausch-täusch Väderli...In: Verlagsinitiative gegen Gewalt und Fremdenhass (Hrsg.): *Schweigen ist Schuld. Ein Lesebuch.* Frankfurt a. M./Hamburg, 89–90

Ayim, May (1993/1997): Das Jahr 1990. Heimat und Einheit aus afro-deutscher Perspektive. In: Hügel, Ika/Lange, Chris/Ayim, May/Bubeck, Ilona/Aktas, Gülsen/Schultz, Dagmar (Hrsg.): *Entfernte Verbindungen. Rassismus, Antisemitismus, Klassenunterdrückung.* Berlin, 206–220

Ayim, May (1995/2005): *Blues in Schwarz Weiss.* Berlin

Ayim, May (1995): Weißer Streß und Schwarze Nerven. Streßfaktor Rassismus. In: Schäfgen, Maria (Hrsg.): *Streß beiseite.* Berlin, 100–119

Ayim, May (1997): *Grenzenlos und unverschämt.* Berlin

Ayim, May (1997a): *Nachtgesang.* Berlin

Balibar, Ètienne (1989): Gibt es einen »neuen Rassismus«? In: *Das Argument*, Jg. 31 (1989: 3), 369–380

Ballhaus, Edmund/Engelbrecht, Beate (Hrsg.) (1995): *Der ethnographische Film. Einführung in Methoden und Praxis.* Berlin

Barskanmaz, Cengiz (2008): Rassismus, Postkolonialismus und Recht – Zu einer deutschen Critical Race Theory? In: *Kritische Justiz* 3/2008, 296–302

Bartl, Angelika/Hoenes, Josch/Mühr, Patricia/ Wienand, Kea (Hrsg.) (2011): *Sehen – Macht – Wissen. ReSaVoir. Bilder im Spannungsfeld von Kultur, Politik und Erinnerung.* Bielefeld

Bassnett, Susan/Trivedi, Harish (Hrsg.) (2002): *Post-Colonial Translation. Theory and Practice.* New York/London

Bechhaus-Gerst, Marianne (2005): W. E. B. Du Bois in Berlin. In: van der Heyden, Ulrich/Zeller; Joachim (Hrsg.): *Macht und Anteil an der Weltherrschaft. Berlin und der deutsche Kolonialismus.* Münster, 231–235

Berman, Russell A. (2005): Thomas Mann, W. E. B. Du Bois and Afro-German Studies. In: Mazón, Patricia/Steingröver, Reinhild (Hrsg.): *Not So Plain as Black And White. Afro-German Culture and History, 1890–2000.* New York, Foreword

Best, Steven/Kellner, Douglas (1991): *Postmodern Theory. Critical Interrogations.* New York

Bhabha, Homi K. (1999): The Third Space. In: Rutherford, Jonathan (Hrsg.): *Identity, Community, Culture, Difference.* London, 207–221

Bhabha, Homi K. (2000): *Die Verortung der Kultur*. Tübingen

Biloa Onana, Marie (2010): *Der Sklavenaufstand von Haiti. Ethnische Differenz und Humanitätsideale in der Literatur des 19. Jahrhunderts.* Köln/Weimar/ Wien

Black, Marc (2007): Fanon and Du Boisian Double Consciousness. In: *Human Architecture: Journal of the Sociology of Self-Knowledge*, V, Special Double-Issue, Summer 2007, 393–404

Blom, Philipp/Kos, Wolfgang (Hrsg.) (2011): *Angelo Soliman. Ein Afrikaner in Wien*. Wien

Blommaert, Jan (Hrsg.)(1999): *Language Ideological Debates.* Berlin/New York

Bohinc, Thomas (2003) Wissenskultur – Begriff und Bedeutung. In: Reimer, Ulrich/Abdecker, Andreas/Staab, Steffen/Stumme, Gerd (Hrsg.): *WM 2003: Professionelles Wissensmanagement – Erfahrungen und Visionen.* Bonn, 371–379

Brandes, Kerstin (2011): From Here I Saw What Happened ... Fotografische Evidenz, Rahmen-Spiele und Ent/Fixierungen bei Carrie Mae Weems. In: Bartl, Angelika/Hoenes, Josch/Mühr, Patricia/ Wienand, Kea (Hrsg.): *Sehen – Macht – Wissen. ReSaVoir. Bilder im Spannungsfeld von Kultur, Politik und Erinnerung.* Bielefeld, 157–174

Brentjes, Burchard (1976): *Anton Wilhelm Amo. Der Schwarze Philosoph in Halle.* Leipzig

Broeck, Sabine (2006): Das Subjekt der Aufklärung – Sklaverei – Gender Studies: Zur notwendigen Relektüre der Moderne. In: Dietze, Gabriele/Hark, Sabine (Hrsg.): *Gender kontrovers. Genealogien und Grenzen einer Kategorie.* Königsstein/Taunus, 152–180

Butler, Judith (1995): *Körper von Gewicht. Die diskursiven Grenzen des Geschlechts.* Berlin

Butler, Judith (2006): *Haß spricht: Zur Politik des Performativen.* Berlin

Cambridge, Alrick (1992): Black Body, Politics. In: Cambridge, Alrick/ Feuchtwang, Stephan (Hrsg.): *Where You Belong: Government and Black Culture.* Aldershot, 108–126

Campt, Tina M. (1993): Afro-German Cultural Identity and the Politics of Positionality: Contests and Contexts in the Formation of a German Ethnic Identity. In: *New German Critique*, No. 58, 109–126, Online: http://www.jstor.org/stable/488390 (29.04.2013)

Campt, Tina M. (2002): The Crowded Space of Diaspora: Intercultural Address and the Tension of Diasporic Relation. In: *Radical History Review* 83, 94–113

Campt, Tina M. (2003): Reading the Black German Experience. An Introduction. In: *Callaloo*, Vol. 26, No. 2, 288–294

Campt, Tina M./Gilroy, Paul (Hrsg.) (2004): *Der Black Atlantic.* Berlin

Campt, Tina M. (2004): *Other Germans: Black Germans and the Politics of Race, Gender, and Memory in the Third Reich.* Michigan

Campt, Tina M. (2012): *Image Matters. Archive, Photography, and the African Diaspora in Europe.* Durham/London

Castro Valera, Maria Do Mar/Dhawan, Nikita (2005): *Postkoloniale Theorie. Eine kritische Einführung.* Bielefeld

Césaire, Aimé (1972): *Discourse on Colonialism.* New York

Church Terrel, Mary (1940): *A Colored Woman in a White World.* West Hartford

Collins, Patricia Hill (2000): *Black Feminist Thought.* London/New York

Combahee River Collective (1982): *The Combahee River Collective Statement.* Online: http://circuitous.org/scraps/combahee.html (30.11.2012)

Conrad, Sebastian/Randeria, Shalini (2002): *Jenseits des Eurozentrismus. Postkoloniale Perspektiven in den Geschichts- und Kulturwissenschaften.* Frankfurt a. M.

Davis, Angela (1989): *Women, Culture & Politics.* New York

Della, Tahir/Nduka-Agwu, Adibeli (2010): Afrodeutsch/Afrodeutsch_e. In: Nduka-Agwu, Adibeli/Hornscheidt, Antje Lann (Hrsg.): *Rassismus auf gut Deutsch. Ein kritisches Nachschlagewerk zu rassistischen Sprachhandlungen.* Frankfurt a. M., 53–55

De Veaux, Alexis (2004): *Warrior Poet. A Biography of Audre Lorde.* New York/ London

Dietrich, Anette (2007): *Weiße Weiblichkeiten. Konstruktion von »Rasse« und Geschlecht im deutschen Kolonialismus.* Bielefeld

Dietze, Gabriele/Brunner, Claudia/Wenzel, Edith (Hrsg.) (2009): *Kritik des Okzidentalismus. Transdisziplinäre Beiträge zu (Neo-)Orientalismus und Geschlecht.* Bielefeld

Dramiga, Joe (2011): *Black History Month 2011: Anton Wilhelm Amo der erste Schwarze Philosoph an einer deutschen Universität.* Online: http://www.scilogs.de/die-sankore-schriften/black-history-month-2011-anton-wilhelm-amo-der-erste-schwarze-philosoph-an-einer-deutschen-universit-t/ (03.12.12)

Du Bois, W. E. B. (1897/2007): *The Conversation of Races.* Pennsylvania

Du Bois, W. E. B. (1903/2003): *The Souls of Black Folk.* New York

Du Bois, W. E. B. (1915/2007): *The Negro.* Pennsylvania

Du Bois, W. E. B. (1940/2007): *Dusk of Dawn. An Essay toward an Autobiography of a Race Concept.* New York

Du Bois, W. E. B. (1985): *Against Racism: Unpublished Essays, Papers, Addresses, 1887-1961.* Edited by Herbert Aptheker. Massachusetts

Eggers, Maureen Maisha (2005): Ein Schwarzes Wissensarchiv. In: Eggers, Maureen Maisha/Kilomba, Grada/Piesche, Peggy/Arndt, Susan (Hrsg.): *Mythen, Masken, Subjekte. Kritische Weißseinsforschung in Deutschland.* Münster, 18–21

Eggers, Maureen Maisha (2005a): Rassifizierte Machdifferenz als Deutungsperspektive in der Kritischen Weißseinsforschung in Deutschland. In: Eggers, Maureen Maisha/Kilomba, Grada/Piesche, Peggy/Arndt, Susan (Hrsg.): *Mythen, Masken, Subjekte. Kritische Weißseinsforschung in Deutschland.* Münster, 56–72

Eggers, Maureen Maisha/Kilomba, Grada/Piesche, Peggy/Arndt, Susan (Hrsg.) (2005): *Mythen, Masken, Subjekte. Kritische Weißseinsforschung in Deutschland.* Münster

Eggers, Maureen Maisha (2006): Positive Eigenbilder, die Diaspora als zentrale Referenz, Identitätsspektren und Zusammenschlüsse. In: dies. (Hrsg.): *Dossier. Schwarze Community in Deutschland.* Online: http://www.migration-boell.de/web/diversity/48_583.asp (14.05.2013)

Eggers, Maisha M. (2012): Transformationspotentiale, kreative Macht und Auseinandersetzungen mit einer kritischen Differenzperspektive. Schwarze Lesben in Deutschland. In: Piesche, Peggy (Hrsg.): *Euer Schweigen schützt euch nicht. Audre Lorde und die Schwarze Frauenbewegung in Deutschland.* Berlin, 85–96

El-Tayeb, Fatima (2001): *Schwarze Deutsche. Der Diskurs um »Rasse« und nationale Identität 1890–1933.* Frankfurt a. M./New York

El-Tayeb, Fatima (2003): Begrenzte Horizonte. Queer Identity in der Festung Europa. In: Steyerl, Hito/Gutiérrez Rodriguez, Encarnación (Hrsg.): *Spricht die Subalterne deutsch? Migration und postkoloniale Kritik.* Münster, 129–145

El-Tayeb, Fatima (2004): Blut, Nation und multikulturelle Gesellschaft. In: Bechhaus-Gerst, Marianne/Klein-Arendt, Reinhard (Hrsg.): *AfrikanerInnen in Deutschland und schwarze Deutsche – Geschichte und Gegenwart. Beiträge zur gleichnamigen Konferenz vom 13.–15. Juni 2003 im NS-Dokumentationszentrum (EL-DE-Haus)* Köln. Münster, 125–137

El-Tayeb, Fatima (2005): Vorwort. In: Eggers, Maureen Maisha/Kilomba, Grada/Piesche, Peggy/Arndt, Susan (Hrsg.): *Mythen, Masken, Subjekte. Kritische Weißseinsforschung in Deutschland.* Münster, 7–10

Fanon, Franz (1986): *Black Skin, White Masks.* London

Farr, Arnold (2005): Wie Weißsein sichtbar wird. Aufklärungsrassismus und die Struktur eines rassifizierten Bewusstseins. In: Eggers, Maureen Maisha/Kilomba, Grada/Piesche, Peggy/Arndt, Susan (Hrsg.): *Mythen, Masken, Subjekte. Kritische Weißseinsforschung in Deutschland.* Münster, 40–55

Foerster, Heinz von/Müller, Albert/Karl H. Müller (1997): Im Goldenen Hecht. Über Konstruktivismus und Geschichte. In: *Österreichische Zeitschrift für Geschichtswissenschaften*, 8/1997/1, 129–143

Foucault, Michel (1971): *Die Ordnung der Dinge. Eine Archäologie der Humanwissenschaften.* Frankfurt a. M.

Foucault, Michel (1976): *Überwachen und Strafen. Die Geburt des Gefängnisses.* Frankfurt a. M.

Foucault, Michel (1991): *Die Ordnung des Diskurses.* Frankfurt a. M.

Frankenberg, Ruth (Hrsg.) (1997): *Displacing Whiteness. Essays in Social and Cultural Criticism.* Durham/London

Friedrichsmeyer, Sara/Lennox, Sara/Zantop, Susanne (Hrsg.) (1998): *The Imperialist Imagination. German Colonialism and Its Legacy.* Michigan

Gates, Henry Louis jr. (1993): Das Schwarze der schwarzen Literatur. Über das Zeichen und den »Signifying Monkey«. In: Diedrichsen, Diedrich (Hrsg.): *Yo! Hermeneutics! Schwarze Kulturkritik. Pop, Medien, Feminismus.* Berlin/Amsterdam, 177–189

Gates, Henry Louis jr. (2014): *The Signifying Monkey: A Theory of African-American Literary Criticism.* New York

Gergen, Kenneth J. (1985): The Social Constructionist Movement in Modern Psychology. In: *American Psychologist*, Vol. 40, No. 3, 266–275

Gilman, Sander L. (1982): *On Blackness without Blacks: Essays on the Image of the Black in Germany.* Massachusetts

Gilman, Sander L. (1986): Black Sexuality and Modern Consciousness. In: Grimm, Reinhold/Hermand, Jost (Hrsg.): *Blacks and German Culture.* Wisconsin, 35–53

Gilman, Sander (2010): The Hottentot and the Prostitute. Toward an Iconography of Female Sexuality. In: Willis, Deborah (Hrsg): *Black Venus 2010. They Called Her »Hottentot«.* Philadelphia, 15–31

Gilroy, Paul (1993): *The Black Atlantic. Modernity and Double Consciousness.* Massachusetts

Goertz, Karein K. (2003): Showing Her Colors. An Afro-German Writes the Blues in Black and White. In: *Callaloo*, Vol. 26., No. 2, 306–319

Gordon, Lewis R. (2005): Through the Zone of Nonbeing: A Reading of Black Skin, White Masks in Celebration of Fanon's Eightieth Birthday. In: *The C.L.R. James Journal* 11, No. 1 (Summer 2005), 1–43 Online: http://www.lewisrgordon.com/articles/race--racism/race--racism/zone_of_nonbeing.pdf (30.09.2013)

Gouaffo, Albert (2007): *Wissens- und Kulturtransfers im kolonialen Kontext. Das Beispiel Kamerun – Deutschland (1884–1919).* Würzburg

Gouaffo, Albert (Hrsg.) (2009): *Mont Cameroun. Afrikanische Zeitschrift für interkulturelle Studien zum deutschsprachigen Raum. Literaturen der Migration in Deutschland: Das Beispiel Afrika.* Dschang, Kamerun

Grosfoguel, Rámon (2008): *Transmodernity, Border Thinking, and Global Coloniality. Decolonizing Political Economy and Political Studies.* Online: http://www.eurozine.com/pdf/2008-07-04-grosfoguel-en.pdf (13.06.2014)

Groß, Melanie/Winker, Gabriele (Hrsg.) (2007): *Queer-/Feministische Kritiken neoliberaler Verhältnisse. Münster.* Online: http://www.fh-kiel.de/fileadmin/data/sug/pdf-Dokument/Melanie_Gross/fem_widerstand.pdf (12.06.2013)

Ha, Kien Nghi (2004): Hybridität ist hip. Zur Verwertung postkolonialer Kritik in der deutschen Wissenschaft. In: *Jungle World* Nr. 47, 10. November 2004 Online: http://jungle-world.com/artikel/2004/46/14069.html (24.02.2012)

Ha, Kien Nghi (2005): Macht(T)raum(a) Berlin – Deutschland als Kolonialgesellschaft. In: Eggers, Maureen Maisha/Kilomba, Grada/Piesche, Peggy/Arndt, Susan (Hrsg.): *Mythen, Masken, Subjekte. Kritische Weißseinsforschung in Deutschland.* Münster, 105–117

Ha, Kien Nghi (2006): *Koloniale Praktiken in wissenschaftlichen Diskursen und der deutschen Integrationspolitik*. Online: http://www.thevoiceforum.org/node/383 (02.09.2011)

Ha, Kien Nghi/Lauré al-Samarai, Nicola/Mysorekar, Sheila (Hrsg.) (2007): *re/visionen. Postkoloniale Perspektiven von People of Color auf Rassismus, Kulturpolitik und Widerstand in Deutschland.* Münster

Ha, Kien Nghi (2011): Postkolonialismus/Postkolonialer Kritik. In: Arndt, Susan/Ofuatey-Alazard, Nadja (Hrsg.): *Wie Rassismus aus Wörtern spricht. (K)Erben des Kolonialismus im Wissensarchiv deutsche Sprache. Ein kritisches Nachschlagewerk.* Münster, 177–184

Haberl, Horst Gerhard (2003): Art is the Message. In: Schmitt, Berthold/Schulz, Bernd (Hrsg.) (2003): *Ingrid Mwangi. Your Own Soul.* Saarbrücken, 32–41.

Halbwachs, Maurice (1984): *Kollektive Konstruktionen der Vergangenheit.* Frankfurt a. M.

Hall, Stuart (1981): Teaching Race. In: James, Alan/Jeffcoate, Robert (Hrsg.): *The School in the Multicultural Society: A Reader*. London, 58–69

Hall, Stuart (1997): The Centrality of Culture: Notes on the Cultural Revolutions of Our Time. In: Thompson, Kenneth (Hrsg.): *Media and Cultural Regulation. Culture, Media and Identities.* London, 208–238

Hall, Stuart (2000). Old and New Identities, Old and New Ethnicities. In: Black, Les/Solomos, John (Hrsg.): *Theories of Race and Racism. A Reader.* New York, 144–153

Hamann, Ulrike (2010): Die Kritik vertiefen. Schulbücher und Rassismus im Polyluxverfahren. In: Nduka-Agwu, Adibeli/Hornscheidt, Antje Lann (Hrsg.): *Rassismus auf gut Deutsch. Ein kritisches Nachschlagewerk zu rassistischen Sprachhandlungen.* Frankfurt a. M., 478–490

Harris, Michael D. (2010): Mirror Sisters: Aunt Jemima as the Antonym/Extension of Saartjie Bartmann. In: Willis, Deborah (Hrsg.): *Black Venus 2010. They Called Her »Hottentot«.* Philadelphia, 163–179

Hayn, Evelyn (2010): »Political Correctness«. Machtvolle Sprachaushandlungen und sprachliche Mythen in Diskussionen um »Politische Korrektheit«. In: Nduka-Agwu, Adibeli/Hornscheidt, Antje Lann (Hrsg.): *Rassismus auf gut Deutsch. Ein kritisches Nachschlagewerk zu rassistischen Sprachhandlungen.* Frankfurt a. M., 337–343

Hayn, Evelyn (2011): Wissen feministisch re_produzieren lernen. In: AK Feministische Sprachpraxis (Hrsg.): *Feminismus schreiben lernen.* Frankfurt a. M., 139–161

Hegel, Georg Wilhelm Friedrich (1807/1970): *Phänomenologie des Geistes.* Frankfurt a. M./Berlin/Wien

Hejl, Peter M. (1994): Soziale Konstruktion von Wirklichkeit. In: Merten, Klaus/ Schmidt, Siegfried J./Weischenberg, Siegfried (Hrsg.): *Die Wirklichkeit der Medien. Eine Einführung in die Kommunikationswissenschaft.* Opladen, 43–59

Helfer, Thomas (o. A.) *Bausteine der Wissensarbeit: Wissensmanagement – Vernetzung von Wissen – Interdisziplinäre Kommunikation* Online: http:// avbstiftung.de/fileadmin/public/Thomas_Helfer_Wissensarbeit.pdf (30.06.2014)

Herrmann, Steffen K./Kuch, Hannes (2010): Philosophien sprachlicher Gewalt – Eine Einleitung. In: dies. (Hrsg.): *Philosophien sprachlicher Gewalt. 21 Grundpositionen von Platon bis Butler.* Weilerswist, 1–23

hooks, bell (1990): *Yearning: Race, Gender and Cultural Politics.* Massachusetts

hooks, bell (1993): Schwarze intellektuelle Frauen. In: Diedrichsen, Diedrich (Hrsg.): *Yo! Hermeneutics! Schwarze Kulturkritik. Pop, Medien, Feminismus.* Berlin/Amsterdam, 39–49

hooks, bell (1994): *Black Looks. Popkultur – Medien – Rassismus.* Berlin

hooks, bell (1995): *Art on My Mind. Visual Politics.* New York

hooks, bell (1996): *Sehnsucht und Widerstand. Kultur, Ethnie, Geschlecht.* Berlin

Hopkins, Leroy (1996): Inventing Self: Parallels in the African-German and African-American Experience. In: Blackshire-Belay, Carol Aisha (Hrsg.): *The African-German Experience: Critical Essays.* Westport, 37–54

Hopkins, Leroy (2004): Searching for a Father(land): Afro-German Literature's Dilemma. In: McCarthy, John A./Grünzweig, Walter/Koebner, Thomas (Hrsg.): *The Many Faces of Germany. Transformations in the Study of German Culture and History.* New York, 301–309

Hornscheidt, Antje (2005): (Nicht)Benennungen: Critical Whiteness Studies und Linguistik. In: Eggers, Maureen Maisha/Kilomba, Grada/Piesche, Peggy/ Arndt, Susan (Hrsg.): *Mythen, Masken, Subjekte. Kritische Weißseinsforschung in Deutschland.* Münster, 476–490

Hornscheidt, Antje Lann (2010): Statisierungskritik: Überlegungen zu einem dekonstruierenden Analysekonzept deutscher statisierter Normalisierungen im Kontext von Rassismus und Migratismus. In: Nduka-Agwu, Adibeli/ Hornscheidt, Antje Lann (Hrsg.): *Rassismus auf gut Deutsch. Ein kritisches Nachschlagewerk zu rassistischen Sprachhandlungen.* Frankfurt a. M., 421–447

Hornscheidt, Antje Lann (2010a): Was ist post- und contrakoloniale Diskursanalyse? In: Nduka-Agwu, Adibeli/Hornscheidt, Antje Lann (Hrsg.) (2010): *Rassismus auf gut Deutsch. Ein kritisches Nachschlagewerk zu rassistischen Sprachhandlungen.* Frankfurt a. M., 448–455

Hornscheidt, Antje Lann (2010b): Zum Rassismus in einsprachigen Wörterbüchern – ein Analyseleitfaden zur kritischen Reflexion rassistischer

Sprachhandlungen. In: Nduka-Agwu, Adibeli/Hornscheidt, Antje Lann (Hrsg.) (2010): *Rassismus auf gut Deutsch. Ein kritisches Nachschlagewerk zu rassistischen Sprachhandlungen.* Frankfurt a. M., 456–477

hornscheidt, lann (2012): *feministische w_orte. ein lern-, denk- und handlungsbuch zu sprache und diskriminierung, gender studies und feministischer linguistik.* Frankfurt a. M.

Huber, Hans Dieter (2008): Phantasie als Schnittstelle zwischen Bild und Sprache. In: Ganß, Michael/Sinapius, Peter/de Smit, Peer (Hrsg.): *Ich seh' dich so gern sprechen. Sprache im Bezugsfeld von Praxis und Dokumentation künstlerischer Therapien.* Frankfurt a. M., 61–70

Hügel, Ika/Lange, Chris/Ayim, May/Bubeck, Ilona/Aktas, Gülsen/Schultz, Dagmar (Hrsg.) (1993/1997): *Entfernte Verbindungen. Rassismus, Antisemitismus, Klassenunterdrückung.* Berlin

Hügel-Marshall, Ika (2001/2012): *Daheim unterwegs. Ein deutsches Leben.* Münster

Hug, Theo/Heinze, Thomas (2003): Wissen – Kommunikation – Medien. Eine Skizze ausgewählter Wissensformen in der westlichen Medien- und Kommunikationskultur. In: Heinze, Thomas (Hrsg.): *Kommunikations-management. Wissen und Kommunikation in Bildung, Kultur und Tourismus.* Wiesbaden, 35–65

Hughes, Melissa K. (2003): Through the Looking Glass: Racial Jokes, Social Context, and the Reasonable Person in Hostile Work Environment Analysis. In: *Southern California Law Review*, Vol. 76, No. 6, 1437–1482. Online: http://lawreview.usc.edu/index.php/category/volume-76-number-6-september-2003 (30.09.2013)

Irigaray, Luce (1977/1985): *This Sex Which is not One.* New York

Jäger, Siegfried (1993): *Kritische Diskursanalyse. Eine Einführung.* Duisburg

Jarenski, Shelly (2010): Invisibility Embraced: The Abjekt as a Site of Agency in Ellison's »Invisible Man«. In *MELUS*, Vol. 35, No. 4, *The Bodies of Black Folk*, Winter 2010, 85–109

Jezewski, Mary Ann (1995): Evolution of a Grounded Theory: Conflict Resolution Through Culture Brokering. In: *Advances in Nursing Science* 1995; 17 (3), 14–30

Jezewski, Mary Ann/Sotnik, Paula (2001): *Culture Brokering: Providing Culturally Competent Rehabilitation Services to Foreign-born Persons.* Online: http://cirrie.buffalo.edu/culture/monographs/cb.php (15.03.2013)

Joseph, Gloria I. (Hrsg.) (1993): *Schwarzer Feminismus. Theorie und Politik afro-amerikanischer Frauen.* Berlin

Kamara, Angela (2007): »Stimmen aus der Vergangenheit«. Gcina Mhlophe – vom Beruf einer Geschichtenerzählerin. In: *X, das Magazin für AfroKultur,* Sonderedition. Osnabrück, 61–63

Kaplan, E. Ann (1997): *Looking for the Other: Feminism, Film and the Imperial Gaze*. New York

Kavoori, Anandam/Chadha, Kalyani (2009): The Cultural Turn in International Communication: Mapping an Epistemic. In: *Journal of Broadcasting and Electronic Media*, 53:2, 336–346

Kelly, Natasha A. (2008): *»Afroism«. Zur Situation einer ethnischen Minderheit in Deutschland.* Saarbrücken

Kelly, Natasha A. (2009): »Sie sind afro-deutsch? ... ah, ich verstehe« – Zur Entstehung eines neuen deutschen Literaturgenres. In: Gouaffo, Albert (Hrsg.): *Mont Cameroun. Afrikanische Zeitschrift für interkulturelle Studien zum deutschsprachigen Raum. Literaturen der Migration in Deutschland: Das Beispiel Afrika.* Dschang, Kamerun, 83–102

Kelly, Natasha A. (2010): Das N-Wort. In: Nduka-Agwu, Adibeli/Hornscheidt, Antje Lann (Hrsg.): *Rassismus auf gut Deutsch. Ein kritisches Nachschlagewerk zu rassistischen Sprachhandlungen.* Frankfurt a. M., 157–166

Kelly, Natasha A. (2010a): »Rasse« – in der Wissenschaft, im Alltag und in der Politik. In: Nduka-Agwu, Adibeli/Hornscheidt, Antje Lann (Hrsg.): *Rassismus auf gut Deutsch. Ein kritisches Nachschlagewerk zu rassistischen Sprachhandlungen.* Frankfurt a. M., 344–350

Kepplinger, Hans Mathias (2001): *Die Kunst der Skandalierung und die Illusion der Wahrheit. Die Macht der Medien und die Möglichkeiten der Betroffenen.* München

Kilomba Ferreira, Grada (2004): »Don't You Call me [N.]! « – Das »N-Wort«, Trauma und Rassismus. In: AntiDiskriminierungsBüro (ADB) Köln/cyberNomads (cbN) (Hrsg.): *The Black Book. Deutschlands Häutungen.* Frankfurt a. M., 173–182

Kilomba, Grada (2008): *Plantation Memories. Episodes of Everyday Racism.* Münster

Kraft, Marion (Hrsg.) (2015): *Kinder der Befreiung. Transatlantische Erfahrungen und Perspektiven Schwarzer Deutscher der Nachkriegsgeneration*. Münster

Kraft, Marion/Lorde, Audre (2012): Vom Nutzen der Verschiedenheit. In: Piesche, Peggy (Hrsg.): *Euer Schweigen schützt euch nicht. Audre Lorde und die Schwarze Frauenbewegung in Deutschland.* Berlin, 216–233

Kress, Gunther/ van Leeuwen, Theo (1996): *Reading Images. The Grammar of Visual Design*. London/New York

Kron, Stefanie (2009): Afrikanische Diaspora und Literatur Schwarzer Frauen in Deutschland. In: Heinrich-Böll-Stiftung (Hrsg.): *Migrationsliteratur. Eine neue deutsche Literatur.* Dossier. Berlin, 86–93

Küppers, Michael/Alagiyawanna-Kadalie, Angela (2004): Macht der Nacht II. Ein Wort vorab. In: Piesche, Peggy/Küppers, Michael/Ani, Ekpenyong/Alagiyawanna-Kadalie, Angela (Hrsg.): *May Ayim Award. Erster internationaler Schwarzer deutscher Literaturpreis 2004.* Berlin, 10

Kundrus, Birthe (2003): *Moderne Imperialisten. Das Kaiserreich im Spiegel seiner Kolonien.* Köln

Kuria, Emily Ngubia (2010): »Afrika!« – seine Verkörperung in einem deutschen Kontext. In: Nduka-Agwu, Adibeli/Hornscheidt, Antje Lann (Hrsg.): *Rassismus auf gut Deutsch. Ein kritisches Nachschlagewerk zu rassistischen Sprachhandlungen.* Frankfurt a. M., 223–237

Kusser, Astird/Lewerenz, Susann (2007): Genealogien der Erinnerung – die Ausstellung Bilder verkehren im Kontext der Gedenkjahre 2004/2005. In: Hobuss, Steffi/Lölke, Ulrich (Hrsg.): *Erinnern verhandeln. Kolonialismus im kollektiven Gedächtnis Afrikas und Europas.* Münster, 214–245

Lasswell, Harald D. (1948): The Structure and Function of Communication in Society. In: Bryson, Lyman (Hrsg.): *The Communication of Ideas. A Series of Addresses.* London/New York, 37–51

Lauré al-Samarai, Nicola (2011): Schwarze Deutsche. In: Arndt, Susan/Ofuatey-Alazard, Nadja (Hrsg.): *Wie Rassismus aus Wörtern spricht. (K) Erben des Kolonialismus im Wissensarchiv deutsche Sprache. Ein kritisches Nachschlagewerk.* Münster, 611–613

Leiprecht, Rudolf (2001): »Kultur« als Sprachversteck für »Rasse«. Die soziale Konstruktion fremder Kulturen als ein Element kulturalisierenden Rassismus. In: Fansa, Mamoun (Hrsg.): *Schwarzweissheiten: Vom Umgang mit fremden Menschen*; Sonderausstellung, Landesmuseum für Natur und Mensch, Oldenburg, vom 28. September 2001 bis 27. Januar 2002, 170–177

Lindner, Ulrike (2011): Neuere Kolonialgeschichte und Postcolonial Studies. In: *Docupedia-zeitgeschichte*, 15.4.2011, 1–18. Online: http://docupedia.de/docupedia/images/7/78/Neuere_Kolonialgeschichte_und_Postcolonial_Studies.pdf (30.09.2013)

Lockward, Alanna (2006): *Schwarz – Black – Afro. Widerspieglung eines Wortfeldes im Tagesspiegel 2004–2006.* Online: http://derbraunemob.de.org/shared/download/Lockward_Master_Thesis.pdf (09.05.2012)

Lockward, Alanna (2010): Diaspora. In: Nduka-Agwu, Adibeli/Hornscheidt, Antje Lann (Hrsg.): *Rassismus auf gut Deutsch. Ein kritisches Nachschlagewerk zu rassistischen Sprachhandlungen.* Frankfurt a. M., 56–71

Loftsdóttir, Kristín/Hipfl, Brigitte (Hrsg.) (2012): *Teaching »Race« with a Gendered Edge.* Budapest/NewYork

Lorde, Audre (1978): *The Black Unicorn. Poems.* New York

Lorde, Audre (1982): *Zami. Eine Mythobiographie.* Berlin

Lorde, Audre (1984/1994): *Auf Leben und Tod. Krebstagebuch.* Berlin

Lorde, Audre (1984/2007): *Sister Outsider. Essays & Speeches by Audre Lorde.* New York

Lorde, Audre (1988): *Lichtflut: Neue Texte.* Berlin

Lorde, Audre (1994): *Die Quelle unserer Macht. Gedichte.* Berlin

Lorde, Audre (1997): *The Collected Poems of Audre Lorde.* New York

Lorde, Audre (2008): *I Am Your Sister. Collected and Unpublished Writings of Audre Lorde edited by Rudolph P. Byrd, Johnetta Betsch Cole, Beverly Guy-Sheftall.* New York

Lorde, Audre (2012): Jenseits des Nationalen: Audre Lordes Internationalismus und Schwarzer Feminismus in Deutschland. In: Piesche, Peggy (Hrsg.): *Euer Schweigen schützt euch nicht. Audre Lorde und die Schwarze Frauenbewegung in Deutschland.* Berlin, 77–84

Lorde, Audre (2012a): Vom Nutzen der Verschiedenheit. In: Piesche, Peggy (Hrsg.): *Euer Schweigen schützt euch nicht. Audre Lorde und die Schwarze Frauenbewegung in Deutschland.* Berlin, 216–227

Luhmann, Niklas (1987): *Soziale Systeme. Grundriß einer allgemeinen Theorie.* Frankfurt a. M.

Luhmann, Niklas (1995): *Die Realität der Massenmedien.* Wiesbaden

Lukács, Georg (1970): Die politische Gesinnung und Geschichtsauffassung Hegels in der Periode der »Phänomenologie des Geistes«. *Nachwort* in: Hegel, Georg Wilhelm Friedrich (1807/1970): *Phänomenologie des Geistes.* Frankfurt a. M./Berlin/Wien, 451–587

Lutz, Helma (2010): Biographieforschung im Lichte postkolonialer Theorien. In: Reuter, Julia/Villa, Paula-Irene (Hrsg.): *Postkoloniale Soziologie. Empirische Befunde, theoretische Anschlüsse, politische Intervention.* Bielefeld, 115–136

Mabe, Jacob Emmanuel (2007): *Wilhelm Anton Amo interkulturell gelesen.* Nordhausen

MacCarroll, Margret (2005): *May Ayim. A Woman in the Margin of German Society.* Electronic Theses and Dissertations. Paper 2814. Online: http://diginde.lib.fsu.edu/etd/2814 (30.09.2013)

Maldonado-Torres, Nelson (2007): On the Coloniality of Being. Contributions to the Development of a Concept. In: *Cultural Studies* Vol. 21, Nos 2–3 March/May. London, 240–270

Mama, Amina (1995): *Beyond the Masks. Race, Gender and Subjectivity.* New York

Mamozai, Martha (1989): *Schwarze Frau, weiße Herrin. Frauenleben in den deutschen Kolonien.* Reinbek

Marmer, Elina/Sow, Papa (2013): African History Teaching in Contemporary German Textbooks: From Biased Knowledge to Duty of Rememberance. In: *Yesterday & Today*, No. 10. Vanderbijlpark, 49–76

Mazón, Patricia/Steingröver, Reinhild (Hrsg.) (2009): *Not So Plain as Black and White. Afro-German Culture and History, 1890–2000.* New York

McClintock, Anne (1995): *Imperial Leather. Race, Gender and Sexuality in the Colonial Contest.* New York/London

McLuhan, Marshall (1994): *Die magischen Kanäle. Understanding Media.* Dresden

Mecheril, Paul/Teo, Thomas (Hrsg.) (1994): *Andere Deutsche. Zur Lebenssituation von Menschen multiethnischer und multikultureller Herkunft.* Berlin

Meier, Stefan (2010): Bild und Frame – Eine diskursanalytische Perspektive auf visuelle Kommunikation und deren methodische Operationalisierung. In: Duszak, Anna/House, Juliane/Lukasz, Kumiega (Hrsg.): *Globalisierung, Diskurse, Medien: eine kritische Perspektive.* Warschau, 371–392

Michaels, Jennifer (2006): The Impact of Audre Lorde's Politics and Poetics on Afro-German Women Writers. In: *German Studies Review*, Vol. 29, No. 1, (Feb. 2006), 21–40

Michie, Michael (2003): *The Role of Culture Brokers in Intercultural Science Education: A Research Proposal* Online: http://members.ozemail.com.au/~mmichie/culture_brokers1.htm (02.09.2011)

Mignolo, Walter D. (2010): Introduction: Coloniality of Power and De-Colonial Thinking. In: Mignolo, Walter D./Escobar, Arturo (Hrsg.): *Globalization and the Decolonial Option.* London/New York, 1–21

Mignolo, Walter D. (2011): *The Darker Side of Western Modernity. Global Futures, Decolonial Options.* Durham/London

Moore-Gilbert, Bart (1997): *Postcolonial Theory: Contexts, Practices, Politics.* London/New York

Morrison, Toni (1992): *Playing in the Dark. Whiteness and the Literary Imagination.* Massachusetts

Mugalu, Barbara (2006): Designing Community: Gedanken zu meiner Diplomarbeit und ihrer Rezeption in der Schwarzen Community. In: Eggers, Maureen Maisha (Hrsg.): *Dossier. Schwarze Community in Deutschland.* Online: http://www.migration-boell.de/web/diversity/48_583.asp (14.05.2013)

Müller, Marion G. (2003): *Grundlagen der visuellen Kommunikation.* Konstanz

Nave-Herz, Rosemarie (1989): *Die Geschichte der Frauenbewegung in Deutschland.* Hannover

Nduka-Agwu, Adibeli/Hornscheidt, Antje Lann (2010): Der Zusammenhang zwischen Rassismus und Sprache. In: dies. (Hrsg.): *Rassismus auf gut Deutsch. Ein kritisches Nachschlagewerk zu rassistischen Sprachhandlungen.* Frankfurt a. M., 11–49

Nduka-Agwu, Adibeli/Hornscheidt, Antje Lann (2010a): Rassismus in Bildern. In: dies. (Hrsg.): *Rassismus auf gut Deutsch. Ein kritisches Nachschlagewerk zu rassistischen Sprachhandlungen.* Frankfurt a. M., 491–513

Nießen-Deiters, Leonore (1913): *Die deutsche Frau im Auslande und in den Schutzgebieten. Nach Originalberichten aus fünf Erdteilen.* Berlin

Niranjana, Tejaswini (1992): *Siting Translation. History, Post-Structuralism, and the Colonial Context.* Berkeley

Ofuatey-Alazard, Nadja (2011): »Eingeborene_r« In: Arndt, Susan/Ofuatey-Alazard, Nadja (Hrsg.): *Wie Rassismus aus Wörtern spricht. (K) Erben des Kolonialismus im Wissensarchiv deutsche Sprache. Ein kritisches Nachschlagewerk.* Münster, 683

Oguntoye, Katharina/Opitz, May/Schultz, Dagmar (Hrsg.) (1986/1991): *Farbe bekennen. Afro-deutsche Frauen auf den Spuren ihrer Geschichte.* Berlin

Oguntoye, Katharina (1997): *Eine afro-deutsche Geschichte. Zur Lebenssituation von Afrikanern und Afro-deutschen in Deutschland von 1884 bis 1950.* Berlin

Omi, Michael/Winant, Howard (2005): On the Theoretical Status of the Concept of Race. In: McCarthy, Cameron/Crichlow, Warren/Dimitriadis, Greg/Dolby, Nadine (Hrsg.): *Race, Identity, and Representation in Education. Critical Social Thought.* New York, 3–12

Oppel, Christina (2008): W. E. B. Du Bois, Nazi Germany, and the Black Atlantic. In: *GHI Bulletin Supplement* 5 (2008), 99–122 Online: http://www.ghi-dc.org/files/publications/bu_supp/supp5/supp5_099.pdf (21.11.11)

Papst, Antje/Zeuner, Christine (2011): Literalität als soziale Praxis – Bedeutungen von Schriftsprachlichkeit. In: *Report* 3/2011, (34. Jg.) Online: http://www.die-bonn.de/doks/report/2011-alphabetisierung-04.pdf (04.08.2013)

Peace, Ade (1998): Anthropology in the Postmodern Landscape. The Importance of Cultural Brokers and Their Trade. In: *The Australian Journal of Anthropology* 9.3, 274–285

Piesche, Peggy (2004): »der käfig hat eine tür«. *Eine Einleitung.* In: Piesche, Peggy/Küppers, Michael/Ani, Ekpenyong/Alagiyawanna-Kadalie, Angela (Hrsg.): *May Ayim Award. Erster internationaler schwarzer deutscher Literaturpreis 2004.* Berlin, 11–14

Piesche, Peggy (2005): Der »Fortschritt« der Aufklärung – Kants »Race« und die Zentrierung des weißen Subjekts. In: Eggers, Maureen Maisha/Kilomba, Grada/Piesche, Peggy/Arndt, Susan (Hrsg.): *Mythen, Masken, Subjekte. Kritische Weißseinsforschung in Deutschland.* Münster, 30–39

Piesche, Peggy (2005a): Das Ding mit dem Subjekt oder: Wem gehört die kritische Weißseinsforschung? In: Eggers, Maureen Maisha/Kilomba, Grada/Piesche, Peggy/Arndt, Susan (Hrsg.): *Mythen, Masken, Subjekte. Kritische Weißseinsforschung in Deutschland.* Münster, 14–17

Piesche, Peggy (Hrsg.) (2012): *Euer Schweigen schützt euch nicht. Audre Lorde und die Schwarze Frauenbewegung in Deutschland.* Berlin.

Pokoyski, Ronald (2006): Das Augsburger »African Village« – Völkerschau oder harmloser afrikanischer Markt? In: Reinwald, Brigitte (Hrsg.): *»Afrika hierzulande«. Eine Bilder-, Text- und Beziehungsgeschichte. Stichproben. Wiener Zeitschrift für kritische Afrikastudien* Nr. 10/2006, 6. Jg., 61–82

Popal, Miriam (2011): Objektivität. Desiring Subjects. In: Arndt, Susan/Ofuatey-Alazard, Nadja (Hrsg.): *Wie Rassismus aus Wörtern spricht. (K)Erben des Kolonialismus im Wissensarchiv deutsche Sprache. Ein kritisches Nachschlagewerk.* Münster, 463–483

Popoola, Olumide/Sezen, Beldan (1999): *Talking Home. Heimat aus unserer eigenen Feder. Frauen of Color in Deutschland.* Amsterdam

Quijano, Anibal (2000): Coloniality of Power and Eurocentrism in Latin America. In: *International Sociology*, June 2000, 15: 215–232

Rabaka, Reiland (2003): W. E. B. Du Bois's Evolving Africana Philosophy of Education. In: *Journal of Black Studies*, Vol. 33, No. 4, 399–449. Online: http://www.jstor.org/stable/3180873 (23.01.2013)

Rabaka, Reiland (2003a): *Deliberately Using the Word Colonial in a Much Broader Sense: W. E. B. Du Bois's Concept of »Semi-Colonialism« as Critique of and Contribution to Postcolonialism* Online: http://english.chass.ncsu.edu/jouvert/v7i2/rabaka.htm (26.09.2012)

Rabaka, Reiland (2006): The Souls of Black Radical Folk: W. E. B. Du Bois, Critical Social Theory, and the State of Africana Studies. In: *Journal of Black Studies*, Vol. 36, No. 5, 732–763. Online: http://www.jstor.org/stable/40026682 (23.01.2013)

Reich, Kersten (2002): Fragen zur Bestimmung des Fremden im Konstruktivismus. In: Neubert, Stefan/Roth, Hans-Joachim/Yildiz, Erol (Hrsg.): *Multikulturalität in der Diskussion.* Opladen, 173–194

Ripken, Peter (2001): Wer hat Angst vor afrikanischer Literatur? Zur Rezeption afrikanischer Literatur in Deutschland. In: Arndt, Susan (Hrsg.): *Afrika Bilder. Studien zu Rassismus in Deutschland.* Münster, 329–350

Ritz, Manuela (2009): *Die Farbe meiner Haut. Die Anti-Rassismus-Trainerin erzählt.* Freiburg

Robinson, Victoria B. (2007): *Schwarze deutsche Kräfte. Über die Absurdität der Integrationsdebatte.* Online: http://blog.derbraunemob.info/wp-content/uploads/2008/03/360grad_schwarze_deutsche_kraefte.pdf (19.06.2014)

Rogers, Everett M. (2003): *Diffusion of Innovations.* New York

Rommelspacher, Birgit (1998): *Dominanzkultur: Texte zu Fremdheit und Macht.* Berlin

Rosenhaft, Eve (2005): *People and Places: Biography and the African-German Experience.* Review of Bechhaus-Gerst, Marianne; Klein-Arendt, Reinhard, eds., Die (koloniale) Begegnung: AfrikanerInnen in Deutschland 1880–1945, Deutsche in Afrika 1880–1918 and Campt, Tina M., Other Germans: Black Germans and the Politics of Race, Gender and Memory in the Third Reich. H-German, H-Net Reviews. July, 2005 Online: http://www.h-net.org/reviews/showrev.php?id=10741 (19.06.2014)

Roth, Julia (2011): Latein/Amerika. In: Arndt, Susan/ Ofuatey-Alazard, Nadja (Hrsg.): *Wie Rassismus aus Wörtern spricht. (K)Erben des Kolonialismus im Wissensarchiv deutsche Sprache. Ein kritisches Nachschlagewerk.* Münster, 430–443

Rushdie, Salman (1991): *Imaginary Homelands: Essays and Criticism.* London

Said, Eduard W. (1977): *Orientalism.* London

Sandbothe, Mike (2003): Vorwort. In: Schmidt, Siegfried J. (Hrsg.) (2003): *Geschichten & Diskurse. Abschied vom Konstruktivismus.* Reinbek, 7–22

Sartre, Jean-Paul (1984): *Schwarze und weiße Literatur. Aufsätze zur Literatur 1946–1960.* Reinbek

Schade, Sigrid/Wenk, Silke (2011): *Studien zur visuellen Kultur. Einführung in ein transdisziplinäres Forschungsfeld.* Bielefeld

Schaffer, Johanna (2008): *Ambivalenzen der Sichtbarkeit. Über die visuellen Strukturen der Anerkennung.* Bielefeld

Scheub, Ute (1996): Blues in Schwarz Weiß. Ein Portrait von Ute Scheub. In: *taz. die tageszeitung*, 24./25. August 1996. Berlin, 12

Schmidt, Siegfried J. (1994): *Kognitive Autonomie und soziale Orientierung. Konstruktivistische Bemerkungen zum Zusammenhang von Kognition, Kommunikation, Medien und Kultur.* Frankfurt a. M.

Schmidt, Siegfried J. (1994a): Die Wirklichkeit des Beobachters. In: Merten, Klaus/Schmidt, Siegfried J./Weischenberg, Siegfried (Hrsg.): *Die Wirklichkeit der Medien. Eine Einführung in die Kommunikationswissenschaft.* Opladen, 3–19

Schmidt, Siegfried J. (1996): *Die Welten der Medien. Grundlagen und Perspektiven der Medienbeobachtung.* Braunschweig/Wiesbaden

Schmidt, Siegfried J. (1997): Geschichte beobachten. Geschichte und Geschichtswissenschaft aus konstruktivistischer Sicht. In: *Österreichische Zeitschrift für Geschichtswissenschaften* 8/1997/1, 19–44

Schmidt, Siegfried J. (1999): Konstruktivismus als Medientheorie. In: Reckwitz, Andreas/Sievert, Holger (Hrsg.): *Interpretation, Konstruktion, Kultur: ein Paradigmenwechsel in den Sozialwissenschaften.* Opladen/Wiesbaden, 286–306

Schmidt, Siegfried J. (2000): *Kalte Faszination. Medien – Kultur – Wissenschaft in der Mediengesellschaft.* Weilerswist

Schmidt, Siegfried J./Zurstiege, Guido (2000): *Orientierung Kommunikationswissenschaft. Was sie kann, was sie will.* Hamburg

Schmidt, Siegfried J. (2003): *Geschichten & Diskurse. Abschied vom Konstruktivismus.* Reinbek

Schmidt, Siegfried J. (2004): *Unternehmenskultur. Die Grundlage für den wirtschaftlichen Erfolg von Unternehmen* Online: http://www.velbrueck-wissenschaft.de/pdfs/zsjschmidt.pdf (24.10.12)

Schmitt, Berthold/Schulz, Bernd (Hrsg.) (2003): *Ingrid Mwangi. Your Own Soul.* Saarbrücken

Schubert, Michael (2003): *Der schwarze Fremde. Das Bild des Schwarzafrikaners in der parlamentarischen und publizistischen Kolonialdiskussion in Deutschland von den 1870er bis in die 1930er Jahre.* Stuttgart

Schultz, Dagmar (1983): *Macht und Sinnlichkeit. Ausgewählte Texte.* Berlin

Schultz, Dagmar (1994): Audre Lorde – ihr Kampf und ihre Visionen. In: Lorde, Audre (Hrsg.): *Auf Leben und Tod. Krebstagebuch.* Berlin, 161–173

Schultz, Dagmar (1999): Ein Leben, das wir weitertragen werden. May Ayim (1960–1996). In: Brügge, Claudia (Hrsg.): *Frauen in Ver-rückten Lebenswelten.* Bern, 139–265

Schultz, Dagmar (1999a): Kein Ort nur für uns allein. Weiße Frauen auf dem Weg zu Bündnissen. In: Hügel, Ika/Lange, Chris/Ayim, May/Bubeck, Ilona/Aktas, Gülsen/Schultz, Dagmar (Hrsg.): *Entfernte Verbindungen. Rassismus, Antisemitismus, Klassenunterdrückung.* Berlin, 157–187

Schwarzbach-Apithy, Aretha (2005): Interkulturalität und anti-rassistische Weis(s)heiten an Berliner Universitäten. In: Eggers, Maureen Maisha/Kilomba, Grada/Piesche, Peggy/Arndt, Susan: *Mythen, Masken, Subjekte. Kritische Weißseinsforschung in Deutschland.* Münster, 247–261

Sexl, Martin (2002): *Literatur und Erfahrung. Ästhetische Erfahrung als Reflexionsinstanz von Alltags- und Berufswissen. Eine empirische Studie.* Innsbruck *(Habilitationsschrift)*

s_he (2010): *Performing the Gap. Queere Gestalten und geschlechtliche Aneignung.* Online: http://arranca.org/ausgabe/28/performing-the-gap (29.04.13)

Siebenhaar, Klaus (2007): Die Dienstleistung, das Marketing und die Universität – einführende Überlegungen zum Thema. In Siebenhaar, Klaus (Hrsg.): *»Master Your Service!« Die Universität als Dienstleister.* 1. Forum Hochschulmarketing der Freien Universität Berlin. Berlin, 7–12

Smith, Barbara (1998): *The Truth That Never Hurts: Writings on Race, Gender, and Freedom.* New Jersey/London

Sow, Noah (2008): *Deutschland Schwarz Weiss. Der alltägliche Rassismus.* München

Sow, Noah (2011): Farbig/e. In: Arndt, Susan/ Ofuatey-Alazard, Nadja (Hrsg.): *Wie Rassismus aus Wörtern spricht. (K)Erben des Kolonialismus im Wissensarchiv deutsche Sprache. Ein kritisches Nachschlagewerk.* Münster, 684–686

Spivak, Gayatri Chakravorty (1988): Can the Subaltern Speak? In: Nelson, Cary/ Grossberg, Lawrence (Hrsg.): *Marxism and the Interpretation of Culture.* Chicago, 271–313

Steins, Martin (1972): *Das Bild des Schwarzen in der europäischen Kolonialliteratur 1870–1918.* Frankfurt a. M.

Steyerl, Hito/Gutiérrez Rodríguez, Encarnación (Hrsg.) (2003): *Spricht die Subalterne deutsch? Migration und postkoloniale Kritik.* Münster

Sturken, Marita/Cartwright, Lisa (Hrsg.) (2001): *Practices of Looking. An Introduction to Visual Culture.* Oxford

Suárez-Krabbe, Julia (2013): *Can Europeans be rational?* Online: http://ihrc.org.uk/news/comment/10464-can-europeans-be-rational (24.04.2013)

Thode-Arora, Hilke (2001): »Blutrünstige Kannibalen« und »Wilde Weiber«. Extrembeispiele für Klischees in der Völkerschau-Werbung. In: Fansa, Mamoun (Hrsg.): *Schwarzweissheiten: Vom Umgang mit fremden Menschen;* Sonderausstellung, Landesmuseum für Natur und Mensch, Oldenburg, vom 28. September 2001 bis 27. Januar 2002, 90–95

Threin, Sandra-Jessica (2005): *Literarische Kulturbroker: Frauen als Vermittler zwischen den Kulturen.* Online: http://ubm.opus.hbz-nrw.de/volltexte/2006/1175/pdf/diss.pdf (31.01.2013)

Tudor, Alyosxa (2010): Rassismus und Migratismus: Die Relevanz einer kritischen Differenzierung. In: Nduka-Agwu, Adibeli/Hornscheidt, Antje Lann (Hrsg.): *Rassismus auf gut Deutsch. Ein kritisches Nachschlagewerk zu rassistischen Sprachhandlungen.* Frankfurt a. M., 396–420

Tudor, Alyosxa (2011): feminismus w_orten lernen. Praktiken kritischer Ver_Ortung in feministischen Wissensproduktionen. In: AK Feministische Sprachpraxis (Hrsg.): *Feminismus schreiben lernen.* Frankfurt a. M., 57–99

Tudor, Alyosxa/Hayn, Evelyn/Hornscheidt, Lann (2011): Vorwort. In: AK Feministische Sprachpraxis (Hrsg.): *Feminismus schreiben lernen.* Frankfurt a. M., 7–11

von Glasersfeld, Ernst (1997): *Radikaler Konstruktivismus: Ideen, Ergebnisse, Probleme.* Frankfurt a. M.

Wachendorfer, Ursula (2001): Weiß-Sein in Deutschland. Zur Unsichtbarkeit einer herrschenden Normalität. In: Arndt, Susan/Hornscheidt, Antje (Hrsg.): *Afrikabilder. Studien zu Rassismus in Deutschland.* Münster, 87–101

Wachendorfer, Ursula (2005): Weiße halten weiße Räume weiß. In: Eggers, Maureen Maisha/Kilomba, Grada/Piesche, Peggy/Arndt, Susan (Hrsg.): *Mythen, Masken, Subjekte. Kritische Weißseinsforschung in Deutschland.* Münster, 530–539

Wahl, Francois (1981): Die Philosophie diesseits und jenseits des Strukturalismus. In: ders. (Hrsg.): *Einführung in den Strukturalismus.* Frankfurt a. M., 332–479

Walgenbach, Katharina (2005): *Die weiße Frau als Trägerin deutscher Kultur. Koloniale Diskurse über Geschlecht, »Rasse« und Klasse im Kaiserreich.* Frankfurt a. M./New York

Walker, Sheila S. (1977): What's in a Name? Black Awareness Keeps the African Tradition of »Meaningful Names« Alive. In: *Ebony*, Vol. 32, Issue 8, 74–80

Warth, Eva (1997): Die Inszenierung von Unsichtbarkeit. Zur Konstruktion weißer Identität im Film. In: Friedrich, Annegret/ Haehnel, Birgit/Threuter, Christina (Hrsg.): *Projektionen. Rassismus und Sexismus in der Visuellen Kultur.* Marburg, 125–131

Warnke, Ingo H. (Hrsg.) (2009): *Deutsche Sprache und Kolonialismus. Aspekte der nationalen Kommunikation 1884–1919.* Berlin/New York

Warnke, Ingo H./Spiztmüller, Jürgen (Hrsg.) (2011): *Diskurslinguistik. Eine Einführung in Theorien und Methoden der transtextuellen Sprachanalyse.* Berlin

Wiedenroth-Coulibaly, Eleonore (2007): Zwanzig Jahre Schwarzer Widerstand in bewegten Räumen. Was sich im Kleinen abspielt und aus dem Verborgenen erwächst. In: Ha, Kein Nghi/Lauré al-Samarai, Nicola/Mysorekar, Sheila (Hrsg.): *re/visionen. Postkoloniale Perspektiven von People of Color auf Rassismus, Kulturpolitik und Widerstand in Deutschland.* Münster, 401–422

Wilson, Bobby M. (2002): Critically Understanding Race-Connected Practices: A Reading of W. E. B. Du Bois and Richard Wright. In: *The Professional Geographer 54* (1), 278–296

Wolf, Dieter (2002): Entfremdung und Entäußerung: Zur unmittelbaren und vermittelten Gesellschaftlichkeit der Arbeit. In: Wolf, Dieter (Hrsg.): *Der dialektische Widerspruch im Kapital. Ein Beitrag zur Marxschen Werttheorie.* Hamburg, 436–451

Wolf, Katja (2004): »Und ihre siegreichen Reize steigert im Kontrast ein Mohr« Weiße Damen und schwarze Pagen in der Bildnismalerei. In: Schmidt-Linsenhoff, Viktoria/Hölz, Karl/Uerlings, Herbert (Hrsg.): *Weiße Blicke. Geschlechtermythen des Kolonialismus.* Marburg, 19–36

Willis, Deborah (2010): The Notion of Venus. In: dies. (Hrsg.): *Black Venus 2010. They Called Her »Hottentot«.* Philadelphia, 3–11

Wright, Michelle M. (2004): *Becoming Black. Creating Identity in the African Diaspora.* Durham/London

Wylie Hall, Joan (2004) (Hrsg.): *Conversations with Audre Lorde.* Mississippi

Yildiz, Yasemin (2000): Keine Adresse in Deutschland? Adressierung als politische Strategie. In: Gelbin, Cathy S./Konuk, Kader/Piesche, Peggy (Hrsg.): *AufBrüche. Kulturelle Produktionen von Migrantinnen, Schwarzen und jüdischen Frauen in Deutschland.* Frankfurt a. M., 224–236

Young, Robert (1990): *White Mythologies. Writing History and the West.* London/New York

Zeller, Joachim (2008): *Bilderschule der Herrenmenschen – Koloniale Reklamesammelbilder.* Berlin

Zeller, Joachim (2010): *Weiße Blicke. Schwarze Körper. Afrikaner im Spiegel westlicher Alltagskultur.* Erfurt